# WOHNKULTUR
## MIT
## STOFFEN

# WOHNKULTUR MIT STOFFEN
## TEXTILE RAUMGESTALTUNG

### MELANIE PAINE

DUMONT BUCHVERLAG KÖLN

# Inhalt

Umschlagabbildung: Foto aus der
Sammlung ›Impressions du Midi‹,
Designers Guild

Art Director: Bob Gordon
Gestaltung: Anne Wilson
Bildbeschaffung: Anne Fraser

CIP-Titelaufnahme der Deutschen Bibliothek:
**Wohnkultur mit Stoffen:** textile Raumgestaltung /
Melanie Paine. [Aus dem Engl. übers. von Bettina Gruber]. –
Köln: DuMont, 1991
   (DuMont's Handbücher)
   Einheitssacht.: Fabric magic
   ISBN 3-7701-2545-2
NE: Paine, Melanie; EST

Aus dem Englischen übersetzt von Bettina Gruber

Titel der englischen Originalausgabe:
Fabric Magic
© Frances Lincoln Limited 1987
Text © Melanie Paine 1987

Satz: Fotosatz Froitzheim, Bonn

Printed in Hong Kong

ISBN 3-7701-2545-2

# Einleitung

Bei der Dekoration mit Stoffen sind oft die schlichten und scheinbar einfachen Lösungen die überzeugendsten, wie zum Beispiel eine einfache schwarzweiße Kante als Abschluß einer weißen Tischdecke, eine auf ein Minimum reduzierte Farbkombination, durch die die Form klar hervortritt. Ebenso kann ungebleichter Kattun – ein besonders preiswerter und praktischer Baumwollstoff –, als Gardine wunderbar wirken, wenn das Licht sanft durch die Falten und Stoffrundungen dringt. Die natürliche Textur eines Stoffes erzeugt sowohl bei Tageslicht als auch bei künstlicher Beleuchtung wunderbare Licht- und Schattenspiele, gleichgültig, ob bei einer großen Fläche, einer bodenlangen Gardine oder einem kleinen Kissen.

Aus all diesen Beobachtungen ergibt sich, daß die Manipulation der Form für mich zu den wichtigsten Aspekten der Dekoration mit Stoffen zählt. Man kann ziemlich dramatische Effekte schon mit recht einfachen Mitteln erzielen – wenn man zum Beispiel einmal an schnell und achtlos hingeworfene Übertücher zum Schutz der Möbel denkt oder an die Silhouette einer ungesäumten langen Stoffbahn aus Rohseide, die einfach um einen Pfosten gewunden und auf dem Boden drapiert wird. Das Aufregende liegt in der Kombination von Kontrolle und Zufall – man kann den Stoff gezielt verarbeiten, ihn zuschneiden und einem Muster entsprechend falten, es ist aber auch möglich, ihn aus sich heraus wirken zu lassen.

Neben der Form ist die Farbe sicherlich das wichtigste Element meiner Arbeit, und oft bildet sie den am meisten ins Auge springenden Bestandteil des fertigen Objekts. Aber trotzdem kann auch die Farbe alle Wirkung einbüßen, wenn Form oder Silhouette nachlässig und schlecht gestaltet sind. Für mich ist Farbe etwas, das man ›sehen‹ kann oder auch nicht, aber bei der Innendekoration – mehr noch als im Modedesign – muß die Farbe funktionieren. Und die Verwendung von Farben ist nicht einfach. Ich weiß sofort, ob eine Farbe oder eine Farbkombination passend ist oder nicht, trotzdem arbeite ich lieber mit einer beschränkten Farbpalette – gedämpften Farben, vielen Blautönen, angefangen vom dunkelsten Marineblau bis hin zum zartesten Wedgwood-Ton, gelben Ockertönen, mittleren Grauschattierungen, Terrakottafarben und dunklem Rot.

Kräftig gemusterte Stoffe wirken, wenn man sie in den Stoffmusterbüchern in einem Geschäft betrachtet, auf den ersten Blick oft attraktiver als ungemusterte, aber in der endgültigen Umgebung sehen sie oft enttäuschend aus. In Räumen, in denen Stoffe, gleichgültig ob durch Farbe oder Muster, dominieren, läßt es sich im allgemeinen nicht angenehm leben. Die Qualität der Dekoration mit Stoffen sollte sich also daraus ergeben, wie gut sie ihre Umgebung ergänzen, wie sie sich für ihren Zweck eignen und wie gut sie gemacht sind. Dramatische Akzente durch Farbe und Muster sollten beweglichen Gegenständen vorbehalten sein, die man je nach Stimmung dekorieren und verändern kann, wie zum Beispiel Kissen oder Decken. Bei großen Stoffflächen – wie zum Beispiel an Fenstern, auf Betten oder Möbeln – wirken feingewebte Stoffe in Cremetönen mit eingewebtem Muster, die im Geschäft so wenig ansprechend aussehen, oft überraschend attraktiv. Die aufregende Form eines Vorhangs oder eines Rollos mit allen Girlanden und Rüschen ist klar zu erkennen, und wenn Licht auf den Stoff fällt, werden die Falten reliefartig hervorgehoben.

Da ich soviel Wert auf die Form der Stoffdekoration lege, ist das Detail bei ihrer Herstellung besonders wichtig. Viele Ideen entstehen durch Ausprobieren, will man aber, daß eine Idee auch funktioniert und, was noch wichtiger ist, Bestand hat, sind gute Grundlagenkenntnisse über Stoffe notwendig. Wenn man, wie ich es tue, am liebsten mit einfachen Stoffen arbeitet, sind genaues Messen und Zuschneiden absolut notwendig. Es ist viel besser, einen einfarbigen Stoff zu wählen, an den Kanten einen optischen Akzent zu setzen und sich dann darauf zu konzentrieren, daß Vorhang, Bettdecke oder Tischtuch gut hängen, elegant fallen und genau zu der Umgebung passen, für die sie bestimmt sind. In diesem Buch stelle ich Methoden vor, die ich bei meiner Arbeit entwickelt habe und die ich verwende, da sie genauere und elegantere Resultate ermöglichen, trotzdem beschreibe ich auch noch einige hilfreiche Vereinfachungstechniken. Aber auf jeden Fall muß das Endergebnis perfekt sein.

Einige der hier aufgezeigten Ideen erfordern nur wenige Vorkenntnisse, und das Buch soll ohnehin mehr der Anregung von Ideen dienen als der genauen Anleitung, wie man diesen oder jenen Stil kreiert. Die Anregungen reichen von traditionellen, üppigen Dekorationen bis zu raffinierter und scheinbar schlichter Einfachheit. Ich zeige einige Effekte, die man mit Stoff erzielen kann, ohne eine Nähmaschine bzw. Nadel und Faden benutzen zu müssen, um zu demonstrieren, wie schön und interessant ein Stoff wirken kann, wenn er ganz einfach um einen Pfosten geschlungen wird. Sollten Sie aber die Techniken als praktischen Ausgangspunkt nehmen, so hoffe ich, daß dieses Buch Sie dazu anregen wird, mit Ihren eigenen Ideen zu experimentieren und Sie sich von der Vielfalt und dem Zauber der Stoffe inspirieren lassen.

## Danksagung

Das Schreiben und die Arbeit an diesem Buch war, ganz einfach, ein aufregendes Vergnügen. Als man mich bat, das Projekt in Angriff zu nehmen, war ich außerordentlich begeistert, und ich möchte mich besonders bei Frances Lincoln für die Urheberschaft der Idee bedanken.

Für viel wichtige Grundlagenarbeit möchte ich mich bei Anne Fraser und Steve Wooster bedanken. Dankeschön auch an Susan Berry für ihre kontinuierliche Unterstützung und Begeisterung (und dafür, daß sie das Kapitel Rollos nicht einfach aufgegeben hat). Mein Dank gilt auch dem Art Director Bob Gordon für seine Sorgfalt und Anne Wilson für ihre harte Arbeit. Ebenso möchte ich Penny David für ihre Anregungen, Gian Douglas-Home für ihre Beiträge, Michael Dunne für die Außenaufnahmen und Jacqui Hurst für die Studioaufnahmen danken.

Besonderer Dank gilt Sybil del Strother, die als Lektorin meinen Kopf über Wasser hielt, mir einen Rettungsring zuwarf und außerdem den schwierigsten Teil des Buches zum erfreulichsten machte.

Dieses Buch wäre nicht ohne die beachtliche Hilfe von allen Mitarbeitern der Firma Paine & Co. zustande gekommen, besonderer Dank geht dafür an Jill Roberts, die so bewunderungswürdig mit meiner häufigen Abwesenheit zurechtgekommen ist. Dank auch an Martin Spenceley für seine Erlaubnis, einige seiner Zimmerdekorationen im Buch abzubilden, an Caroline Stacey für ihre Decke und einige Muster, sowie auch an Jim Spenceley für alle Gardinenzubehörteile. Mein Dank gilt auch den vielen Kunden, die so geduldig auf mich gewartet haben, während redaktionelle Arbeiten meine Zeit in Anspruch nahmen.

Schließlich noch ein Dankeschön an Sam Simpson, der sich um meinen Sohn gekümmert hat und dadurch sowohl das Buch als auch das Geschäft möglich gemacht hat, und an Mark Nicholls, meinen Partner zu Hause und bei der Arbeit, der dafür sorgte, daß alles glattging.

MELANIE PAINE
JULI 1987

# Stoffe

## STOFFAUSWAHL
Textur · Muster · Besondere Oberflächen
und Stoffe

## STOFFBEARBEITUNG
Kombination von Stoffen · Färben und
Bemalen von Stoffen

# Stoffauswahl

Stoffe faszinieren mich, und ich bin eine leidenschaftliche Stoffsammlerin. Manchmal nimmt mich die schillernde Ausstrahlung einer bestimmten Farbe gefangen oder die Feinheit einer gewebten Oberfläche oder auch die verblüffende Einfachheit eines neuen Stoffes. Aber was auch immer der Grund ist, stets möchte ich dann fühlen, wie der Stoff sich drapieren läßt und was man mit Zuschneiden, Falten und Nähen auf alle möglichen Arten aus und mit ihm zaubern kann – noch bevor ich in Betracht ziehe, Farbe oder Muster hinzuzufügen.

## Der Einkauf von Stoffen

Obwohl es zum Kauf oft schon ausreicht, daß einem ein Stück Stoff ganz einfach gut gefällt, sollte dieses Gefühl doch von ein wenig Wissen darüber, wie sich Stoff verhält, begleitet werden. Zu viele Menschen verlassen sich beim Kauf nur auf ihre Augen, achten lediglich auf das Muster, wie zum Beispiel rote Blumen auf weißem Fond. Muster und Farbe können zwar der erste Grund sein, warum ein bestimmter Stoff die Aufmerksamkeit auf sich zieht, aber dann sollte man seine Struktur überdenken (wie er sich anfühlt, sich drapieren läßt und wie er fällt), seine Flexibilität und wie er im und mit Licht wirkt – ist er lichtundurchlässig, dichtgewebt, reflektierend, oder absorbiert er das Licht? Man muß sich den Stoff in der geplanten Umgebung vorstellen; so kann man sich sehnsüchtig einen wunderschönen, künstlerisch gemusterten Stoff wünschen wie zum Beispiel einen Toile-de-Jouy-Druck (einer der vorgeschlagenen Stoffe für ein Raffrollo auf S. 86), aber es hat keinen Sinn, solche kompliziert und detailliert gemusterten Stoffe zu kaufen, wenn sie nicht ziemlich plan und ohne Rüschen und Falten verwendet werden.

Manchmal bin ich von einem Stoff so begeistert, daß ich ihn einfach kaufe, ohne eine spezielle Verwendung dafür zu haben. Was ich mit ihm machen werde, ergibt sich erst später. Bei solchen Anlässen lasse ich mich ganz von der Farbe, der Struktur und davon, wie sich der Stoff anfühlt, inspirieren. Dunkler, schwerer Kattun kann zum Beispiel als Vorhang, mit üppigem Faltenwurf und durch ein Naturseil gehalten und gebauscht, wunderbar aussehen. Derselbe Kattun, zu einem gerüschten Rollo verarbeitet, kann schnell zerknittert und wenig attraktiv wirken. Ich lasse daher den Stoff über die Form entscheiden.

Oft gehe ich jedoch von einem bestimmten Raum und den Dekorationen aus, die ich für passend halte, wie zum Beispiel einem glatten, fest gewebten Stoff für ein Rollo oder einem leichten, bauschenden für einen sommerlichen Vorhang. Dennoch bin ich immer bereit, meinen Entwurf zu modifizieren, wenn ein unerwarteter Aspekt mich dazu verleitet, wie zum Beispiel das Verändern der Faltentiefe eines Rollos, so daß die Streifen gleichmäßig verteilt über den Stoff laufen.

*Diese schillernde Ansammlung unterschiedlicher Streifenmuster zeigt ein Sortiment verschiedener Stile und Stoffe – wie zum Beispiel matte und glänzende Baumwolle, Leinen, Moiré und Seidentaft – und verdeutlicht die ungeheure Vielfalt sowohl gewebter als auch gedruckter Muster, die heute angeboten werden.*

*Durch ihre zeitlose und ruhige Ausstrahlung eignen sich gestreifte Stoffe sowohl für*

*moderne als auch traditionelle Interieurs. Am besten wirken sie möglicherweise in schlicht möblierten Räumen, und bei sorgsamer Planung lassen sie sich gut mit anderen Streifenmustern oder sogar mit völlig anderen Mustern kombinieren, besonders, wenn die gesamte Farbpalette sparsam gewählt wird. Gestreifte Stoffe wirken lebendig, wenn man sie bewegt, sie sind daher besonders als üppig drapierte bodenlange Vorhänge attraktiv.*

## Experimentieren mit Stoffen

Zu Beginn sollte man zwei oder drei kleine Proben mit nach Hause nehmen. Wenn man sich dann entschieden hat, welcher Stoff einem am besten gefällt, sollte man etwa einen Meter davon kaufen und mit ihm herumexperimentieren: ihn drapieren, falten, in verschiedenen Lichtsituationen betrachten, ihn vielleicht kräuseln, fälteln, färben, seine Ränder bemalen, ihn in Streifen zerschneiden und neu zusammennähen. Was auch immer dabei herauskommt, man hat zwei grundlegende Dinge erfahren: Man weiß, was der Stoff kann und wie strapazierfähig er ist, und man hat ihn in der für ihn vorgesehenen Umgebung gesehen (und gefühlt). Er kann bei Tageslicht und bei künstlicher Beleuchtung ganz anders wirken, als er im Geschäft aussah. Ebenso kann ein kleines Muster auf einer Stoffprobe möglicherweise hübsch aussehen, auf einer großen Fläche aber langweilig wirken, oder das farbenfrohe Muster, das Ihnen so gut gefallen hat, kann an Ort und Stelle allzu überwältigend erscheinen, wenn man sich die Wiederholung des Musters vor Augen führt. (Einige Geschäfte sind bereit, dem potentiellen Kunden eine größere Menge des in Frage kommenden Stoffes zu leihen, damit man sich eine Vorstellung vom endgültigen Effekt des Stoffes machen kann.) Sollte man sich am Ende gegen den Stoff entscheiden, kann man aus dem Meter immer noch ein kleines Kissen nähen oder ihn auf eine größere Tischdecke auflegen (oder eine der Möglichkeiten, die auf den S. 27–35 beschrieben sind, auswählen).

Einige der Ideen in diesem Kapitel sind Zufallsprodukte, und ich kann gar nicht genug betonen, wie wichtig Offenheit bei der Planung und Ausführung ist. Man sollte möglichst viele Stoffläden durchforsten. Die Dekorationsstoffabteilungen der Kaufhäuser und die Stoffprobenbücher bekannter Textilhäuser sind zwar die naheliegenden Quellen für Dekorationsstoffe, aber keineswegs die einzigen.

Ich habe schon geeignete, schöne Stoffe an vielen ungewöhnlichen Orten gefunden. So haben zum Beispiel Kurzwaren- und Kleiderstoffabteilungen sowie Künstlerbedarfsgeschäfte häufig große Stofflager. Man kann Organza, steifen und gestärkten Baumwolldrillich, Kambrik, ungewöhnliche Mantelfutterstoffe, Leinen, Musselin, sogar Segeltuch und Fallschirmseide finden, und alle diese Materialien können effektvoll eingesetzt werden.

Auch auf Wochenmärkten findet man eine stets wechselnde Kollektion von Stoffen, während man bei Ausverkäufen und in Secondhandläden alte Stoffe kaufen kann. Stoffe aus diesen Quellen behalten nicht nur ihren Charme noch lange, nachdem der alljährlich neu entworfene modische Stoff längst ›out‹ ist, sondern sie sind im allgemeinen auch viel weniger kostspielig.

Je phantasievoller man mit Stoff umgeht, um so besser. Ob es sich dabei um ein ungemustertes, ungebleichtes Leinengewebe, eine dunkelgefärbte, kostbare Seide oder die raffinierte Kombination der beiden, kunstvoll genäht und in Falten gelegt, handelt, spielt keine Rolle, denn jeder Stoff wird, wenn man ihn kreativ einsetzt, eine wunderbare und einzigartige Innendekoration ergeben. Die Grundvoraussetzung besteht darin, ihn mit Sorgfalt auszuwählen und sich zu vergewissern, daß er wirklich für die Aufgabe geeignet ist, die er erfüllen soll.

Die verschiedenen Webarten machen manche Textilien steifer oder weicher als andere, und natürlich fallen Stoffe besser mit oder gegen den Fadenverlauf als diagonal. Daher habe ich in den nachfolgenden Kapiteln Stoffarten empfohlen, die mir für Dekorationszwecke am besten geeignet erscheinen. Aber Regeln sind stets dazu da, gelegentlich nicht eingehalten zu werden, und ich hoffe, daß Sie ebensoviel Freude beim Experimentieren mit Stoffen haben werden wie ich.

*Dieser Eingangsraum ist ganz bewußt mit Renaissance-Flair gestaltet worden; der ungewöhnliche und phantasievolle Umgang mit Stoff spielt dabei eine wichtige Rolle. Der Raum wird beherrscht durch die Streifen der markisenartigen Deckenbespannung, die den Blick auf die kunstvoll bemalten Wände leiten. Der üppig gebauschte rote Seidenvorhang läßt den Raum noch opulenter und wärmer erscheinen.*

# Textur

Die Eigenschaften, die Stoffe voneinander unterscheiden – Aussehen, wie sie sich anfühlen, wie sie fallen und ihre Haltbarkeit –, hängen von der Kombination folgender Faktoren ab: der Faser und wie sie gesponnen ist, der Webtechnik und der Endverarbeitung. Das Ausgangsmaterial ist die Rohfaser.

Die Rohmaterialien können natürlich (Baumwolle, Leinen, Seide, Wolle) oder künstlich (chemisch erzeugtes Polyester, Viskose usw.) sein. Nur eine begrenzte Menge tierischer oder pflanzlicher Fasern eignet sich entweder durch ihre Struktur oder aus Kostengründen für die Herstellung von Garnen. Aber obwohl die Palette natürlicher Fasern begrenzt ist, läßt sich damit eine nahezu unendliche Zahl von Stoffen herstellen. Man kann unterschiedliche Fasern miteinander mischen, um einen Stoff mit zusätzlichen Eigenschaften zu erhalten – wie zum Beispiel besserer Haltbarkeit, niedrigerem Preis oder verbesserter Textur und niedrigerem Gewicht. Viele synthetische Stoffe imitieren zwar die Eigenschaften natürlicher Fasern, aber sie erreichen doch nie die gleichen Qualitäten. Über die synthetischen Stoffe finden Sie einige Informationen auf Seite 24, aber zunächst möchte ich die natürlichen Fasern etwas detaillierter beschreiben, da ich sie vorziehe und da sie Vergleichskriterien für andere Stoffarten bieten.

## Baumwolle

Die Faser stammt aus der Samenkapsel einer Pflanze, die in heißem und feuchtem Klima gedeiht, vorrangig im Süden der Vereinigten Staaten und in Indien. Sie ist kurz und hat einen fusseligen Flor (im Gegensatz zu der schmutzabweisenden, glatten Oberfläche von Seide und Leinen), der sich zu starken, haltbaren und trotzdem leichten Garnen verarbeiten läßt. Man kann Baumwolle in allen Stadien gut färben – im Rohzustand, gesponnen und gewebt –, und die glatte Weboberfläche eignet sich besonders gut für aufgedruckte Muster.

Baumwolle ist in der Herstellung relativ preiswert, und sie ist eine der vielfältigsten Fasern, mit dem größten Angebot unterschiedlicher Stoffgewichte, Texturen und Muster. Sie ist kein luxuriöser Stoff, aber ein haltbares und praktisches Material, das für alle möglichen Zwecke verarbeitet werden kann.

Die jeweilige Baumwollsorte entscheidet über die Qualität des Stoffes – eine indische Baumwolle, die man zu Kattun verarbeitet, ist qualitativ nicht so gut wie die leicht glänzende, seidenartige, popelinähnliche Sea-Island-Baumwolle. Andererseits können auch die Webart und verschiedene Veredelungsverfahren die Qualität verbessern: durch das Mercerisieren und andere spezielle Veredelungstechniken verwandelt man qualitativ recht minderwertige Baumwolle in einen starken und strapazierfähigen Stoff. Aber auch die preiswerten Baumwollstoffe minderer Qualität, die man im allgemeinen als Futterstoffe und zum Verstärken benutzt, können, großzügig verarbeitet, wunderbar plastisch wirken, wobei sie um so schöner aussehen, je steifer das Stoffgewebe ist.

## Leinen

Die Flachspflanze produziert in ihrer Bastschicht glatte, widerstandsfähige, lange Fasern, die sich zu einem glänzenden, schmutzabweisenden und strapazierfähigen Garn spinnen lassen. Flachs wird in geringeren Mengen als Baumwolle angebaut, und die Verarbeitung von der rohen Faser bis zum fertigen Stoff ist komplizierter. Daher ist Leinen teurer und wird oft mit anderen Fasern vermischt – so zum Beispiel mit Baumwolle, um einen geschmeidigeren Stoff zu erhalten, den man Halbleinen nennt.

*Die Struktur eines Gewebes verleiht dem Stoff das ihm eigene Erscheinungsbild und ist als dekoratives Element ebenso wichtig wie Farbe und Muster. Außer zwei Seiden und einem Leinenstoff sind hier nur Baumwollgewebe zu sehen, die zeigen, welche vielfältigen Struktureffekte man mit einer Faser erzielen kann. Die Ballen sind entweder cremefarben oder in gebrochenen Weißtönen, aber durch die unterschiedlichen Webarten entsteht eine bemerkenswerte Fülle farblicher Variationen, bei denen feine Kontraste durch die Struktur verstärkt werden.*

Twill

Musselin

Ruplen

Leinen

Nessel

Panama

Tüllspitze

Käseleinen

Strukturgewebe

Gittertüll

Popelin

Grober Twill

Drillich

Schantungseide

Charakteristisch für die Faser ist eine starke, glatte Struktur, die im allgemeinen steifer und weniger flexibel als bei Baumwolle ist. Sie knittert leicht und ist nicht besonders geschmeidig, aber sie ist daher ganz besonders für auf Maß geschneiderte Bezüge geeignet. Da Leinen auf Grund seines Gewichts schwere Falten wirft, ist diese Faser besonders für gefütterte, stark drapierte Vorhänge verwendbar, die auf dem Boden aufbauschen.

## Seide

Die rohe Faser ist ein langer Drüsensekretfaden (750 bis 1100 m), aus dem die Seidenraupe ihren Kokon bildet. Der Faden wird aufgewickelt und mit drei bis acht anderen Fäden wieder aufgespult (kürzere Konkonfäden werden wie andere Naturfasern zusammengesponnen und ergeben eine gröbere Seide. Seide ist die feinste, glatteste und stärkste Naturfaser, und ihr Glanz gibt den Stoffen ein luxuriöses Aussehen mit einer fließenden Geschmeidigkeit, die sich besonders gut zum Drapieren eignet.

Seide ist, wenn man sie richtig handhabt und pflegt, ein langlebiges Material. Man kann sie gut färben, und sie wird häufig mit Wolle oder Leinen gemischt, um sie haltbarer zu machen. Aber dennoch ist Seide ein feiner Stoff, den man mit Überlegung benutzen sollte – man darf ihn zum Beispiel nicht an den Nähten eines Kissenbezuges spannen oder ihn in die strengen Falten eines Faltrollos pressen.

Die teuerste Thai-Seide ist meistens die schönste, aber auch weniger kostspielige Arten ergeben zum Beispiel sehr attraktive Ränder oder sehen zauberhaft als sich windende ›Schlange‹ oberhalb eines Vorhangs aus. Viele Geschäfte bieten ein Sortiment billiger, leichter Seiden aus Indien oder China an.

## Wolle

Jede Schafsart produziert eine andere Wolle mit unterschiedlicher Qualität, aber allen ist die wärmespendende Eigenschaft gemeinsam, die sich aus der Proteinstruktur der Fasern und ihrer Kräuselung ergibt, die dafür sorgt, daß Luft zwischen den einzelnen Fasern gehalten wird. Wollfasern werden entweder gestrichen (wobei ein flaumiger Faden entsteht, bei dem sich die Fasern überkreuzen) oder ›gekämmt‹ (das Ergebnis ist ein glatter Faden, bei dem die Fasern parallel verlaufen).

Wolle fühlt sich immer warm und angenehm an, und durch ihre Elastizität ist sie gut für Draperien mit großzügigem Faltenwurf und sanften Formen geeignet. Für die Innendekoration wird sie meistens mit anderen Materialien wie Leinen- oder Seidenfasern gemischt. Das Kombinieren mit anderen Fasern und spezielle Verarbeitungstechniken sollen verhindern, daß die Wolle bei der Wäsche einläuft, und dafür sorgen, daß der endgültige Stoff stabiler ist und sich gleichzeitig angenehmer anfaßt.

## Webarten

Fasern gibt es in den unterschiedlichsten Qualitäten, und man kann sie zu Garnen verschiedener Stärken, Dicken und so weiter verspinnen. Der Prozeß des Spinnens verändert zwar die Faser, verwandelt aber nie ihre ursprünglichen Eigenschaften in etwas völlig anderes, auch wenn sie bei der Weiterverarbeitung in der Kombination mit anderen Fasern weiter modifiziert wird.

Beim Weben werden im rechten Winkel zueinander verlaufende Fäden verbunden. Wie die vertikal verlaufenden Längsfäden (Kette) und die horizontalen Einschlagfäden (Schuß) miteinander verwoben werden, ist ein unendlich variationsreiches Thema; die Muster, die dadurch entstehen (manchmal ins Auge springend, manchmal kaum sichtbar), bilden die charakteristische Struktur eines

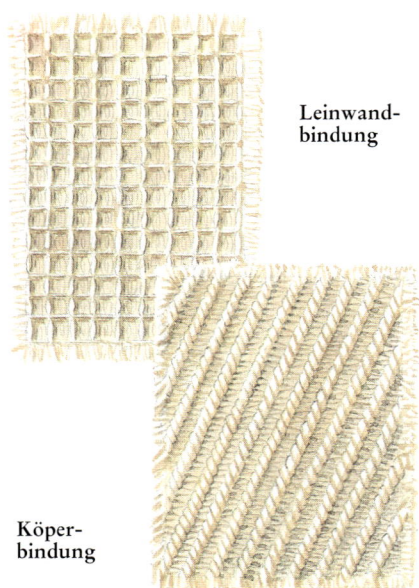

Leinwand-
bindung

Köper-
bindung

*Bei der einfachen Leinwandbindung wird der horizontal verlaufende Schußfaden abwechselnd über und unter dem vertikal verlaufenden Kettfaden hindurchgeführt, so daß beide Seiten des Gewebes gleich aussehen. Diese einfache Webart wird bei Stoffen wie Musselin, Kattun, Rupfen und Gingham angewendet.*

*Bei der einfachsten Köperbindung, dem dreibindigen Schußköper, wird der Schuß über zwei Kettfäden und unter einem Kettfaden geführt. Mit jedem neuen Schußfaden verschiebt sich der Bindungspunkt – die Stelle, an der sich Kett-und Schußfaden verkreuzen – um einen Kettfaden, so daß eine Diagonale im Gewebe entsteht. Es gibt viele Variationen der Köperbindung (wie zum Beispiel Fischgrat- oder Rautenköper); eine strapazierfähige Bindung verwendet man für Stoffe wie Denim oder Jeansstoff, Drell, Drillich, Tartan und Serge.*

Stoffes und entscheiden darüber, ob er steif oder weich, glatt oder rauh ist (die Wurzel der Worte ›Textur‹ und ›Textilie‹ stammt von dem lateinischen Wort für Gewebe). Muster und Struktur ergeben sich auch aus der Verwendung von Garnen mit verschiedenen Farben und Gewichten. Ein schweres Garn erzeugt eine leicht gerippte Oberfläche – wie zum Beispiel bei Popelinstoffen.

Zu den Grundwebarten gehören die Leinwandbindung und die Köperbindung (siehe gegenüberliegende Seite) sowie die Atlasbindung. Es gibt auch Zierwebarten, mit denen man zum Beispiel Damast- und Brokatstoffe herstellt, und die Florwebarten, bei denen zusätzliche Fäden eingewebt werden, wie bei Samt- und Kordstoffen. Samt fällt sehr schön und läßt sich gut drapieren, aber er muß besonders sorgfältig behandelt werden.

*Jeder der hier links abgebildeten Stoffstreifen hat einen ganz bestimmten Charakter und eine spezifische Form. Die unteren drei Beispiele zeigen, wie verschiedene Fasern (in diesem Fall Leinen, Jute und indische Baumwolle) bei der gleichen Webart, in diesem Fall Leinenbindung, aussehen. Köperbindung, wie sie bei den mittleren beiden Stoffproben zu sehen ist, wirkt in Seide und schwerer Baumwolle sehr unterschiedlich. Die beiden oberen Muster unterscheiden sich durch die jeweilige Webart – Fischgrat ergibt einen steifen, rupfenartigen Stoff, während Waffelpiqué ein weiches, schmiegsames Gewebe erzeugt.*

# MUSTER

Die ersten serienmäßig in Europa hergestellten Muster entstanden im achtzehnten Jahrhundert. Sie stellten häufig Kopien und Verfeinerungen östlicher Vorlagen dar. Heute sind die meisten gedruckten Muster noch immer Adaptionen traditioneller Muster. Freiere Entwürfe, die eher individuelle Gestaltung als Teil eines sich wiederholenden Musters sein sollen, gibt es erst seit recht kurzer Zeit, und das Angebot an Designerstoffen dieser Art ist noch ziemlich beschränkt.

Wenn man die Standardware der Hersteller einfach ohne weitere Überlegung übernimmt, kann das Resultat eine recht unpersönlich wirkende Wohnung sein. Betrachtet man zum Beispiel den im Moment vorherrschenden Trend, ein Muster auf alle Oberflächen eines Raumes zu verteilen, so ist das Ergebnis oft eher langweilig und fade und nicht, wie geplant, harmonisch. Der Grund dafür ist, daß die Wirkung eines Musters von dem Zusammenspiel mit anderen Farben und Objekten im Raum abhängt, wobei Menge und Art der Muster den Charakter des Raumes im allgemeinen mehr bestimmen als jedes einzelne Detail.

Das Wesentliche aller Muster besteht im Vorhandensein eines Kontrastes, durch den sich Motiv oder Form abheben, die sich in regelmäßigen Abständen auf dem Stoff wiederholen. Die Größe der Motive und die Stärke des Kontrastes entscheiden darüber, wie gut man ein Muster auch noch aus größerer Entfernung erkennen kann; ein starker Kontrast bei einem großflächigen Motiv ergibt ein ausgeprägtes Muster, während bei gedämpfteren Kontrasten von ineinanderübergehenden Farben ein zurückhaltenderes Muster entsteht. In extremen Fällen kann ein Muster aus dem Helldunkelrelief einer texturbetonten Webart bestehen, und diese in sich gemusterte Struktur steht im Kontrast zu der gleichmäßigen Oberfläche einfach gewebter Stoffe.

## Gewebte Muster

Wenn Kett- und Schußfäden aus verschiedenfarbigen Garnen bestehen und in bestimmten Konfigurationen miteinander verwebt werden, wird das in jedem Gewebe vorhandene Muster sichtbar. Geometrische Karomuster und Streifen gehören zu den üblichen Grundmustern; auf Jacquardwebstühlen lassen sich kompliziertere Motive herstellen. Kreuzen sich zwei unterschiedlich farbige Streifen (wie bei einem Ginghamstoff), ergeben die einfach gewebten, verschiedenfarbigen Kett- und Schußfäden winzige Karos, die in ihrer Gesamtheit einen Halbton bilden, so wie die Buchstaben einer Zeitung insgesamt eine gleichförmig graue Fläche ergeben. Es ist kein Problem, mehrere Farben so miteinander zu verweben, daß sie komplizierte und detaillierte Muster bilden.

Da die Farbe durch das Garn selbst verteilt und nicht einfach auf die Oberfläche aufgesetzt wird, haben gewebte Muster eine Tiefe und Farbintensität, die sich sowohl aus der Textur als auch den Farben selbst ergibt. Die Farben wirken gedeckter als bei gedruckten Mustern, und die Grundfarbe ist

*Die gewebten Stoffe auf der gegenüberliegenden Seite haben alle eine Tiefe und eine besondere Oberflächenstruktur, die schöner ist als bei irgendeinem bedruckten Stoff. Farbe und Struktur bilden einen optischen und haptischen Einklang, und die Rückseiten der Stoffe sehen oft ebenso interessant aus wie die Vorderseiten. Obwohl diese Stoffe im allgemeinen strapazierfähig sind und sich als Möbelbezüge eignen, ist hier eine Ansammlung unterschiedlichster Stoffstärken und verschiedener Webarten zu sehen, wie zum Beispiel gestreifter Moiré, Spitze, Thai-Seide und grobe indische Baumwolle.*

nicht so klar, so daß die Farben sich miteinander zu vermischen scheinen. Da diese Stoffe robust und strapazierfähig sind, eignen sie sich besonders für Polstermöbel und als schwere Vorhangstoffe. Die Zeit und der Aufwand, die benötigt werden, um ein Garn für handgewebte Stoffe herzustellen, machen Produkte wie zum Beispiel Ikat – hier werden einzelne Garnstränge in mehreren verschiedenen Farben eingefärbt – zu schönen, aber auch teuren Materialien.

Gewebte Muster kann man leicht erkennen, da die Farben auch auf der Rückseite des Stoffes zu sehen sind und dort die Umkehrung des Musters bilden (im Gegensatz zu bedruckten Stoffen, bei denen die Farbe oft als verschwommenes Muster durch den Stoff schlägt). Die Rückseite eines gewebten Stoffes ist oft ebenso interessant wie das Muster auf der Vorderseite und manchmal sogar noch aufregender.

Klarheit und Exaktheit eines gewebten Musters hängen in einem gewissen Grad von der Struktur und der Art der Faser ab (ebenso wie von der Dicke des verwendeten Garns). Deutlich wird das, wenn man einerseits die klare Definition der Farben bei einem glatt gewebten Stoff wie zum Beispiel Baumwolle und andererseits die etwas verschwommene Wirkung bei Wollfischgrat und Tweedkaros betrachtet.

## Gedruckte Muster

Die meisten heutigen Muster bestehen entweder aus abstrakten Formen oder aus Blumen- und Pflanzenmotiven. Je größer und bunter ein Muster ist, desto mehr zieht es die Aufmerksamkeit auf sich, und desto größer muß die endgültige Fläche sein, auf der es zu sehen ist, besonders, wenn es sich um eines auf einem einfarbigen Grund handelt. Solche Muster benötigen Raum um sich herum, damit sie voll zur Geltung kommen, und so wirken sie am besten auf einem großen Vorhang oder auf einem Bett. Ganz kleine Muster können auf einer großen Fläche verloren wirken, da die einzelnen Elemente aus der Entfernung optisch ineinander verschmelzen und eine Gesamtstruktur bilden, die nicht besonders markant ist. Damit kleingemusterte Stoffe zur Geltung kommen, sollte man sie bei kleinen Objekten anwenden. Man sollte auch daran denken, daß bei gerüschten und gefalteten Stoffen das Muster nur teilweise sichtbar bleibt, und dies bei der Planung und der Auswahl des Stoffes in Betracht ziehen.

Es gehört zur Auswahl des richtigen Stoffes dazu, vorherzusehen, wie ein Muster an Ort und Stelle wirken wird und auch wie die Form, wenn sie mit dem Muster bedeckt ist, aussehen wird. Auffällige Motive, die auch noch aus einer gewissen Entfernung klar zu erkennen sind, sollten zum Beispiel symmetrisch auf glatten und regelmäßigen Flächen verarbeitet werden. Einige Muster mit geschwungenen Pflanzenmotiven verschleiern Formen und Konturen, während manche geometrischen Muster auf Formen unausgewogen wirken, die nicht zu ihren Proportionen passen. Einige gemusterte Stoffe sehen besser aus, wenn sie gespannt werden, andere wirken hübsch, wenn man sie üppig drapiert. Ist die Form sehr ausgeprägt, sollte man sie durch einfarbige oder zurückhaltend gemusterte Stoffe für sich sprechen lassen.

Kompliziert verschlungene Blumenmuster suggerieren Üppigkeit und Fülle und passen deshalb gut zu Formen, bei denen Stoffe großzügig eingesetzt werden – wie zum Beispiel bei kunstvollen Himmelbettvorhängen oder bei Girlanden und drapierten Schabracken. Muster aus einzelnen großen Blumenmotiven kommen am besten auf bodenlangen Vorhängen zur Geltung. Starke Muster lassen sich abmildern, indem man sie mit Rändern in einer kontrastierenden Farbe einfaßt (siehe S. 28) und so die Form des fertigen Objektes klarer definiert.

*Die vier Stoffproben (oben) aus der gleichen Naturbaumwolle werden auf so unterschiedliche Arten gewebt, daß sich interessante Variationen von Mustern und Oberflächenstrukturen ergeben.*

*Das große Himmelbett (links) wurde mit einem wunderbaren, auffällig gemusterten und dominierenden Stoff geschmückt. Es bildet den Mittelpunkt in einem sonst schlicht gehaltenen Interieur. Die gewebten westafrikanischen Stoffe üben eine starke optische Wirkung aus, und die Raffiniertheit des zweifarbigen Musters wird durch den Kontrast der beiden Farben noch betont. Jede Stoffbahn besteht aus mehreren kleineren Stoffstreifen, die auf einem schmalen Webstuhl gefertigt und mit natürlichem Indigo und einem übrigen Weiß gefärbt wurden.*

## Bedruckte Stoffe

Beim direkten Druck werden farbige Muster auf die Oberfläche eines Stoffes aufgebracht. Da der Druckuntergrund möglichst glatt und strukturlos sein muß, um Motive mit feinen Details wiederzugeben, wählt man häufig ein Leinwand- oder Atlasgewebe. Die gedruckten Muster können sich aus Rundungen, einfarbigen Flächen und subtilen Farbabstufungen zusammensetzen, bei denen man sich nicht nach den zugrundeliegenden Karomustern der Stoffbindung zu richten hat. Bei komplizierten Druckverfahren wirkt das Muster, als ob es aufgemalt sei. Bei einigen Stoffen ist das aufgedruckte Muster ungeheuer detailliert und kunstvoll, andere imitieren die Naivität und Frische handgemalter Muster oder die Einfachheit, die sich durch altmodische Methoden ergibt.

Heutzutage gibt es bei bedruckten Stoffen ein unendlich großes Angebot an Farbvariationen und Mustern. Zum einen sind die chemischen Reaktionen von Stoff und Farbe allgemein bekannt, zum anderen sind die Herstellungsprozesse vielfältig. Die meisten relativ preiswerten gemusterten Stoffe werden maschinell bedruckt, obwohl man auch Muster, die im Blockdruckverfahren hergestellt werden, finden kann. Letzteres wird von einzelnen Personen oder kleinen Firmen per Hand ausgeführt. Das besondere daran ist die Individualität des bedruckten Stoffes. Handbedruckte Stoffe können genau das richtige für eine ungewöhnliche Aufgabe sein – wie zum Beispiel für einen einzelnen Vorhang im Treppenhaus, bei dem die asymmetrische Drapierung gut zur Besonderheit des Stoffes passen könnte. Da jedes handbedruckte Objekt einzigartig ist, bietet der Blockdruck viele Inspirationsmöglichkeiten beim Experimentieren mit Stoffen.

Die meisten bedruckten Dekorationsstoffe werden heute in einer Art maschinellem Siebdruckverfahren industriell hergestellt. Diese Technik hat sich aus der japanischen Methode, mit Schablonen zarte Muster auf feine Seiden- oder Musselinstoffe zu übertragen, entwickelt. Jedes Sieb besteht aus einem rechtwinkligen, in der Größe standardisierten und mit Gaze bespanntem Holz- oder Metallrahmen – früher verwendete man als Bespannung Seide, heute Nylon oder Terylen. Für jedes Farbelement des Musters und für jede Fläche des sich wiederholenden Motivs wird ein eigenes Sieb hergestellt: die Partien, durch die keine Farbe dringen soll, werden mit einem Material behandelt, das die Gaze undurchlässig macht.

Siebdruck kann sowohl von Hand als auch maschinell ausgeführt werden. Beim Handsiebdruckverfahren wird ein dickflüssiger Farbstoff mit einer Gummirakel durch die durchlässigen Flächen gestrichen, wobei jedes einzelne Sieb nacheinander auf den Stoff gelegt wird. Wenn man mit dem ersten Sieb die erste Musterfläche gedruckt hat, rückt man das Sieb auf seine nächste Position weiter und wiederholt den Druckvorgang und so weiter, bis man die gewünschte Stoffmenge mit dieser ersten Form bedruckt hat. Ist die Farbe trocken, geht man mit dem zweiten, dritten usw. Sieb genauso vor. Handsiebdruck bietet, ebenso wie die Blockdrucktechnik, die Möglichkeit, durch kleine Unregelmäßigkeiten und die Wiedergabe extrem feiner Details einzigartig gemusterte Stoffe zu kreieren.

*Die Kollektion bildhafter, geometrischer und abstrakter Motive macht deutlich, wie unzählig viele Muster es auf bedruckten Stoffen gibt. Die großen Motive in der Mitte* *des Bildes benötigen eine große Fläche, um voll zur Geltung zu kommen, während die kleineren Muster am besten als Kissenbezüge oder Abschlußränder wirken.*

# BESONDERE OBERFLÄCHEN UND STOFFE

Ich habe beschrieben, wie Muster und Struktur bei Stoffen entweder durch die Webart, die Farben der verarbeiteten Garne oder durch Aufdrucken zustande kommen. Zusätzlich dazu können viele chemische Prozesse angewendet werden, die einige Eigenschaften und das Erscheinungsbild der Naturfaser und des Gewebes verändern.

Bei einem matten Baumwollstoff zum Beispiel wirken die Farben flächig und glanzlos, und die Stoffoberfläche absorbiert das auf sie fallende Licht, ohne viel zu reflektieren. Tauscht man nun zum Beispiel einen matten Baumwollvorhang gegen einen glänzenden aus, der auch noch in hellen Farben wie zartgrau, hellgelb oder blaßblau gehalten ist, bemerkt man, wie die glänzende Oberfläche die Lichtreflexion des Stoffes beeinflußt: Der Stoff erhält einen silbrigen, luxuriösen Schimmer, und die Farben wirken intensiver. Nachteilig kann allerdings sein, daß der Stoff durch die Oberflächenbehandlung leichter knittert, weniger flexibel, bei starkem Glanz papierartig wird und nicht mehr so vielseitig zu verwenden ist. Eine gute, preiswerte Alternative stellt gewachster Kambrik dar.

## Materialeigenschaften

Einige synthetische Stoffe sind haltbarer als die entsprechenden Naturfasern. So lassen sich synthetische Gardinenstoffe einfacher waschen und müssen weniger sorgfältig gebügelt werden als ihre natürlichen Äquivalente Musselin, Mull und Spitze. Jedoch benötigen fast alle Fasern und Stoffe mit besonderer Oberflächenverarbeitung mehr Sorgfalt und Pflege als Naturfasern. Sie wirken am besten in ungewöhnlichen Situationen oder auf dekorativen Objekten, die keine praktische Funktion erfüllen müssen. Im allgemeinen kann man sie nicht allzu vielseitig verwenden. So eignen sich glänzende Baumwollstoffe nicht für Springrollos, da beim Stärken des Stoffes fast der ganze Glanz verloren geht. PVC (Polyvinylchlorid) ist unpassend für ein Faltrollo, da der Stoff aneinanderkleben und das Rollo nicht funktionieren würde. Im folgenden möchte ich die besonderen Stoffe beschreiben, die, meiner Meinung nach, in einigen Fällen besser funktionieren als jede Naturfaser.

## Moiréeffekt

Bei dieser Oberflächenverarbeitung erhält der Stoff ein im Licht changierendes Muster. Bei einem Moiréstoff wird durch Hitze und starken Druck eine Wasserzeichenstruktur auf das Gewebe aufgebracht. Ursprünglich benutzte man als Ausgangsmaterial Seidentaft, heute verwendet man jedoch meistens eine Mischung aus Baumwolle und Viskose. Der so veränderte Stoff wirkt kostbarer und hat mehr Tiefe als das ursprüngliche Gewebe, aber er wird auch empfindlicher. Jeder Kontakt mit Wasser läßt den Welleneffekt verschwinden und hinterläßt einen Flecken, und auch bei der chemischen Reinigung verblaßt das Muster mit der Zeit.

Es gibt unterschiedliche Qualitäten von Moiré. Mir gefallen eigentlich nur die steiferen Moiréstoffe mit dunklen, matten Wellenmustern, die es in vielen einfarbigen Versionen gibt. Die Glätte der Moiréoberfläche sieht besonders hübsch bei Federbetten, Bett- oder Tischdecken aus, die auf dem Boden aufbauschen.

*Eine Ansammlung besonderer Stoffe und Oberflächen (oben)*

*Das wasserfeste weiße, blaue und gelbe PVC ergibt hübsche Kissenbezüge – genau das richtige, um etwas Farbe in ein ansonsten schlichtes Badezimmer zu bringen. Der cremefarbene, gewachste Kambrik, den man im allgemeinen nur für die Unterseite von Steppdecken und Kissen verwendet, ist robust genug, um zu einem üppig gebauschten Rollo verarbeitet zu werden. Er stellt eine preiswerte Alternative zu glänzenden Baumwollstoffen dar. Der gemusterte Baumwollstoff mit glänzender Oberfläche wirkt am besten als Rand auf einem matten Baumwollgewebe. Der grüne Nylonstoff, der sich anfühlt wie eine Mischung aus Seidenpapier und Fallschirmseide, kann auf ungewöhnliche Art und Weise eingesetzt werden.*

## PVC

PVC wird häufig als abwaschbare Tischdecke verwendet. Attraktiv könnte es auch wirken, weißes PVC leicht angekräuselt von der Decke bis zum Boden reichen zu lassen, als eine Art kannelierte Säule. Verarbeitet man PVC auf einer Nähmaschine, muß man den Nähfuß und die Nadel mit einem speziellen Schmiermittel einsprühen.

## Fallschirmseide

Dieser reißfeste Nylonstoff, den man zum Bespannen von Drachen benutzt, gehört zu meinen Favoriten. Er ist als Meterware in vielen Farben erhältlich, und einige Händler bieten ein ganzes Sortiment unterschiedlicher Qualität an, von ganz leicht bis hin zu schweren Versionen. Man kann ihn einfach als Duschvorhang verwenden, aber auch ungewöhnlich verarbeiten, wie zum Beispiel zu einem üppig gebauschten Rollo (siehe unten).

*Die weiße Bauschgardine ist ein Beispiel dafür, wie ungewöhnlich man Fallschirmseide verarbeiten kann. Die Falten sind steif und kräftig, so daß sie nicht zu rüschig aussehen oder schlaff herunterhängen, wie das bei reiner Seide der Fall sein kann. Will man ein solches Rollo noch interessanter machen, kann man bunte Schnüre verwenden, deren kräftige Farben durch das weiße Nylon sanft hindurchschimmern.*

# Stoffbearbeitung

Manchmal hat man bei der Suche nach einem geeigneten Material bereits eine klare Vorstellung, welche Farbe, Struktur und Qualität der Stoff haben soll. Aber nur wenige Stoffe entsprechen genau diesen Vorstellungen, und manchmal möchte man einfach etwas ganz Besonderes und Ungewöhnliches. Warum sollte man dann also nicht, anstatt sich mit etwas Konventionellem zufrieden zu geben, phantasievoll und erfindungsreich mit vorhandenen Stoffen umgehen und sie in etwas Eigenes und Besonderes verwandeln?

Phantasie, Begeisterung und etwas praktisches Wissen sind alles, was man zum ›Herstellen‹ eines eigenen Stoffes braucht. Es lohnt sich, dabei abenteuerlustig mit Farbe und Struktur umzugehen. Ich fasse Stoffe gerne mit Rändern ein, um ihnen eine klare Form zu geben, experimentiere mit Kombinationen unterschiedlicher Gewebe und Muster und verändere bei geeigneten Stoffen die Oberfläche nach meinem Geschmack.

Je mehr man über die verwendeten Stoffe weiß, um so besser und erfolgreicher kann man mit ihnen experimentieren. Dabei sind die kaum vorbehandelten Gewebe (siehe S. 14–17) nicht nur die geeignetsten, sondern auch preiswertesten. Aber nur durch das Ausprobieren an Stoffproben kann man beispielsweise herausfinden, daß eine spezielle Farbe das Licht besonders schön filtert oder daß ein eigentlich langweiliger Stoff in der Kombination mit einem anderen Gewebe zu neuem Leben erwacht – so sieht ein schwarzer Baumwollköper zusammen mit einem glänzenden gelben Baumwollstoff viel interessanter aus. Vielleicht gefällt einem auch die linke Seite eines Stoffes besser als die rechte, oder man entdeckt, daß das Stofftuch, mit dem man die überschüssige Farbe aufgewischt hat, unerwartete Farbmuster zeigt. Beim Experimentieren sollte man sich Notizen machen, besonders beim Bemalen und Färben (siehe S. 36–44), so daß man auch zu einem späteren Zeitpunkt denselben Effekt wiederholen kann.

Wenn man etwas Zweckmäßiges, aber gleichzeitig Originelles herstellen möchte, sollte man die grundlegenden Eigenschaften des gewählten Materials nicht aus den Augen verlieren. Ganz gleichgültig, wie raffiniert Sie ein ursprünglich uninteressantes Stück weißen Stoff (wobei ich keineswegs der Meinung bin, daß alle weißen Stoffe langweilig sind) färben, bemalen oder sonstwie verändern, bleibt das Material doch Musselin, Kattun oder Seide mit den charakteristischen Eigenschaften und der Haltbarkeit des ursprünglichen Materials.

Man sollte die angewandte Technik auf das geplante Projekt ausrichten. Wenn man ein fertiges Objekt dekoriert, sollte man Karten und Muster so planen, daß sie sich auf der gesamten Fläche gut ausnehmen. Bei komplizierten Formen, wie einem gerüschten Rollo (siehe S. 72), sollte der dekorative Effekt den Mechanismus nicht behindern.

*Der hier gezeigte hängende Stoff könnte auch gut als Tagesdecke dienen. Die einzelnen kleinen Kattunflächen wurden gefärbt und dann zu dem unregelmäßigen Muster zusammengesetzt. Dieser auffallende und lebendige Stoff ist mit seiner interessanten Oberflächenstruktur eine phantasievolle und eigenwillige Kreation.*

# Kombinieren von Stoffen

Es gibt viele Gründe, Stoffe miteinander zu kombinieren. So kann man einem Rollo eine klar definierte Form geben, indem man es zum Beispiel mit einem kontrastierenden Stoffstreifen einfaßt. Will man, daß das Licht bei herabgelassenem Rollo unterschiedlich gefiltert wird, kann man verschiedene Stofflagen verarbeiten und die unterschiedlichen Effekte lichtdurchlässiger und undurchlässiger Stoffe gestalterisch ausnutzen. Neue Strukturen kann man schaffen, indem verschieden schwere Stoffe miteinander verarbeitet werden, so daß sich schattenwerfende Kanten bilden oder neue Muster durch die Kombination kontrastierender Stoffstreifen mit ähnlicher Stoffdicke entstehen.

Originalität entsteht häufig durch das Abgehen von konventionellen Regeln. So sollen Futterstoffe im allgemeinen nicht zu sehen sein, aber warum sollte man sie nicht einmal sichtbar und interessant verarbeiten? Normalerweise versteckt man die Rückseite eines Stoffes, warum soll man sie nicht einfach einmal zur Vorderseite erklären? Anstatt sorgfältig darauf zu achten, daß die Nähte möglichst unsichtbar sind, könnte man sie als schmückende Elemente einsetzen. Statt nach Textur und Gewicht ähnliche Stoffe zu verwenden, um Dehnung und Verwerfen zu vermeiden, könnte man Verschiedenheiten für faszinierende Effekte und Bewegungen nutzen. Aber man sollte unbedingt zunächst mit kleinen Stoffproben arbeiten, um sicherzugehen, daß sie bei dem geplanten Projekt auch wirklich ›funktionieren‹.

Die Eigenschaft eines Stoffes verändert sich zwangsläufig bei der Kombination mit anderen Stoffen oder auch dann, wenn Nahtlinien über die Oberfläche laufen. Man sollte praktische Aspekte wie Pflegeleichtigkeit und Strapazierfähigkeit nicht außer acht lassen. Durch das Übereinanderlegen und Aneinandernähen wird der Stoff schwerer und steifer: Er fühlt sich dicker an, und der so entstandene Stoff verhält sich anders als die Ausgangsgewebe, aber er ist nur so stabil wie das schwächste der verarbeiteten Elemente.

Oft muß man herumexperimentieren, um die richtige Lösung für ein spezielles Objekt oder Fenster zu finden. Das bedeutet, daß man von der ungefähren Endgröße ausgehen kann, ohne Material oder Zeit zu verschwenden. Manchmal kann man den Stoff zurechtmachen, gleichzeitig die Gesamtform gestalten und beim Arbeitsprozeß Schwierigkeiten voraussehen und einplanen, wie zum Beispiel daran zu denken, daß ein dicker Saum nicht gerade dort sein sollte, wo ein Reißverschluß oder Rollokordeln geplant sind.

## Ränder und Einfassungen

Der Kontrast zwischen dem Hauptstoff und Rändern bzw. Einfassungen kann stark und dramatisch oder zurückhaltend und vornehm sein: ungemusterter Stoff gegen gemustertes Gewebe, zwei unterschiedliche Muster, verschiedene Farben oder unterschiedliche Strukturen. Zu kontrastierenden Strukturen gehören nicht nur zusätzliche Elemente wie Kordeln und Litzen, sondern auch rein strukturelle Kontraste wie klare, in den Stoff gearbeitete Paspellinien – eine deutliche, aber dennoch unaufdringliche Methode, Form zu betonen, ohne neue Elemente einzuführen.

Zunächst muß festgelegt werden, wie auffällig eine Einfassung sein soll. Handelt es sich um eine rein funktionelle Kante, einen einfachen Abschluß oder um ein wichtiges dekoratives Element? Auf jeden Fall muß die Kante zum Schluß wie ein fester Bestandteil des fertigen Objektes wirken. Eine Einfassung definiert eine bestimmte Fläche wie ein Rahmen, und ebenso kann ihre gewählte Größe die Proportionen betonen und verbessern.

*Die Auswahl der Stoffe auf der gegenüberliegenden Seite erfolgte rein auf Grund ihrer schönen optischen Wirkung: In jedem Fall veredelt und verschönt die Einfassung den Hauptstoff. Alle sind jedoch auch praktische Kombinationen und würden auch bei Objekten wie einem glatten Rollo, einer Bettdecke, Vorhängen oder sogar bei runden Tischdecken wunderbar aussehen.*

*1  Gesprenkelte Baumwolle mit einer eingesetzten Doppelborte aus ungemusterter, glänzender Baumwolle.*

*2  Durch Versetzen des Musters entsteht bei diesem gestreiften Baumwolleinen eine grafisch interessante Abschlußkante.*

*3  Ein eingesetzter, lose gewebter und bedruckter Baumwollstreifen verziert die Kante einer Bourretteseide.*

*4  Eine einfache Doppelborte aus gemusterter und glänzender Baumwolle verändert die Form und das Aussehen eines gesprenkelten Baumwollstoffes (der gleiche Stoff wie bei dem ersten Muster ganz oben).*

*5  Die schon bei Nr. 3 verarbeitete Bourretteseide erhält durch den blaugelb gestreiften Rand aus glänzender Baumwolle ein beschwingtes Aussehen.*

*6  Der blauweiß gestreifte Matratzendrillich wirkt vornehmer durch eine graugesprenkelte Baumwollborte.*

1

2

3

4

5

6

29

Eine Kante betont die Form des Stoffs, den sie umgibt, gleichgültig ob sie angesetzt oder eingearbeitet ist. Es ist nicht einfach, ein vorhandenes Objekt mit einem zusätzlichen Rand zu versehen, aber manchmal verwandelt er – mit Geschick gemacht – ein ansonsten langweiliges Rollo oder eine Bettdecke in eine Zierde des Raumes.

Man sollte Ränder nicht nur als einfache Stoffabschlüsse betrachten; sinnvollerweise kalkuliert man einen Rand von Anfang an als Element mit ein, damit man die Stoffmenge richtig berechnet und er einen wichtigen Bestandteil des ästhetischen Konzepts bildet. Auch wenn man nur eine schmale Kante aus Paspel plant, entscheidet sie über die Wahl des Stoffmusters oder darüber, ob man qualitativ gleichwertige Materialien verarbeiten sollte. Man sollte selbst die simpelste Einfassung ernst nehmen.

Ebenso wie Grenzen trennen Ränder möglicherweise kritische Bereiche. Ein Puzzle aus verschiedenen Mustern (wie zum Beispiel farblich aufeinander abgestimmte Streifen, Punkte oder Karos) harmonieren gut miteinander und wirken nicht verwirrend oder überwältigend, wenn die Kanten jeder Musterfläche mit denselben festen Umrißlinien eingefaßt sind. Einfarbige Stoffränder, die eine Farbe aus einem bunt gemusterten Stoff eines drapierten Vorhanges aufgreifen, richten die Aufmerksamkeit auf die Silhouette und die langen Kanten des drapierten Stoffes, ohne ein störendes Element einzuführen.

Breite und ›dramatische‹ Ränder an der Unterkante eines Rollos vermitteln architektonisches ›Gewicht‹ und gleichen eine allzu schmale Form optisch aus. Eine einzelne, in der Farbe kontrastierende Kante entlang nur einer Seite eines Kissens oder eines Rollos wirkt durch die Asymmetrie immer als attraktiver Blickfang.

Ränder bilden eine gute Entschuldigung für das Aufbewahren unzähliger Stoffreste, aber sie können auch aus allen möglichen anderen Elementen gefertigt werden: Attraktive Borten oder Troddeln, Kordeln, sogar Perlen, Pailletten und anderer Glitzerkram können einen einfachen Stoff verschönern. Auch mit Schablonendruck (siehe S. 42) und dem einfachen Aufmalen von Rändern (siehe S. 38) lassen sich faszinierende und ungewöhnliche Schmuckelemente kreieren.

Ränder können flach oder erhaben sein. Flache Ränder eignen sich besonders für Objekte, die an sich flach sind, wie Bettdecken, Tischdecken und glatte Rollos, bei denen gerade Linien und klare Winkel die einfache geometrische Form betonen. Erhabene Ränder passen im allgemeinen besser zu Objekten, die theatralisch und üppig wirken sollen.

*Eine Doppelkante schließt das komplizierte Stoffmuster eines glänzenden Baumwollvorhangs zum Rand hin ab, wobei sie die zwei charakteristischsten Farben des Musters, Marineblau und Ockergelb, aufgreift. Das Halteband besteht aus demselben Futtersatinstoff wie die ockergelbe Kante.*

## Planen der Ränder und Einfassungen

Alle Ränder sollten sorgfältig geplant werden: Zuerst sollte man die genauen Maße des geplanten Objektes vor sich haben. Notieren Sie sich die gewünschten Effekte und Maße, und kontrollieren Sie diese noch einmal genau nach, ob auch alle Nahtzugaben, doppelte Lagen für Säume und gekräuselte Nähte, Stoffmengen für Diagonalecken usw. wirklich einkalkuliert sind. Ergeben sich Veränderungen (um zum Beispiel Proportionen zu verbessern oder Streifenmuster miteinzubeziehen), sollte man die Berechnungen noch einmal ganz kontrollieren.

Sehen Sie sich Ihren Entwurf an Ort und Stelle an, um herauszufinden, ob die Kante mit den anderen Elementen im Blickfeld zusammenpaßt: So kann es hübsch sein, sie genausobreit zu machen wie die Fensterbank oder sie bei anderen Stoffelementen im Raum wieder auftauchen zu lassen.

*Durch die hinzugefügte dreifartige Einfassung bekamen die ansonsten eher unauffälligen Gardinen eine dramatische Note. Ungewöhnlich ist auch, daß die Bordüre nicht nur an den Längsseiten angebracht ist, sondern auch entlang der gerafften Oberkante, was den niedrigen Raum etwas höher erscheinen läßt. (Es ist nicht schwer, eine Bordüre auf diese Weise zu verwenden, solange die Stoffmenge richtig berechnet ist. Die Kante wird an den flach ausgelegten Stoff angesetzt, bevor die Gardine gerafft wird. Die Wirkung der Einfassung wird durch die am Fuß der Wand aufgemalten Muster noch gesteigert. Gemeinsam lassen sie den Raum, der ansonsten eher gewöhnlich wirken würde, komplexer und raffinierter erscheinen.*

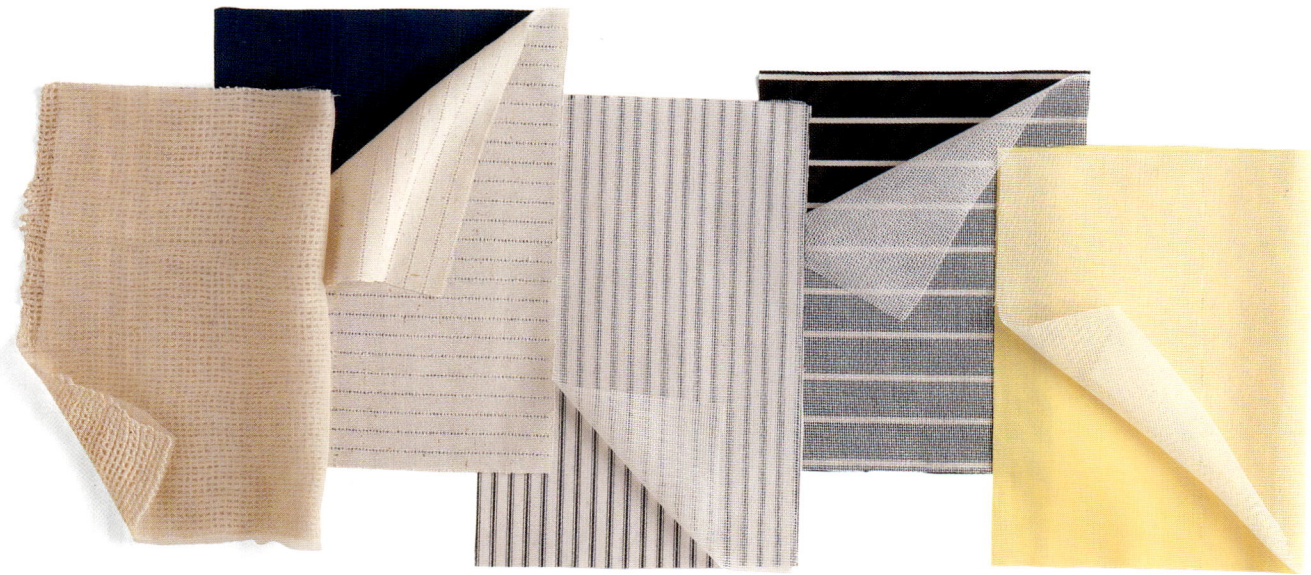

## Geschichtete Stoffe

Ich finde es interessant, mit der Kombination verschieden dichter Stoffe zu arbeiten. So kann man zum Beispiel zwei ganz unterschiedliche Webstrukturen miteinander verbinden. Diese Technik kommt besonders gut zur Geltung, wenn man geschichtete Stoffe als Fenstervorhänge verwendet und das Licht den Effekt erhöht.

Die oberste Stoffschicht muß natürlich durchsichtig sein. Dabei kann es sich um einen dicht, aber extrem fein gewebten Stoff oder eine mittelschwere, aber lose gewebte Faser handeln: ein gleichmäßig strukturiertes Gittergewebe (wie Tüll) oder eine feine Leinwandbindung (wie Musselin), weiß oder in einem ungebleichten Naturfaserton. Der dichtere ›Futterstoff‹ sollte bunt und klar genug gemustert sein, um durchzuschimmern. Wenn man feingewebten, ungebleichten Musselin zum Beispiel über einen kräftig gemusterten Baumwollchintz legt, sieht man, wie der Musselin die starke Farbe dämpft. Die Wirkung beider Stoffe verändert sich subtil durch ihre Kombination.

Die beiden Stoffe werden so praktisch zu einem neuen, wobei die Kanten jeweils besonders verarbeitet werden müssen: Eine gute Möglichkeit besteht darin, einen Rand aus dem ›Futterstoff‹ herzustellen. Wenn man verschieden breite Stoffe übereinanderschichtet, muß man die Stoffmengen sorgfältig berechnen (siehe S. 200), und man sollte versuchen, die Nahtlinien an denselben Stellen zu planen. Wenn man zwei feinere Stoffe übereinanderlegt, ergeben sie gemeinsam etwa einen mittelschweren. Die Kombination mehrerer Schichten führt natürlich zu einem dickeren und festeren Stoff, der eher sanfte Rundungen bildet als scharfe Falten.

Klare Linien sind wichtig, um die neue Textur des Endprodukts voll zur Geltung zu bringen. Mehrlagige Stoffe sind ungeeignet für allzu strenge Formen wie Faltrollos. Einige der festeren Oberschichten, wie zum Beispiel Tüll, können zwar stabil genug für Kissen oder glatte Bettdecken sein, Musselin aber ist in keiner Weise strapazierfähig.

*Das Erscheinungsbild eines Stoffes verändert sich beachtlich, wenn er mit einer Schicht aus leichterem und durchsichtigem Gewebe bedeckt wird – kräftige Farben werden abgeschwächt, mattere Töne verstärkt. Ein mit Musselin kombiniertes Strukturgewebe gewinnt an Feinheit und Form; ein Dunkelblau schimmert als zart gepunktete Linien durch den durchbrochenen Seidenstoff; schwarzweißer Drillich wirkt unter einer Gaze gedämpft und weniger linear; sattes Gelb wirkt ebenfalls durch eine Lage Gaze zarter und heller.*

## Aneinandergenähte Stoffe

Im einfachsten Fall erhält man durch das Aneinandernähen verschiedenfarbiger Stoffstreifen derselben Stoffart ein selbstgestaltetes Streifenmuster, aber es gibt noch eine Reihe anderer Möglichkeiten. Man kann die Streifen so gestalten, daß sie die Form des fertigen Objektes verstärken, wie zum Beispiel nach oben heller werdende Farbabstufungen auf einem Rollo oder der Unterkante einer Bettdecke. Da Streifen geradlinig und gerichtet verlaufen, eignen sie sich am besten für rechteckige Objekte. Indem man Streifen aus bereits gemusterten Stoffen zu neuen Strukturen und Mustern zusammensetzt, kann man aus allzu bekannten, gekauften Dessins neue aufregende und einzigartige Muster bilden.

Abgesehen vom rein visuellen Aspekt der Muster sollte man auch die interessanten Begleiterscheinungen nicht außer acht lassen: Die Nähte auf der Rückseite des Stoffes können ein schönes Merkmal des Stoffes und die Stichlinien eine zweite Streifenlinie bilden. Einen besonders attraktiven Effekt entdeckte ich durch Zufall beim Längssäumen von *Fallschirmseide* (siehe S. 25). Als ich den Stoff hin- und herrückte und die Seiten umlegte, entwickelten die hochstehenden Partien ein interessantes Eigenleben. Fallschirmseide ist ideal,

*Beim Zusammensetzen von Stoffen sollte man unbedingt herumexperimentieren. Nur so kann man darauf stoßen, daß zwei denkbar unterschiedliche Stoffe in der Kombination wunderbar aussehen. Vielleicht entdeckt man eine ungewöhnliche Zusammenstellung von Farbe und Struktur oder kreiert ein ungewöhnliches, konkaves Muster, indem man die Rückseite eines Stoffes verwendet.*

*Der gelbe glänzende Baumwollstoff unten links (obere Abb.) wurde mit einem graugesprenkelten Baumwollgewebe kombiniert. Rechts davon ist ein ungemusterter schwarzer Baumwollstoff mit einer in sich strukturierten hellgrauen Seide verarbeitet worden. Oben rechts bilden eine dunkelgrüne Baumwolle und ein karierter Stoff eine interessante Einheit. In der Mitte wurde ein zarter Musselin durch ungebleichte Kattunstreifen verstärkt.*

*Zusammengesetzte Stoffe können sehr praktisch sein. Das zuletzt beschriebene Beispiel aus kombiniertem Musselin und Kattun ist hier links als Gardine zu sehen – eine schöne Alternative zu einem Netzvorhang. Ober- und Unterkante müssen einfach gestaltet sein, damit der Rippeneffekt nicht gestört wird.*

weil sie nicht ausfranst; sonst muß man die Kanten mit einer französischen oder abgesteppten Naht versäubern.

Ein anderer Nebeneffekt beim Aneinandernähen von Streifen ist, daß der gesamte Stoff eine neue Struktur erhält, da sich durch das Nähen Wülste und Rippen bilden, die die flachen Stoffflächen voneinander trennen. Meistens bügele ich diese Nähte nicht flach aus, sondern lasse die Streifen wellig und gerundet. Auf der linken Seite sind die Streifen konkav und liegen hinter den Nähten. Manchmal sind am Ende diese Formen schöner als die der rechten Seite.

Beim ›Erfinden‹ neuer Stoffe durch Zusammensetzen von Textilstreifen lassen sich Reste sinnvoll verarbeiten. Da eine gewisse Menge Stoff bei dieser Technik in den Nähten ›verlorengeht‹, ist es nicht ratsam, einen teuren Stoff nur zu diesem Zweck zu zerschneiden, aber die Methode ist ideal, um lange Textilstreifen, die zum Wegwerfen zu schade sind, sinnvoll zu verwenden – vielleicht handelt es sich dabei um alte, noch gut erhaltene Stoffe (siehe S. 35) oder Reste, die nach dem Zuschneiden eines Rollos oder eines Vorhangs übriggeblieben sind.

## Stoffkreationen mit Biesentechnik

Diese effektvolle Methode entdeckte ich durch Zufall, als ich Streifen für ein kleines Kissen zusammennähte und den Stoff gegen das Licht hielt, um die Geradlinigkeit der Nähte zu kontrollieren. Dabei fiel mir das interessante Streifenmuster auf, das sich durch die Nahtzugabe gebildet hatte. Daraufhin übernahm ich dieses Gestaltungsprinzip ganz bewußt und ließ die einzelnen Stoffstreifen einander an den Kanten überlappen, so daß sich nach und nach eine Serie von ›Streifen‹ aus aufeinanderfolgenden Biesen bildete.

Bei der einfachsten Form dieser Technik können die einzelnen Biesenstreifen ein einziges Stück Stoff strukturieren; man kann aber auch Streifen verschiedener Stoffe auf diese Art zusammennähen (in beiden Fällen ist diese Methode eine gute Resteverwertung). Die Nahtlinien können optisch unauffällig sein oder durch zusätzliches Übersteppen als Zierelement eingesetzt werden.

Für diese Art der Verarbeitung eignen sich am besten leichte Baumwollstoffe mit glatter Oberfläche, wie zum Beispiel Kattun, glänzende Baumwolle und Popelin: schwerere Stoffe und Gewebe mit erhabenen Oberflächen sind im allgemeinen für saubere Falten zu dick und schwierig zu nähen, während allzu feine Stoffe für die vielen Nähte nicht stabil genug sind. Ein leicht durchsichtiger Stoff kann in der Kombination mit einem dichteren Stoff dessen Farben und Muster undeutlicher erscheinen lassen (siehe S. 32). Stoffe mit rechteckigen Mustern und Streifen sehen zusammengenäht nicht nur sehr schön aus, sondern lassen sich auch einfach verarbeiten, da sie die parallel verlaufenden Linien schon von sich aus liefern.

Da man mit dieser Technik dekorative Streifenmuster erhält, eignet sie sich besonders für rechteckige Formen wie glatte Rollos, Vorhänge, Bettdecken und Kissen. Auf dem ganzen Stoff verteilte Biesen geben einem einfachen Gewebe eine dreidimensionale Struktur aus regelmäßigen oder unregelmäßigen Rippen. Durch die Längsversteifung bildet sich eine klar gegliederte Oberfläche, die man nach Geschmack und Bedarf horizontal oder vertikal einsetzen kann. Ein leichter, etwas lichtdurchlässiger, mit Biesen gestalteter Vorhang zeigt sich vor einem Fenster mit seinen feinen Streifen und zartem Schattenwurf von seiner besten Seite. Bei Vorhängen bilden tiefe Biesenfalten an der Oberkante eine interessante Alternative zu den üblichen Kräuselfalten.

*Die Falten und Biesen in diesem Stoff kamen durch das Überlappen der jeweiligen Stoffkanten zustande. Mit dieser Technik kann man Formen aus Stoff kreieren. Die Biesen können weit auseinanderliegen und so optisch breite Streifen bilden, oder man kann, wie oben links zu sehen ist, einen Rippeneffekt durch engeres Setzen der Biesen erzielen und interessante Schatteneffekte erhalten. Bei beiden Stoffen wurde als weitere Verzierung mit weißem Garn auf rotem Grund genäht.*

## Verarbeiten alter Stoffe

Alte Stoffe haben oft schön verblichene Farben und weiche Strukturen, gleichgültig ob es sich um bedruckte Baumwoll- und Leinenstoffe aus den dreißiger oder fünfziger Jahren, glänzende Chintzgewebe mit ungewöhnlichen Dessins oder alte Spitze handelt. Die Atmosphäre, die sie ausstrahlen, entspricht der Wirkung antiker Möbel, sie verleihen der Umgebung Charakter und Eigenart und eine interessante Gedämpftheit.

Ganze Bahnen alter Stoffe passen am besten in Interieurs, die nicht ultramodern eingerichtet sind. Sie harmonieren gut mit Naturmaterialien wie Stein, Ziegelsteinen und poliertem Holz. Kleine Stücke alter Stoffe, die in größere Flächen von modernem Stoff eingearbeitet sind, passen in jede Umgebung.

Auch schon relativ kleine Mengen eines alten, kleingemusterten Stoffes verwandeln als schmale Kante einen ungemusterten modernen Stoff in etwas Besonderes. Man sollte jedoch darauf achten, daß der moderne und der alte Stoff atmosphärisch zueinander passen: Man sollte allzu grelle Farben vermeiden – Cremefarben und Naturfasertöne bilden den schönsten Farbrahmen. Große Stoffmengen lassen sich in Streifen miteinander verarbeiten. So überspielt man Fehler und Schwächen bei den alten, manchmal nicht mehr stabilen Stoffen. Kleine Mengen wirken hübsch als Kanten, aber man sollte sie nur dort einsetzen, wo sie nicht weiter strapaziert werden.

## Stoffgestaltung mit Maschinenstichen

Eine der einfachsten Möglichkeiten, einen Stoff zu verändern ist, mit Maschinenstichen einfache Muster aus buntem Garn aufzunähen. Je dichter die Stichreihen beieinander liegen, um so steifer wird der Stoff, während in Bereichen mit wenigen oder gar keinen Stichlinien der Stoff geschmeidig bleibt. Hübsch könnte ich mir lange, mit dichten Stichlinien versehene Vorhänge vorstellen, die auf dem Boden üppig aufbauschen.

Man sollte zuerst parallele Linien auf den Stoff nähen, dann die Abstände zwischen den Linien verändern, Spannung und Größe des Stiches variieren und mit den Proportionen ›spielen‹. Da die Technik recht arbeitsaufwendig ist, sollte man die benötigte Stoffmenge sorgfältig ausrechnen, da man sonst viel Zeit mit Ansetzen und Korrigieren verschwendet. Die losen Garnenden müssen nicht versäubert werden, und wo es nicht gerade unpraktisch ist, können sie einen interessanten, vielfarbigen Fransenrand bilden.

Experimentieren Sie mit verschiedenen Stoffarten. Da sich die Muster durch die Stichlinien ergeben, eignet sich glatter, ungemusterter Stoff dafür am besten. Dünnes, lockeres Gewebe wie Musselin oder dünnes Kunststoffgewebe wirkt mit Stichverzierungen völlig anders, und die Bereiche mit dichten Linien stehen in hübschem Kontrast zu den zarten Stoffflächen, wenn man den Stoff ungefüttert als Vorhang verwendet. Dickere Stoffe erhalten eine brokatähnliche Textur. Das Ergebnis wirkt fast so, als hätte man mit Garn auf dem Stoff ›gemalt‹. Das Verzieren mit Maschinenstich ist eine Variation der traditionellen und zeitaufwendigeren Techniken wie zum Beispiel der Crewelstickerei.

*Alte Stoffe sind oft zu fragil, um unverstärkt verwendet zu werden, und man verarbeitet sie am besten mit einem neueren, festeren Stoff. Die blauweißgestreifte alte Seide, oben, gewinnt als doppelter Zierstreifen in einem Tischtuch oder einem Querbehang aus cremefarbenem Popelin an Stabilität. Das blauweiße Muster eines alten Sommerkleides bildet mit den cremefarbenen Baumwollstreifen eines festeren Gewebes ein neues Muster und einen stabileren Stoff.*

# FÄRBEN UND BEMALEN VON STOFFEN

Es ist eine aufregende Sache, ein sauberes, weißes Tuch vor sich auszubreiten und die Oberfläche selbst zu gestalten – gleichgültig, ob es sich dabei um hingekritzelte Zeichen, Farbfelder, feine Linien oder andere scheinbar willkürliche Muster und Motive handelt. Beim ersten Versuch ist das Ergebnis vielleicht nicht brauchbar, aber ich sage ›scheinbar‹ willkürlich, da die meisten guten Kreationen fast immer nur dann entstehen, wenn man erst einmal einige Zeit damit zugebracht hat, die Konsistenz der Farben und wie man sie auf den Stoff aufträgt, auszuprobieren. Kontrolle und Können ergeben sich durch Üben; und je geübter man ist, um so eher ist man in der Lage, einen eigenen Stil zu entwickeln.

### Experimentieren mit Farbe

Beim Experimentieren macht man unerwartete Entdeckungen. So fand ich beim Färben eines Stoffes heraus, daß mir die schattenartigen Formen, die sich auf der Rückseite gebildet hatten, besser gefielen als meine ursprünglich geplanten Muster. Außerdem entstehen beim Herumexperimentieren Ideen, wie man Muster am besten auf dem Endprodukt verarbeiten kann. So könnte man vielleicht die Proben in Streifen schneiden, sie als Kanten verwenden (siehe S. 28) oder sie mit anderen Probestücken zusammensetzen (siehe S. 33). Man kann selbstbemalte und -gefärbte Stoffe aber auch so verarbeiten wie übliche Stoffe oder sie dazu verwenden, die Form eines spezifischen Objektes zu betonen: so zum Beispiel, wenn man mit Schablonentechnik einen Rand gestaltet oder die Dichte eines Sprenkelmusters oder die Intensität einer Farbe verstärkt, um zum Beispiel dem unteren Teil eines glatten Rollos mehr ›Gewicht‹ zu geben. Ist man erst einmal Meister seines Fachs, kann man sich sogar vornehmen, alle Einzelheiten einer kompliziert zusammengesetzten Bettdecke systematisch zu gestalten.

Nur durch Ausprobieren kann man herausfinden, welche Effekte sich mit einer speziellen Farbe auf einem speziellen Stoff erzielen lassen. Praktisch heißt das, daß man darauf achten muß, was sich bei jedem Schritt ergibt. Viele Prozesse, bei denen man Stoffe mit Farben behandelt, verändern die Textur des Gewebes. Einige Resultate sind dauerhaft, aber viele Farben neigen dazu, durch Licht auszubleichen oder sich beim Waschen zu verändern. Deshalb sollten alle selbstgefärbten Stoffe unbedingt chemisch gereinigt werden, auch wenn man die Farben mit einem sehr heißen Bügeleisen haltbar machen kann. Bei der Verarbeitung von Textilfarben sollte man sich nach den Anweisungen des Herstellers richten und daran denken, wie strapazierfähig der Stoff zu sein hat. Die meisten hier beschriebenen Techniken sind so preiswert, daß man getrost Objekte mit ihnen herstellen kann, die eher als momentaner Schmuck als für die Ewigkeit geplant sein können.

*Die ungewöhnliche Kombination von Stoffstilen erzielt ihre Wirkung durch die genaue Planung und die bewußt lässige Ausführung. Die im Stil der Wandmalerei des 17. Jahrhunderts gestaltete Vase wurde zuerst mit Bleistift vorgezeichnet, um die richtige Perspektive zu erhalten; danach wurde mit verdünnter Emulsionsfarbe gemalt, wobei die unregelmäßige Linienführung gut zur Weichheit des Stoffes paßt. Der bemalte Stoff wird von einem anderen aus den zwanziger Jahren umrahmt, dessen klare Schwarzweißstreifen den Wandgemäldecharakter verstärken.*

Auch unter ästhetischen Gesichtspunkten ist das Herumexperimentieren wichtig, um die Vorstellung, die man hat, mit dem, was man erreichen kann, in Einklang zu bringen. Dabei entscheiden letztendlich, ebenso wie bei der Auswahl der Farben und Muster fertiger Stoffe, der persönliche Geschmack und das eigene ästhetische Empfinden. Einige Methoden produzieren sanfte, verschwommene Konturen mit ineinander verlaufenden Farben, die tief ins Gewebe eindringen, andere ergeben klar hervortretende Motive mit auf der Stoffoberfläche aufliegenden Farbschichten.

Man sollte mit etwas von den Kosten und dem Aufwand her nicht allzu Aufwendigem beginnen. Gerade aus einfachen Geweben wie Baumwolle und Drillich lassen sich die schönsten Dinge gestalten – auch chinesische Seide ist oft nicht teuer. Naturfasern nehmen Farben am besten an, aber auch synthetische Stoffe lassen sich mit den geeigneten Farbmaterialien gut verarbeiten. Fallschirmseide (siehe S. 25) ist ein besonders inspirierendes Material, wenn man nur einmal an die vielen bezaubernden Muster auf Drachen denkt.

Es gibt viele verschiedene Färbematerialien, und die Farbpalette ist fast unbegrenzt. Fertige Farben liefern die berechenbarsten Resultate. Bei solchen, die mit heißem oder kaltem Wasser verarbeitet werden, sollte man in der Gebrauchsanweisung des Herstellers nachlesen, ob der ausgewählte Stoff für diese Farbe geeignet ist. Bei Naturfarben kann man in einem Fachbuch nachsehen, mit welchen Materialien man welche Farbe auf einem bestimmten Stoff fixieren kann. Dort findet man auch alle Anweisungen über die Länge des Färbevorgangs, brauchbare Gefäße usw.

Man sollte auf jeden Fall eine kleine Stoffprobe des vorgesehenen Gewebes mit der Farbe, die man verwenden will, testen. Abgesehen davon, daß verschiedene Stoffe auf Stoffarben unterschiedlich reagieren, können im Stoff verborgene Unregelmäßigkeiten das gewünschte Resultat stören. Über die verwendete Farbmenge und die einzelnen Arbeitsschritte sollte man Buch führen, wenn man vorhat, dasselbe Ergebnis später noch einmal zu erzielen: So kann das Resultat zum Beispiel ganz anders sein, wenn man den Stoff vor dem Färben nicht wäscht.

Die schönsten Resultate ergeben sich oft aus Fehlern und Irrtümern. So achtet man häufig darauf, daß der gefärbte Stoff beim Trocknen nicht knittert oder harte Falten wirft, aber gerade das könnte manchmal erwünscht sein (siehe S. 43).

Eine genaue Aufzählung der grundsätzlichen Methoden und Materialien zum eigenen Färben würde mehrere Bücher füllen. Eine Liste über diesbezügliche Fachliteratur finden Sie auf Seite 212 und Rat sicher in einem Geschäft für Künstlerbedarf. Hier zeige ich nur ein paar Ideen auf, die als Ausgangspunkt für eigene Kreationen dienen.

## Das Bemalen von Stoffen

Spezielle Stoffarben und -stifte werden heute in einem reichhaltigen Sortiment angeboten, aber es lohnt sich, auch mit Farben wie Acryl, Gouache, Plakatfarben und sogar Autolacken herumzuexperimentieren.

Freihändig aufgetragene Farbe ergibt am ehesten ein Bild, das wie eine Zeichnung oder ein Gemälde aussieht. Je nach Farbe und Stärke des Pinsels lassen sich kräftige oder zarte Striche erzielen. Glatte Stoffe eignen sich für alle möglichen Techniken, angefangen von zarten Linien bis hin zu dichten Farbflächen, und bieten einen idealen Untergrund sowohl für starke, grafische Muster als auch für skizzenhafte Darstellungen; ein Stoff mit rauherer Oberfläche wird am besten mit einer dickeren Farbe und einem kräftigeren Pinsel bearbeitet, und das Muster sollte dementsprechend kraftvoll sein.

*Die schönen Farben und Muster dieses Stoffes entstanden durch eine spezielle Batiktechnik, die von den Yoruba in Nigeria verwendet wird. Anstelle von Tapetenkleister wird mit Maniokstärke gearbeitet, die man mit einer Feder, die in Indigo getaucht wird, auf den Stoff aufmalt. Der Stoff eignet sich durch sein raffiniertes zweifarbiges Muster und seine schwere Konsistenz gut als leicht gerüschtes Rollo für ein langes, rechteckiges Fenster. Das tiefe Blau des Stoffes harmoniert mit den blauweißen Vögeln auf den Kacheln, und die Geometrie des Musters paßt gut zu den Holzschnitzereien der Schränke.*

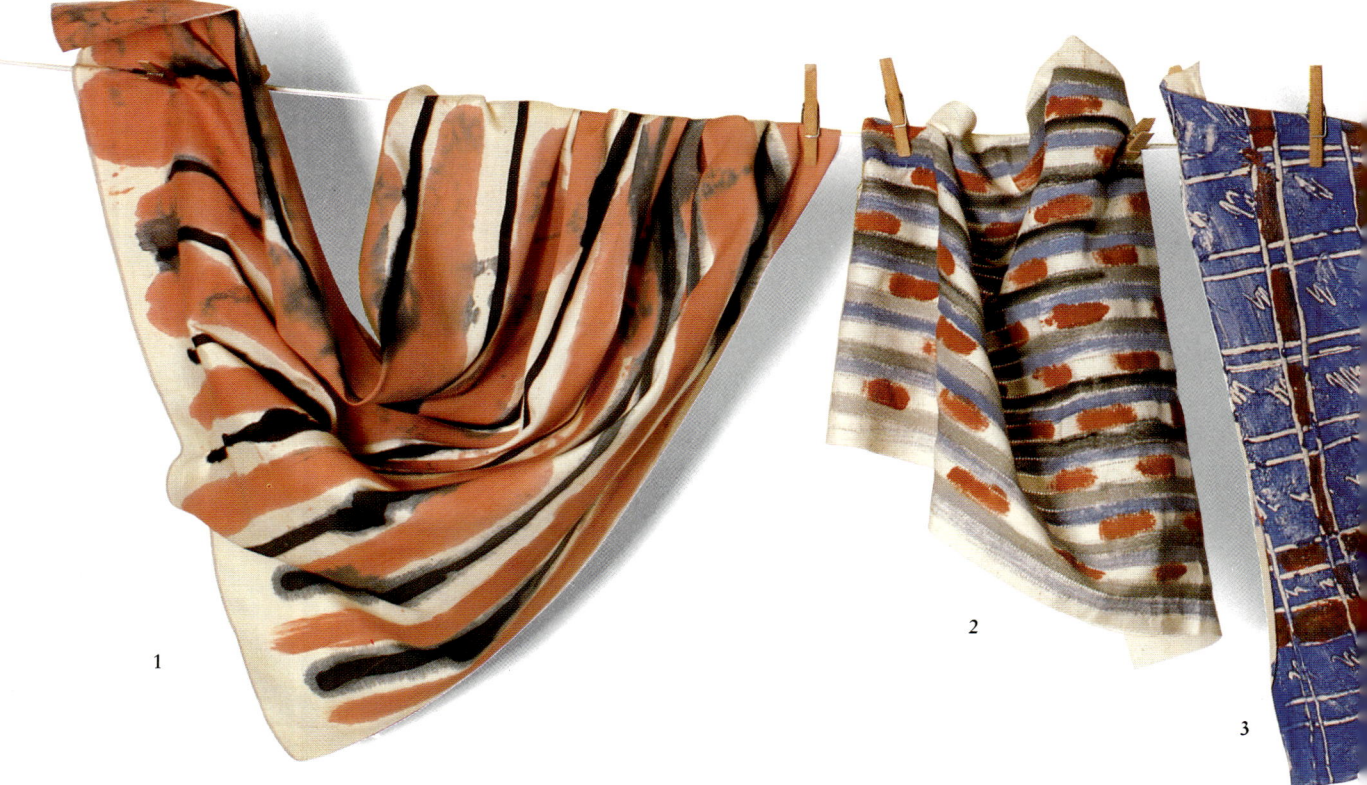

## Getupfte Oberflächen

Man erhält wunderschöne Oberflächenstrukturen, wenn man Farben mit einem Schwamm oder einem gewickelten Tuch auf den Stoff tupft (Naturschwämme eigenen sich besser als Kunststoffschwämme). Man kann die Farbe mit Wasser oder Tapetenkleister verdünnen. Wird die Farbe stark flüssig verarbeitet, sinkt sie in den Stoff ein; mit dickflüssigerer Farbe erhält man einen interessanten Marmoreffekt, da ein Teil der Farbe in den Stoff eindringt, während ein anderer auf der Oberfläche des Gewebes bleibt. Taucht man den mit Farbe getränkten Stoff in Wasser, erhält man verlaufende und sich vermischende, gouacheartige Effekte.

Bestimmte Effekte lassen sich genau kontrollieren: so zum Beispiel das Aufbauen verschiedener Farbschichten mit einem oder mehreren Tönen oder das gezielte Mustern eines bestimmten Stoffbereiches. Kattun, Popelin und Seide eignen sich besonders gut für diese Technik. Kleine Objekte wie Kissen und Tischdecken bieten eine gute Möglichkeit, detaillierte und kunstvolle Muster und Farbfelder zur Schau zu stellen.

## Gesprenkelte Oberflächen

Die Sprenkeltechnik gehört zu meinen Favoriten. Für diese Methode geeignete Pinsel haben stets Borsten mit geraden Enden und einen langen Griff. Kleine Flächen lassen sich gut mit einer Zahnbürste bearbeiten. Es ist sinnvoll, mehrere saubere, trockene Pinsel in Reserve zu haben, so daß man einen neuen nehmen kann, wenn der vorherige sich allzusehr mit Farbe vollgesogen hat. Gesprenkelt wird, indem man mit einem Messer oder dem Finger an den Spitzen eines mit Farbe getränkten Pinsels entlangfährt. Da dies mit sehr viel Schmutz verbunden ist, sollte man Putzlappen griffbereit haben.

Es geht dabei darum, die Enden der Borsten über dem Stoff ›schnippen‹ zu lassen, so daß die Farbe wie ein feiner, gleichmäßiger Nebel verteilt wird. Je nach Beschaffenheit des Gewebes und der Farbkonsistenz bleibt die Farbe auf der Oberfläche stehen oder zieht ein. Glatte Stoffe wie Kattun und Baumwolle eignen sich am besten, da hier die Farbe an der Oberfläche bleibt. Sie muß verhältnismäßig dünn sein, um sich gut sprenkeln zu lassen: Man kann sie mit

*Ich mußte lange üben, bevor ich in der Lage war, ein anvisiertes Ergebnis problemlos ausführen zu können; allerdings können auch die Zwischenstadien Vergnügen bereiten.*

*1 Ich bemalte diese naturfarbene Schantungseide mit verwischten Linien aus verdünnter rosa Acrylfarbe. Für die schmaleren Linien benutzte ich unverdünnte schwarze Acrylfarbe.*

*2 Das Streifenmuster dieser durchbrochenen Bourretteseide inspirierte mich zu diesem Entwurf. Ich malte die blauen und schwarzen Streifen mit wasserverdünnten Acryl- und Pulverfarben auf und benutzte die Fingerspitzen für die roten Flecken.*

*3 Zuerst ließ ich bei diesem karierten Stoffmuster eine dicke Kleisterschicht auf dem Kattun trocknen und tauchte den ganzen Stoff danach in ein Kaltbad aus blauer Farbe. Nachdem er getrocknet war, strich ich den Stoff glatt und kratzte die Linien mit einem Kamm ein, bevor ich die orangebraunen Streifen aufmalte.*

Wasser verdünnen, aber es sollte eine schnell trocknende Farbe sein. Farben auf Wasserbasis wie Acryl, Plakatfarbe und Gouache sind ideal, auch wenn man die gesprenkelten Stoffe mit einem heißen Bügeleisen fixieren muß, damit die Farben auch waschecht werden.

Mit einer oder mehreren Farben kann man den Stoff mit einem Sprühnebel überziehen, und verschiedene Farbarten und -konsistenzen können eine eigene Oberflächenstruktur bilden. Man kann kleine gesprenkelte Stücke zu einem großen Objekt zusammennähen, aber auch große Flächen lassen sich mit dieser Technik schnell bearbeiten. Sie eignet sich also auch für Vorhänge, Bettwäsche oder Tischdecken.

Das Ergebnis muß keineswegs ein zufälliges, die ganze Fläche mehr oder weniger gleichmäßig überziehendes Sprenkelmuster sein: Die Dichte der Sprenkelflecken und die gezielte Verwendung unterschiedlicher Farben lassen Farbwechsel oder systematische Musterschattierungen entstehen. Negativflächen, die ungemustert bleiben sollen, kann man mit Schablonen abdecken.

Wie die Sprenkel ausfallen, ist kaum vorhersehbar: Die Farbe kann zu dick sein oder allzu dünn, so daß die Farben ineinander verlaufen. Wenn der Pinsel ›überladen‹ ist, fällt die Farbe in größeren Tropfen auf den Stoff oder verteilt sich über breitere Flächen. Ein dicker Tropfen hier und da kann natürlich ein hübsches Element sein, aber man sollte doch vorher ein wenig mit Resten üben, um vor ›Überraschungen‹ sicher zu sein.

Das Sprühen mit einer Lacksprühdose oder ähnlichem ergibt eine dichtere Farbverteilung. Die Farbe bleibt dabei zum großen Teil auf der Oberfläche, und der Glanz von Autolackfarben bildet, besonders wenn man Gold, Silber oder Bronze verwendet, eine interessante Oberflächenstruktur, die sich auf keine andere Weise erzielen läßt.

Besonders ungewöhnlich und dramatisch wirkt eine gesprühte Metallicfarbe auf einfachem weißen Musselin oder dunkelfarbigem Kattun. Da die Sprays im allgemeinen schnell und effizient sind, sollte man beim freihändigen Sprühen genau wissen, was man tut. Am besten wirken die Sprayfarben, wenn man sie in Verbindung mit Schablonen verarbeitet und das Resultat kontrastreicher sein soll.

*4 Diesen Kattan bedeckte ich zuerst mit einer dicken Kleisterschicht und rosa Färbeflüssigkeit. Danach rieb ich diese Schicht ab und ließ Wasser über den gesamten Stoff laufen, um diesen gebleichten Effekt zu erhalten. Die horizontalen Streifen entstanden dadurch, daß das Tuch über der Heizung trocknete.*

*5 Der Sprenkeleffekt auf dieser Tussahseide entstand, indem ich mit einer Zahnbürste verdünnte Farbe auf den Stoff spritzte. Der Rand wurde in Terracottafarbe aufgemalt und danach mit Schwarz betupft.*

## Schablonenmalerei

Die Schablonenmalerei ist eine preiswerte und vielseitige Methode, einen glatten, einfarbigen Stoff mit Mustern zu verzieren. Die Technik macht nicht nur Spaß, sondern ermöglicht es, Objekte in einzigartiger Weise auf die Umgebung hin zu gestalten. Selbstverständlich lassen sich damit auch attraktive Randverzierungen anbringen.

Meiner Meinung nach wirken Schablonenmotive am besten auf ungefärbten Stoffen, besonders wenn der Farbauftrag interessant ist. Bei einer gefärbten Oberfläche sollte man die Schablonenfarben sorgfältig auswählen, damit sie sich vom Untergrund genügend abheben. Wenn sich der zarte Glanz eines Motivs deutlich von dem matten, lichtabsorbierenden Stoffuntergrund abhebt, zeigt sich, daß die Arbeit mit Schablonen mehr ist als reines, relativ belangloses Musteraufmalen.

Schablonenmuster kann man mit Spraydose, Schwamm, Stofflappen oder dickem Pinsel auftragen. Wichtig ist dabei nur, daß die Farbe schnell trocknet und nicht zu dünn ist, damit sie nicht unter die Schablonenränder läuft. Plakat- und Acrylfarben, die man zum Schluß hitzeversiegeln kann, eignen sich am besten.

Bei vielen traditionellen Schablonenmustern sind zarte Farben sehr fein aufgetragen. Je weniger Farbe man jeweils verwendet, desto besser läßt sich die Oberfläche des Musters aufbauen, wenn man es von den Rändern her zur Mitte hin mit Farbe füllt.

*Der üppig verarbeitete, preiswerte, mit Goldmustern verzierte Musselin verleiht dem sonst schlicht cremefarbigem Badezimmer ein luxuriöses Flair. Das Hauptmerkmal des Stoffes ist, daß sich die Muster auf das obere und untere Ende konzentrieren und so dem an sich flattrigen Stoff optisch Gewicht verleihen.*

Man kann Schablonen aus dünnem Karton oder dicker Kunststoffolie schneiden. Künstlerbedarfsgeschäfte bieten spezielle Schablonenmaterialien an, so zum Beispiel durchsichtige Azetatfolien, die man immer wieder benutzen kann. Es gibt auch bereits fertige Schablonenmuster. Anregungen findet man in Büchern aller Art, so zum Beispiel über Jugendstil oder Art deco. Wenn die Architektur keine Anhaltspunkte bietet, muß man Neues entwickeln. Die Art des Musters und die Farben geben dem Stoff und der Umgebung eine bestimmte Atmosphäre: Stilisierte Blumen in den Grundfarben auf weißem Untergrund wirken ländlich; griechische Mäander in Schwarz auf Weiß verbreiten das Flair klassischer Einfachheit; kunstvolle byzantinische Muster (besonders in Gold) schaffen eine geheimnisvolle und exotische Atmosphäre.

Geschwungene Blumenmotive können einen schönen Stoffrand bilden, der zum Blickfang wird. Klare geometrische Motive sehen hübsch auf einem einfarbigen Kattunstoff oder als Verzierung des unteren Randes eines Rollos aus. Je klarer das Muster ist, um so genauer und symmetrischer muß es gestaltet sein: Geometrische Motive sollten auf einem glatten Untergrund, wie zum Beispiel auf einem Springrollo gleichmäßig verteilt werden, da jede Unregelmäßigkeit sofort zu sehen ist. Bei gerafften oder gerüschten Stoffen dagegen fallen Fehler nicht so auf.

Mehrfarbige Schablonenmuster (mit einer Schablone für jede Farbe) und flächendeckende Dessins, bei denen ineinandergreifende Motive ein sich wiederholendes Muster bilden, müssen besonders sorgfältig geplant und ausgeführt werden. Genaue Vorskizzen in der richtigen Größe sind eine gute Hilfe. Aber komplizierte Strukturen müssen nicht unbedingt zeitaufwendig sein. Wenn man ein wirklich kunstvolles Filigranmuster in nur wenigen Sekunden aufsprühen kann, macht die Schablonenmalerei noch einmal soviel Spaß.

## Batiktechniken

Einen Stoff einfach zu färben ist für mich nur der Ausgangspunkt für interessantere Techniken. Bei der Batiktechnik wird heißes Wachs auf den Stoff aufgemalt oder aufgedruckt, so daß diese abgedeckten Flächen die Grundfarbe behalten, wenn man den Stoff in das kalte Färbebad legt. Obwohl Batik die Oberflächenstruktur des Stoffes nicht wirklich verändert (das Wachs wird wieder entfernt), entsteht durch die unterschiedliche Farbtiefe und die feinen, spinnwebartigen Linien, die sich dort bilden, wo das Wachs feine Risse hat, eine neue, interessante Textur: Batikmuster wirken lebendig, dynamisch und viel attraktiver als Stoffe, die nur einfach in ein Farbbad getaucht wurden. Auch hier bilden oft die Fehler die attraktivsten Ergebnisse. Eine andere Art der Batiktechnik ist die ›Wasch- und Knitter‹-Methode, die man auf zwei Arten ausführen kann.

Bei der ersten Methode sollte man einen leichten Stoff wie Musselin oder Kattun verarbeiten. Dabei wird der gewaschene und gefärbte Stoff zum Trocknen fest zusammengeknittert oder gerollt. Die so entstandenen Falten und Kniffe sind permanent, und oft ist die Farbe unregelmäßig verteilt. Man kann dem Farbbad Kleister oder Stärke beimischen, um den Effekt noch zu verstärken. (Natürlich kann man diese Technik auch ohne den Stoff zu färben anwenden: Man nimmt einen leichten Naturstoff und läßt ihn fest zusammengewrungen trocknen.) Diese Methode gibt dem Stoff eine gewisse Spannung, die um Fenster oder Betten drapierten Stoffbahnen ein interessantes, bewegtes Aussehen verleiht.

Bei der zweiten Version dieser Technik bearbeitet man den Stoff mit einem Material, das ihn sowohl steifer als auch empfänglicher für den Farbauftrag macht. Dazu nehme ich am liebsten Tapetenkleister: Er ist preiswert, und da er

*Die unten gezeigten gefärbten und bemalten Stoffe entstanden durch Batiktechniken. Der zusammengerollte Stoff (rechts) wurde zuerst bemalt und die Farbe dann teilweise mit einem Kamm wieder abgenommen. Bei den beiden Stücken links malte ich die Muster auf den ungefärbten Kattun mit heißem Wachs auf und übermalte das Ganze mit einer blauschwarzen Acrylschicht. Als die Farbe trocken war, legte ich einen einfachen Stoff auf das Ganze und bügelte das Wachs aus meinem gemusterten Stück heraus. Der cremefarbene Baumwollstoff unten bekam sein hübsches Wolkenmuster, indem ich über die Stofffläche einfach mit einer Kerze und einem Kreidestift rieb und dann eine königsblaue Farbschicht auftrug.*

auch nach dem Trocknen noch Wasser absorbiert, kann man einzelne Arbeitsschritte wiederholen. Läßt man eine große Kleistermenge in dem Stoff eintrocknen, wird er steif und hart. Je mehr Kleister man entfernt oder je mehr man den Stoff benutzt, um so weicher wird er. Kattun eignet sich dafür besonders gut.

Zuerst breitet man den Stoff flach aus, streicht ihn mit Kleister ein und läßt ihn trocknen. Dann taucht man ihn in ein kaltes Färbebad. Der Kleister nimmt die Farbe an und wird ziemlich schleimig. Man legt den Stoff dann wieder glatt aus. Wenn man ihn so trocknen läßt, erhält man eine über die ganze Fläche verteilte Knitterstruktur. Man kann den Stoff aber auch anders mustern, indem man Teile der farbigen Kleisterpaste vor dem Trocknen vom Stoff abnimmt. Entfernt man die Paste mit einem harten Stofflappen, entstehen wolkige Strukturen, und mit Stab, Kamm oder Pinselgriff lassen sich ziemlich gleichmäßige und systematische Muster aufzeichnen. Danach läßt man den Stoff trocknen.

Nun kann man den Vorgang mit einer anderen Farbe wiederholen. Werden allzu viele Farben miteinander vermischt, kann das Endergebnis leicht verschwommen und trüb werden. Deshalb sollte man bei jedem Arbeitsschritt ein Stück von dem Probestück abschneiden und zusammen mit der Beschreibung der Vorgehensweise aufbewahren. Es passiert schnell, daß man sich im ›Schaffensrausch‹ vergaloppiert.

Kleine, mit dieser Technik gestaltete Stoffstücke eignen sich gut für Kissen, aber mir gefällt die Knitterstruktur am besten auf großen Flächen, bei bauschigen Vorhängen oder gerüschten Rollos, bei denen der Stoff Stand haben soll.

## Abbindetechnik

Man erhält die schönsten Muster, indem man eine gewachste Schnur um einen in Falten gelegten Stoff bindet und ihn in ein Farbbad taucht. Unter der Schnur behält der Stoff seine ursprüngliche Farbe, und er trocknet in unregelmäßig längs verlaufenden Falten, die von gezackten Farbstreifen gekreuzt werden. Auch in den Falten bleibt die Grundfarbe sichtbar. Man kann entweder den Ziehharmonikaeffekt des Stoffes, so wie er ist, für eine Gardine nutzen oder ihn bügeln und das Muster glatt zur Geltung bringen.

# Fenster

# Die Wahl des Stils

Von allen Bereichen der Innendekoration macht es mir am meisten Spaß, Fenster zu gestalten. Da der Stoff bei Gardinen und Vorhängen oft große Flächen umfaßt, kommt er besonders gut zur Geltung – gleichgültig ob er in scharfen oder weichen Falten oder sanften Rundungen fällt. Auch das einfallende Licht spielt eine wichtige Rolle. So können verschiedene Stoffschichten sich einander ergänzen, besonders wenn dunklere, kräftige Farben durch durchsichtige Gewebelagen hindurchschimmern. Es gibt wunderbare, leicht glänzende Musselins und Seiden, die das Licht zart filtern und gut zu opaken, dichtgewebten Stoffen passen.

Wenn Sie nichts Fertiges finden, das Ihnen gefällt, können Sie vielleicht einige Ideen, die auf den Seiten 27 bis 44 beschrieben sind, aufgreifen und zum Beispiel Stoffstreifen verschiedener Gewebearten zusammensetzen oder einfach eine einfache Borte ansetzen, um einen eigenen, ganz persönlichen Stil zu kreieren. Die Zahl der Gestaltungsmöglichkeiten ist nahezu unbegrenzt, solange man die folgenden Regeln beachtet.

Die Kombination der Stoffe, mit denen Sie Ihre Fenster gestalten wollen, sollte nach Stil und Proportionen mit dem Raum harmonieren. So können üppig drapierte, stark gemusterte und bodenlange Vorhänge sicher gut zu einem eleganten Stadthaus mit hohen Decken und schmalen Fenstern passen, aber ein modernes Appartement wirkt wahrscheinlich besser mit einfachen Rollos und genau bemessenen Vorhängen.

Die Gestaltung von Gardinen und Vorhängen als dekoratives Element gibt es erst seit relativ kurzer Zeit. Davor bestand die Hauptaufgabe von Vorhängen oder Rollos darin, das Haus vor Zugluft und Sonnenlicht zu schützen. Auch Fensterläden erfüllten diese Aufgabe. Sogar im frühen 19. Jahrhundert war es noch üblich, daß einige Fenster in einem Haus keinerlei Gardinen oder Vorhänge hatten, obwohl andere, in repräsentativen Räumen, mit üppigen Vorhängen versehen sein konnten.

Im Laufe des 19. Jahrhunderts begann man Stoffe mit unterschiedlichen Texturen, Gewichten, Mustern und Farben miteinander zu kombinieren. Die Fenster wurden hoch und schmal und waren so ideal für raffinierte Vorhanggestaltungen. Man verwendete oft unterschiedliche Gewebe, und dekorative Schabracken und Querbehänge kamen in Mode.

Man besetzte die Vorhangränder mit kunstvollen Litzen und Borten, verzierte die Haltebänder mit Quasten und dekorierte die unteren Schabrackenränder mit eleganten Rüschen. Heute gibt es mehr Möglichkeiten zur individuellen Gestaltung als je zuvor. Dieses Kapitel ist in verschiedene Unterabschnitte gegliedert: Rollos und wie man sie herstellt (S. 69–95) sowie Vorhänge und Gardinen (S. 97–140).

*Die Fenster sind der Blickfang dieses Zimmers. Sie spiegeln seine kühle, sanfte Eleganz. Die cremefarbenen Baumwollvorhänge bilden ein Gegengewicht gut zu den anderen, glänzenden Materialien des Raumes – Glas, gelaugte Kiefer und Stein und Terracotta. Der Stoff fällt in langen fließenden Bahnen auf den Boden und ist gekrönt von einem einfachen, klassischen Girlandenquerbehang.*

# DAS EINFACHE FENSTER

Ein schmuckloses Fenster, das lediglich eine Aussicht einrahmt, lenkt den Blick auf Form und Stil des Zimmers sowie des Fensters selbst. Ebenso verhält es sich mit schlichten Fenstergestaltungen – einem glatten Rollo, einem ungefütterten Vorhang oder einem nur drapierten, ungemusterten und ungefärbten Stoff. Eine einfache Stoffgirlande, die, um eine Stange geschlungen, bis zum Boden reicht, oder eine einzige, in Falten herabfallende Vorhangbahn neben einem Flügelfenster sind starke Gestaltungselemente.

Da eine einfache Hängung die Form betont, paßt sie am besten zu Räumen mit klaren Linien. Ein vollgestellter Raum ohne Vorhänge sieht unfertig aus. Einfache Fenstergestaltungen gehören beispielsweise in Räume mit Fußböden ohne Teppiche, wenigen Mustern oder Verzierungen und wenigen Möbelstükken, aber großen Fenstern; sie passen auch zu schlichten Räumen mit kleinen Fenstern, wie zum Beispiel in Landhäusern. Auf jeden Fall geben einfache Fenstergestaltungen dem Raum ein helles und leichtes Flair.

Grundsätzlich vermeide ich kräftige Farben und Muster und wähle einen schlichten Stoff, wenn ich Fensterdekorationen bewußt möglichst einfach und zurückhaltend gestalten will. Ungemusterte Springrollos, möglicherweise aus einem leichten Kattungewebe, sind die unauffälligste Lösung, aber auch Faltrollos wirken ähnlich unaufdringlich. Ein einfacher kontrastierender Rand (siehe S. 28) setzt einen Farb- und Strukturakzent, ohne die klare Form zu stören.

Ich konzentriere mich auch gerne auf Stoffstrukturen. Ein gewebter Stoff wirkt schlicht und ist dennoch interessant, wie zum Beispiel ein gerippter Drillich oder ein grober Rupfen- oder Leinenstoff. Der Blick konzentriert sich dann ganz auf die natürlichen Falten und Strukturen des Stoffes und darauf, wie der Stoff hängt und fällt.

Für einen schlichten Stil eignen sich am besten blasse und gedämpfte Farben – Weißtöne, Grauschattierungen, Wedgwoodblau oder Olivgrün. Auch ein Stoff, dessen verschiedene Farben in einiger Entfernung verschmelzen, eignet sich gut für diesen Zweck.

Natürlich müssen die Farben nicht unbedingt gedämpft sein; eine klare, kräftige Farbe wie etwa bei einem dunkelroten Rollo mit einer marineblauen Paspel kann in einem sonst eher farblosen und schlichten Raum genau das richtige sein.

Obwohl Vorhänge eleganter erscheinen als einfache Rollos, müssen sie keineswegs komplizierter sein. So können die glänzende Oberfläche und die gesprenkelten Lichtmuster eines durchbrochenen und drapierten Seidenstoffes äußerst attraktiv aussehen. Ein einfacher weißer Stoff wie Drillich könnte, ungefüttert verwendet und nur mit einer eingelegten Paspel in einer dunklen, kräftigen Farbe verziert, schlicht und dennoch elegant wirken.

*In diesem bewußt schlicht gehaltenen Interieur hängen die leicht zerknitterten weißen Baumwollvorhänge gerade, aber kunstvoll bis auf den Boden und bauschen dort auf. Sie sind an einfachen Vorhangringen befestigt und betonen mit ihrer natürlichen Helligkeit das gebrochene Weiß der Wände, den polierten Boden und das weiße Bettzeug und bilden einen gelungenen Kontrast zu den dunklen Farben der Holzbalken und der Metallmöbel.*

# Transparente Gewebe

Durchsichtige, halbtransparente und feine Gewebe filtern das Licht, ohne den Blick völlig zu versperren. Sie sind fast immer weiß oder cremefarben, und nur wenige haben farbige Muster. Es gibt unzählige verschiedene Strukturen, Fasern und Muster – wie zum Beispiel Voile, Seide, Musselin und Spitze. Die Naturfasern sind sehr zart, und künstlich hergestellte Fasern haben den Vorteil, unempfindlich in der Wäsche und bügelfrei zu sein.

Transparente Stoffe wie Gaze und Musselin werden seit Hunderten von Jahren als Sonnenschutz verwendet. Sie waren bereits im frühen 17. Jahrhundert hübsch und dekorativ, als die meisten Vorhänge reine Gebrauchsobjekte waren. Transparente Gewebe waren beliebt, da man mit ihnen die harten Fensterformen optisch abmildern und unerwünschtes Licht fernhalten konnte; erst im 18. Jahrhundert wurde die Wärmeisolierung und der Schutz vor Zugluft zu einem Hauptzweck. Als in der Mitte des 19. Jahrhunderts schwere Draperien und üppige Vorhangarrangements in Mode kamen, blieben transparente Gewebe weiterhin populär. Man verwendete sie jedoch nicht mehr alleine, sondern sie wurden lediglich als ›Untervorhänge‹ verwendet, die zu einem Teil eines komplizierten Vorhangarrangements geworden waren.

## Die Verwendung von transparenten Geweben

Transparente Gewebe bieten viele dekorative Möglichkeiten: Üppig gerüscht vor einem Fenster filtern sie das einfallende Sonnenlicht, mildern die harte Kontur des Fensterrahmens und geben dem Raum eine sanfte romantische Atmosphäre. Spannt man transparente Gewebe stramm vor ein Fenster, kann die kühle, sachliche Eleganz, die sie vermitteln, genau zu einem sparsam und exquisit eingerichteten Raum passen. Im Gegensatz dazu könnte ein Musselin, der mit einem Kräuselsaum (S. 119) an einer Messingstange aufgehängt ist, eine hübsche und gleichzeitig ausgesprochen praktische Lösung selbst für ein rustikales Ambiente darstellen.

Da transparente Gewebe dünn sind, kann man sie in enge Falten legen, sie stark rüschen und kräuseln oder sie üppig geschlungen um einen Pfosten drapieren. Jede gewünschte Stimmung läßt sich damit schaffen. Bei strengeren Arrangements bilden transparente Gewebe oft eine Schicht innerhalb verschiedener Stofflagen und ihre Licht filternden Eigenschaften werden dabei durch die räumliche Nähe zu stark texturiertem Brokat oder luxuriösem Samt besonders betont. Feine Seiden wirken zauberhaft, wenn sie von Licht durchflutet werden – bei gefärbten Seiden muß man allerdings damit rechnen, daß sie, wenn sie häufig dem Sonnenlicht ausgesetzt sind, ausbleichen.

Netz- und Voilespitzen kommen als Gardinen und Rollos gut zur Geltung, wobei sie vielleicht im Winter mit Übergardinen kombiniert werden sollten. Um ein nostalgisches Flair zu erzeugen, kann man ein Stück alter Spitze in ein kleines Fenster hängen. Alte Spitzen findet man in Antiquitätenläden, an Marktständen, die auf Textilien spezialisiert sind und auf Trödelmärkten. Wie man transparente Gewebe am besten verarbeitet, wird auf Seite 123 beschrieben.

*Diese asymmetrische Komposition aus durchsichtigem Gardinengewebe kreuzt in sanftem Schwung die klaren Linien eines Flügelfensters. Der üppig drapierte Stoff hängt an manchen Stellen in mehreren Lagen übereinander, so daß das Licht unterschiedlich stark gebrochen wird. Die beiseitige gebundene weiße, gestreifte Voilegardine, die das Muster der Tapete aufgreift, wird von einer einfachen geknoteten Kordel gehalten. Die Quergirlande und der hinunterhängende rechte Teil des Arrangements bestehen aus feingemustertem Voile. An den Rändern der Gardine befindet sich eine Troddelborte, die dem Ganzen mehr Form gibt, ohne daß der Eindruck von Leichtigkeit gestört wird. Die attraktive Asymmetrie des Arrangements hat den praktischen Vorteil, daß das Fenster unkompliziert geöffnet werden kann.*

# FENSTERVORHÄNGE

Große Räume mit hohen Decken eignen sich gut für üppige Vorhänge – je größer Raum und Fenster sind, um so kunstvoller können die Arrangements sein. Der im 19. Jahrhundert so beliebte verschwenderische Stil mit all seinen Rollos und Vorhanglagen, gekrönt von komplizierten Schabracken und Querbehängen, ist heute wieder ganz in Mode.

Für repräsentative Vorhänge sollte man das Material wirken lassen. Gut machen sich Brokat, Paisleygewebe, schwere Seiden oder karierter Taft in dunklen und kräftigen Farben – Rottöne, Ockerfarben, Indigo oder Türkis. Farbe und Textur sind für das endgültige Erscheinungsbild entscheidender als die Anzahl der Stofflagen.

Soll der Raum warm und gemütlich sein, eignen sich Wollstoffe, Tartan oder Tweed. Wenn der Raum nur warm *wirken* soll, sind leichtere Stoffe mit kräftigen Farben das richtige – wie zum Beispiel leuchtendes Rot, Pink, Orange und Gelbtöne. In einem großen Raum mit weißen Wänden kann man eine raffinierte Mischung aus Strenge und Üppigkeit erzielen, wenn man die Vorhänge aus ebenfalls weißem schwerem Taft, Brokat oder Seide gestaltet.

Extravagante Fensterarrangements erfordern aber keineswegs immer teure Materialien. Wenn man zum Beispiel große Mengen eines billigen, ungefärbten Kattun oder von seidigglänzendem Popelin in einer kräftigen Farbe verwendet, kann man eine luxuriöse Atmosphäre schaffen, besonders wenn man die Stoffe geschickt mit Borten aus einem teureren Stoff verziert. Geschickt drapierte, preiswerte Stoffe ziehen den Blick auf sich, ohne kitschig oder billig zu wirken. Für ungewöhnliches Aussehen lassen sich verschiedene Texturen, vielleicht grobe, ungefärbte Gewebe, miteinander kombinieren.

*Das Fenster rechts wurde mit üppig drapierter Rohseide verziert. Die sorgfältig gelegten großen Querbehänge werden von Messingrosetten gehalten, von denen der Stoff an der Seite mit tiefem Faltenwurf bis zur Mitte des gesamten Vorhangs herabhängt. Die Enden des Querbehanges sind mit denselben Fransenborten besetzt wie die schweren Hauptvorhänge. Die raffinierten Farben der Borte harmonieren mit der schweren Haltekordel aus Seide und der Quastenkordel um die Büstensäule.*

*Das hochgelegene Treppenhausfenster links wurde mit einer üppigen Vorhangkomposition aus gerafftem Hauptvorhang, Querbehang mit Dreifachgirlanden und Seitenbehängen versehen. Die mittlere Girlande und die beiden Seitenbehänge, die in sorgfältig abgestufte Falten gelegt sind und über den beiden anderen Girlanden und dem Hauptvorhang hängen, sind an den Rändern mit einer cremefarbenen Borte besetzt. Der Hauptvorhang fällt lose bis weit unter das Fenstersims und wird in der Höhe der Scheuerleiste zurückgebunden.*

# DRAPIERTE VORHÄNGE

Es reicht nicht, einfach Stoff vor die Fenster zu hängen und es dabei zu belassen. Wenn die Gestaltung überzeugend wirken soll – indem der Stoff oder eine Borte oder die Form des Fensters gut zur Geltung kommt –, müssen die Vorhänge geformt werden. Das beginnt beim einfachen gleichmäßigen Faltenwurf und geht hin bis zu den raffiniertesten Draperien.

Vorhänge, die auf- und zugezogen werden, können in geöffnetem Zustand mit dekorativen Haltebändern (siehe S. 124) gerafft oder mit einem farblich kontrastierenden Futter gearbeitet werden, da man ihre Rückseite ja häufig sieht. Mit Haltebändern lassen sich die Vorhänge von der Mitte aus in einem großen Bogen zur Seite hin raffen. Sie wirken am besten, wenn man sie in etwa in der Höhe eines Drittels des gesamten Vorhangs vom Boden aus anbringt, wobei es eine entscheidende Rolle spielt, ob zum Beispiel ein Fensterbrett vorhanden ist oder der Vorhang mit einer anderen Gardine oder einem Rollo kombiniert wird.

Gerüschte und geraffte Rollos (siehe S. 86–95) müssen auch, wenn sie an Ort und Stelle hängen, noch nachgeformt werden. Man sollte die Girlanden so gestalten, daß sie gleichmäßig fallen, und darauf achten, daß die untere Kante des Rollos gerade ist. Korrekturen nimmt man vor, indem man die Kordel an dem unteren Ring neu befestigt.

Um ein perfektes Ergebnis zu erzielen, sollte man sich die endgültigen Feinheiten genau überlegen. Eine Stange mit einem besonderen Abschlußknauf (siehe S. 103) oder gepolsterte, von einer Messingrosette gehaltene Seidenbänder (siehe S. 127) verschönern selbst das einfachste Arrangement. Schabracken und Querbehänge (siehe S. 128) geben einem Vorhang einen interessanteren oberen Abschluß und verdecken den Aufhängemechanismus. Schabracken kann man dazu verwenden, die Form hoher Fenster zu betonen oder den Eindruck zusätzlicher Höhe zu vermitteln, indem sie es ermöglichen, die Vorhänge in Deckenhöhe anzubringen.

## Einzelne Vorhänge

Vor der Mitte des 17. Jahrhunderts war es üblich, nur eine Vorhangbahn vor jedem Fenster zu haben. Als man begann, Vorhänge als nicht nur rein nützlich zu betrachten, kamen zwei Vorhangbahnen in Mode: sie betonten die dekorative Funktion des Stoffes und befriedigten das menschliche Bedürfnis nach Symmetrie.

Manchmal jedoch sind zwei Vorhänge unpraktisch, so zum Beispiel, wenn ein Schrank direkt an den Fensterrahmen stößt oder ein Fenster zu dicht an einer im rechten Winkel angrenzenden Wand liegt. Wenn man eine einfache Lösung sucht, jedoch kein Rollo verwenden möchte, kann ein einzelner Vorhang genau das Richtige sein. An Treppen, bei denen die Fenster häufig unzugänglich oder zu klein für zwei Vorhänge sind, kann man einen einzelnen Vorhang an einer Seite drapieren. Auch Flügelfenster eignen sich dafür: Auf der freien Seite kann man die Tür ungehindert erreichen.

*Bei diesem Vorhangarrangement wurden der Querbehangstoff und der Hauptvorhang so drapiert, daß sie eine gelungene Ergänzung zu der sie umgebenden Architektur und dem Blick nach draußen bilden. Ein graues und weißes Muster auf blaßgelbem Grund – passend zu Sofa und Wänden – wurde von der Mitte aus symmetrisch so um eine Stange drapiert, daß der graue Futterstoff und das glänzende Baumwollgewebe des gemusterten Stoffes eine interessante Kombination ergeben.*

## Schlicht, aber wirkungsvoll

*Alle diese in Ecken verborgenen oder ein-
fachen Treppenhausfenster hätten auch ohne
Vorhänge bleiben können. Mit Vorhang aber
wurde aus jedem ein interessanter Blickfang.*

*Das Fenster auf dem Treppenabsatz (links)
wurde mit einem schweren alten Stoff
verschönt. Der weiche Querbehang wird mit
Nadeln in Form gehalten, und die Komposition strahlt eine zeitlose Schönheit aus.*

*Das kleine Fenster (rechts) wurde mit
einem gesäumten indischen Baumwoll-
mull, der einfach über eine Stange drapiert
wurde, geschmückt. Dieses zwanglose
Arrangement, bei dem das Tuch zu beiden
Seiten gleich lang herunterhängt, bietet einen
hübschen Rahmen für den Ausblick nach
draußen.*

*Die einseitige Vorhang- und Gardinen-
gestaltung aus cremefarbener Baumwolle
(unten rechts), ist eine geschickte Lösung für
ein ungünstig liegendes Flurfenster. Der hoch
angesetzte Stoff, der das Fenster größer
erscheinen läßt und hinter dem sich ein zartes
Gardinengewebe befindet, ist an den
Rändern mit einer Picotlitze besetzt und
wird von einer ähnlichen Borte zurückgehalten.*

Einzelne Vorhänge wirken weniger unruhig als ein Paar, und die Asymmetrie ist interessant. Da der Effekt so ungewöhnlich ist, muß ein Einzelvorhang sorgfältig arrangiert werden, damit er nicht so wirkt, als ob ihm sein Gegenstück fehle. Mit einer einfachen Kordel zurückgebunden, verdeckt er von einem Fenster gerade soviel, wie man möchte, je nachdem, wie hoch man die Haltevorrichtung anbringt. Eine nicht zu formelle Schabracke wirkt bei einem Einzelvorhang vorteilhafter als eine allzu strenge.

## Locker drapierte Vorhänge

Eine besonders wirkungsvolle Vorhanggestaltung ist die lockere Drapierung, bei der der Stoff nicht sorgfältig zugeschnitten werden muß. Man nimmt einfach die gewünschte Stoffbahn und drapiert sie locker wie eine Girlande über und um eine Stange herum, die dirket über dem Fenster angebracht ist. Rechts und links hängt die Stoffbahn von den Enden der Stange herab.

Bei dieser Methode gibt es unzählige Möglichkeiten und Kombinationen. Zuerst muß man genau berechnen, wieviel Stoff man für einen speziellen Effekt benötigt (siehe S. 134). Danach kann man frei herumexperimentieren: So kann man den Stoff nur an den beiden Enden um die Stange wickeln, so daß sich über der gesamten Breite eine einzige lange Girlande bildet. Wickelt man den Stoff auch um die Mitte der Stange, entstehen zwei, und wickelt man sie viele Male herum, viele kleine Girlanden.

Mit etwas Übung lassen sich komplizierte Formen bilden. So kann man zum Beispiel einen asymmetrischen Look kreieren, den Stoff mit einem kontrastierenden Futter versehen oder eine zweite Stoffbahn in der gleichen Farbe oder einem kontrastierenden Farbton hinzunehmen.

## Schabracken und Querbehänge

Formelle Girlandendrapierungen sind komplizierte Konstruktionen, die von einem einfachen geschwungenen Querbehang bis zu raffiniert gearbeiteten Schabracken reichen. Sie sind häufig gefüttert oder mit einem Zwischenfutter versehen und werden vor den Vorhängen mit einem separaten Brett angebracht. Da sie, um richtig wirken zu können, meist relativ weit hinunterhängen, eignen sie sich am besten für hohe Fenster in hohen Räumen. Bei niedrigen Fenstern können sie kopflastig wirken.

Schabracken und Querbehänge sind nicht einfach herzustellen, da sie besonders genau zugeschnitten werden müssen. Anleitungen dazu finden Sie auf den Seiten 136 bis 140.

*Der Baumwollstoff in gebrochenem Weiß wurde für diesen Vorhang weich drapiert und verleiht dem nach Norden liegenden und ansonsten kühl eingerichteten Arbeitszimmer Wärme und eine freundliche*

*Atmosphäre. Zwar ist der Stoff auf klassische Art drapiert, aber mit seinem eingewebten Streifenmuster und den sanften Falten und Rundungen wirkt er dennoch äußerst modern.*

### Eine Theaterlösung

In diesem hohen Raum befinden sich zwei normal große und ein kleines rundes Fenster. Hätte man einfach Rollos oder Vorhänge vor den unteren Fenstern angebracht, wären die beeindruckenden Aumaße des Raumes und auch das runde Fenster nicht so gut zur Geltung gekommen.

Statt dessen wurden Kattunbahnen mit französischer Naht aneinander gesetzt, um ein außergewöhnlich üppiges und dramatisches Arrangement zu erhalten.

Oben ist der Stoff gerafft und mit Latten an der Decke befestigt und auf halber Höhe seitlich festgesteckt, so daß er in großzügigem Faltenwurf über die gesamte Höhe von über sechs Metern fällt. Er bildet so einen atemberaubenden Hintergrund für den Raum.

Sind die Vorhänge zur Seite weggebunden, bildet das Dreieck von unterem Fenster und rundem Fenster den Mittelpunkt des Arrangements.

# Veränderbare Vorhangarrangements

Warum sollte man nicht das Aussehen eines Raumes je nach Jahreszeit verändern? Früher war dies für Besitzer großer Villen keineswegs unüblich – so tauschten sie zum Beispiel Wandteppiche und schwere Samtvorhänge gegen eine Sommerausstattung aus heller Seide aus.

Heute geschieht das selten. Aber ein großer Raum mit spärlichen Vorhängen und einem einfachen Holzboden kann im Winter sehr kalt sein. Die beste Art den Raum gegen Kälte und Zugluft zu isolieren und ihn so gemütlich wie möglich wirken zu lassen, sind sicher gefütterte, auf dem Boden aufbauschende Vorhänge; eine Schabracke verhindert zusätzlich, daß kalte Luft oben vom Fenster her in den Raum gelangen kann.

Im Sommer könnten diese Vorhänge aber zu schwer und stickig wirken. Wenn sie nicht beiseite gezogen, sondern nur seitlich gehalten werden, sammeln sie den ganzen Sommer lang nur Staub und bleichen möglicherweise aus. Um das Gefühl zu haben, vor neugierigen Blicken geschützt zu sein, ohne sich eingekapselt zu fühlen, reicht schon ein einfaches Rollo oder auch eine simple Gardine.

Man könnte aus einem preiswerten, leichten Stoff einen Sonnenschutz nähen und ihn an derselben Stange oder Aufhängung anbringen. Man sollte die Wintervorhänge abnehmen, waschen und zusammengefaltet in einem Plastikbeutel aufbewahren. Auch die ältesten Vorhänge wirken ungewohnt und neu, wenn man sie nach ein paar Monaten wieder aufhängt.

Vielleicht haben Sie aber das umgekehrte Problem, daß die Wintervorhänge die Sonne im Sommer allzu früh hereindringen lassen. In diesem Fall sollte man daran denken, entweder einen dunkleren Vorhang hinzuzufügen oder aber ein lichtundurchlässig gefüttertes Rollo (siehe S. 100) anzubringen. Zu jedem Problem läßt sich mit etwas Kreativität eine passende Lösung finden, die sich ohne großen Aufwand verwirklichen läßt.

So kann man zum Beispiel ein praktisches Rollo im Winter mit Vorhängen ergänzen, die eher dekorativen als funktionalen Charakter haben und den Raum eleganter wirken lassen. Oder aber man stellt die Möbel in der kalten Jahreszeit in einem Raum so zusammen, daß man nur einen kleinen Bereich für das tägliche Leben nutzt.

Am einfachsten ist es jedoch, Futterstoffe phantasievoll einzusetzen. Anders als die Hauptstoffe werden sie oft schnell und unüberlegt gewählt, obwohl man durch geschickt gestaltete Futter Vorhänge schnell und einfach verändern kann.

## Separate Futter

Futter können gesondert vom Hauptstoff aufgehangen werden (siehe S. 106), so daß man sie, wenn man will, für die Sommerzeit oder zum Waschen abnehmen kann. Wenn der Vorhangstoff zum Beispiel besonders hübsch bei durchschimmerndem Tageslicht aussieht, könnte man ihn mit einem gesonderten Futter im Sommer so zur Geltung kommen lassen.

Separate Futter sind besonders nützlich in Kinderzimmern. Wenn die Tage länger hell bleiben, verdunkeln normal gefütterte Vorhänge den Raum oft nicht mehr ausreichend, so daß die Kinder abends nicht einschlafen und morgens zu früh aufwachen. Ist der Futterstoff abnehmbar, kann man ihn im Sommer einfach gegen einen anderen, lichtundurchlässigen austauschen (siehe S. 100).

Dabei wird der Futterstoff genauso wichtig wie der eigentliche Vorhangstoff, und man kann logischerweise zwei Vorhänge oder einen umkehrbaren (siehe

*Dieses Interieur sieht im Sommer völlig anders aus als im Winter. Rechts sieht man den Raum im Sommer, mit glatten Wänden, einem hellen Teppich und Stühlen, die in Richtung Wintergarten und Sonne stehen. Der Vorhang ist umkehrbar: der gestreifte Futterstoff ist durch das Festbinden an der oberen Stange besser sichtbar als der ungemusterte Hauptstoff.*

*Im Winter ist der Futterstoff fast ganz vom Hauptvorhangstoff verdeckt, einem indischen Baumwollgewebe in warmem Terrakottaton. Ein dunkler Teppich und eine Paisley-Überdecke harmonieren mit den Stoffbahnen an der Wand (mehr Informationen über den Wandstoff dieses Zimmers, siehe S. 180).*

gegenüberliegende Seite) in Betracht ziehen. Durch ein kontrastierendes Futter kann man einen Vorhang auch eine Zeitlang von der einen Seite und, wenn man eine Veränderung möchte, für eine Weile von der anderen Seite her aufhängen (siehen unten).

**Farbige Futter**

Obwohl man traditionell meist blaßfarbigen Baumwollsatin verwendet, kann die Wahl des Futterstoffes für Stil und Wirkung eines Vorhangs ebenso wichtig sein wie der Hauptstoff. Futter in dunklen oder kräftigen Farbtönen können das Fenster von innen und außen verschönern. Viele Hersteller bieten Stoffe an, die nicht ausbleichen und mit denen man dem eigentlichen Vorhangstoff eine besondere Note verleihen kann.

Durch geschickte Kombinationen lassen sich raffinierte Effekte erzielen, so zum Beispiel, wenn der farbige Futterstoff durch das Vorhanggewebe hindurchschimmert. Ein leuchtendes Sonnenblumengelb verleiht dem Vorhang einen goldenen Schimmer, und ein gestreifter Futterstoff kann bei Sonnenlicht auf überraschende Weise durch ein ansonsten schlichtes Rollo hindurch schimmern.

Man sollte die unterschiedlichen Qualitäten verschiedener Stoffe für aufregende Arrangements nutzen. So kann man einen Vorhang oder ein Rollo aus cremefarbenem Musselin mit einem dunklen Futterstoff kombinieren oder

*Der geraffte Querbehang ist von beiden Seiten schön. Hier bildet der Futterstoff eine breite Abschlußborte auf der anderen Vorhangseite.*

*Das Sonnengelb und das Himmelblau aus der gleichen leichten Seide bilden eine zauberhafte Kombination und der lockere Stoff sieht fast wie ein gerafftes Segel aus. Die Girlanden der Fensterbehänge greifen die gerundeten Formen der Sitzbank auf*

einen feinen, ziemlich transparenten, gestreiften Stoff, wie zum Beispiel Schirting, mit einem kontrastreichen Karomuster zusammenbringen. Viele andere Zusammenstellungen dieser Art sind möglich.

Bei solchen Projekten sollte man aber auch daran denken, daß das Fenster von außen hübsch wirken sollte. Passen Farbe und Muster zum Beispiel zur Farbe der Hauswand? Denn eigentlich plant man zwei Vorhänge gleichzeitig für zwei verschiedene Umgebungen. Das Ergebnis jedenfalls rechtfertigt den zusätzlichen Aufwand.

Gemusterte Stoffe lassen das Fenster von außen her hübscher erscheinen. Legt man den Futterstoff an den Kanten um den Hauptstoff herum, ergibt sich eine interessante Bordüre.

# FENSTERSTILE

Bei Wohnhäusern gibt es viele verschiedene Fensterstile, und häufig hat ein Haus mehrere unterschiedliche Fenstertypen. Bei der Entscheidung für Gardinen und Vorhänge spielen sowohl praktische als auch ästhetische Aspekte eine wichtige Rolle.

Der Stil eines Fensters ist nur einer von verschiedenen Faktoren. Ist das Fenster groß oder klein, schmal oder breit, zurückgesetzt oder bündig, ist es ein Schiebe- oder Flügelfenster? Von wieviel Wand wird es umgeben? Befindet sich darunter ein Heizkörper? Stößt es im rechten Winkel an eine Wand? All diese Faktoren schließen bestimmte Anbringungsmöglichkeiten aus und vereinfachen so die Entscheidung. Glücklicherweise gibt es heute soviele Stangen, Schienen und andere Halterungen (siehe S. 102–104), daß für fast alle Probleme eine Lösung vorhanden ist.

## Proportionen und Stil

Die Gestaltung des Fensterarrangements sollte dem Stil des Hauses entsprechen und sich nach Proportionen und Gestaltung des Raumes richten. Ist man sich unsicher, sollte man besser eine zurückhaltende statt eine auffällige Lösung anstreben. Abmessungen, Position und Stil des Fensters müssen letztlich über die Gestaltung entscheiden.

So kann man zum Beispiel bei großen Fenstern elegant und großzügig vorgehen: die Vorhänge sollten wenigstens bis zum Boden reichen und man kann sich überlegen, ob man eine Schabracke haben möchte. Bei kleineren Fenstern muß man vorsichtiger sein: allzuviel auf kleinem Raum kann unattraktiv wirken.

Entscheidend ist die Umgebung – schwere horizontale Stoffgirlanden wirken bei modernen Fenstern deplaziert. Möglicherweise möchte man kleine Fenster optisch vergrößern. Dazu kann man eine Schabracke oberhalb des Fensters anbringen und so die Vorhänge verlängern.

## Praktische Überlegungen

Ein Fenster muß leicht zu öffnen sein und es sollte soviel Licht hereinlassen, wie man möchte. Man muß auch bedenken, wieviel Platz die geplante Aufhängung benötigt. Auf jeden Fall sollte man darauf achten, daß der Vorhang oder das Rollo nicht immer vor einem Teil des Fensters hängt, der geöffnet werden muß.

Fenster schließen entweder bündig mit der Wand ab oder sind zurückgesetzt. Befinden sich die Vorhänge in der Vertiefung nehmen sie bei einem kleinen Fenster oft zuviel Licht und man hängt sie am besten neben das Fenster. Nimmt ein Rollo zuviel Licht weg, kann man es auf der Wand oberhalb der Vertiefung anbringen.

Es gibt viele unterschiedliche Fenster – einfache und zweiflügelige, Erkerfenster, Fenster mit Bögen und viele andere mehr. Doppelfenster lassen sich, je nach Dimension, wie ein- oder zweiflügelige Fenster behandeln; so kann man sie zum Beispiel mit zwei schmalen oder einem breiten Spring- oder Faltrollo versehen, das innerhalb der Laibung angebracht wird.

Für Erkerfenster gibt es Halterungen und sogar Stangen (siehe S. 104), obwohl man die Stange auch einfach quer vor dem Erker anbringen kann, so daß er bei zugezogenen Vorhängen nicht mehr sichtbar ist. Allerdings ist dabei

*Ein ungewöhnlich geformtes Fenster kann für sich allein wirken. Wenn man es jedoch mit Vorhängen und Gardinen versehen will, sollten sie die Besonderheiten des Fensters zur Geltung bringen.*

*Dieses Bogenfenster wurde mit marineblauen Seidenvorhängen eingerahmt. Sie werden locker von Haltebändern aus dem gleichen Stoff gehalten, die in einer Spitze auslaufen und mit verspielten Troddeln verziert sind.*

*Um die Spitzbogen zu betonen, befindet sich oben eine in der Mitte und an den Seiten geraffte Schabracke aus der gleichen Seide. Um die Fensterstruktur und den Lichteinfall interessanter zu machen, hängt zwischen den Vorhängen noch ein ebenfalls zur Seite gerafftes zartes Gardinengewebe, das ebenso wie die Seidenvorhänge die Form des Fensters nicht verdeckt.*

zu bedenken, daß Befestigungen an der Decke oft schwierig sind, da diese so stabil sein muß, daß man in sie bohren und schrauben kann und sie das Gewicht des Vorhangs trägt.

Die Position des Fensters spielt eine wichtige Rolle. Stößt es im rechten Winkel auf eine Wand oder an ein Möbelstück, ist die Hängemöglichkeit an dieser Seite eingeschränkt; möglicherweise sind Rollos oder ein einseitiger Vorhang hier die beste Lösung. Ist gerade Platz für zwei Vorhänge, endet die Hängestange auf der einen Seite direkt vor der Wand und es gibt nur einen Abschlußknauf am anderen Ende. Für solche Fälle gibt es spezielle Halterungen.

Besondere Schwierigkeiten tauchen auf, wenn Fenster Innenläden haben oder wenn die Fensterbank gleichzeitig eine Sitzbank ist und die Vorhänge nur bis dahin reichen können. Hier eignet sich wahrscheinlich am besten ein Rollo, gleich welcher Art.

Befindet sich unter dem Fenster ein Heizkörper, sollte man ihn nicht mit einem Vorhang abdecken. Die beste Lösung ist hier ein Rollo und Seitenvorhänge, die nicht zugezogen werden. Bodenlange Vorhänge sind eine Möglichkeit während des Sommers (vielleicht ein leichter, ungefütterter Baumwollstoff).

Halblange Vorhänge können über die Fensterbank hinaus bis kurz über den Heizkörper reichen. Ich würde es allerdings vorziehen, dem Fenster einen deutlichen Rahmen zu geben, zum Beispiel mit einer um eine Stange gewundenen Stoffgirlande.

*Flügelfenster muß man öffnen können, ohne durch die Dekoration behindert zu werden. Andererseits sind Flügelfenster oft so proportioniert, daß ein einfaches Paar Vorhänge nicht gut aussieht.*

*Hier wurde mit einer Menge schwerer Baumwolle eine interessante Lösung gestaltet. Rechts und links hängen zwei Vorhangbahnen bis zum Boden und oberhalb des Fensters wurden zwei Stoffbahnen um die Stange geschlungen. So erhält das Flügelfenster einen kräftigen Rahmen, ohne daß die Vorhänge hinderlich sind oder aufdringlich wirken.*

# AUSMESSEN EINES FENSTERS

Bevor man Vorhänge oder Rollos herstellt, muß das Fenster genau vermessen werden, um zu berechnen, wieviel Stoff benötigt wird. Am besten nimmt man einen Zollstock oder ein Bandmaß, und bei großen Höhen oder Breiten ist ein Helfer sinnvoll.

Messen Sie die Breite sowohl oben als auch unten am Fenster, um sicher zu gehen, daß das Fenster wirklich rechteckig ist. Ist es allzu schief, sollte man keine glatten Rollos planen, die genau in die Fensterlaibung passen müssen, um wirklich gut auszusehen.

## Maßnehmen für Rollos

Rollos sollten im Idealfall in die Fensternische eingepaßt werden. Ist das nicht möglich, sollte man das Rollo vor die Laibung setzen. Mit Ausnahme des Springrollos, das an einer Stange befestigt wird, werden alle Rollos zuerst an einer Leiste angebracht (siehe S. 73).

Bei einem Springrollo in der Fensternische sollten die Halterungen etwa 3 cm oberhalb der Laibung angebracht werden, damit genügend Platz für die Rolle bleibt, und das Maß b sollte der Breite des Springrollos plus der Metallkappen und der Stifte entsprechen (die endgültige Breite des eigentlichen Rollos ist 3 cm schmaler als dieses Maß). Bei allen auf eine Leiste montierten Rollos, die in der Laibung angebracht werden, zieht man von dem Maß b 5 cm ab, so daß die Rollos nicht anstoßen.

Bei einem vorgesetzten Rollo muß man zuerst die Winkelhalterungen für Leiste oder Stange anbringen. Im allgemeinen gilt, daß, wenn genügend Platz vorhanden ist, die Halterungen etwa 12 cm oberhalb und seitlich des Fensters angebracht werden sollten.

## Maßnehmen für Gardinen und Vorhänge

Zuerst sollte man entscheiden, welche Art der Aufhängung gewünscht ist (siehe S. 110–122), ob man den Stoff an einer Schiene oder einer Stange befestigen möchte (siehe S. 102–105).

Im Idealfall montiert man Stange oder Schiene etwa 15 cm oberhalb des Fensters und läßt sie an beiden Seiten im gleichen Maß überstehen. Ist der Platz begrenzt, befestigt man die Schiene auf der Höhe der Fensteroberkante, eine Stange ein wenig höher.

Die Länge der Stoffbahn hängt von der gewünschten Länge des Vorhangs ab. Bei bodenlangen Vorhängen sollte man den Teppich miteinkalkulieren. Soll der Vorhang nicht ganz bis zum Boden reichen, zieht man vom Maß b 1,5 cm ab. Soll der Vorhang auf dem Boden aufbauschen, addiert man 5 bis 20 cm je nach persönlichem Geschmack hinzu.

Für fensterbanklange Vorhänge zieht man 12 mm vom Maß a ab, wenn die Fensterbank vorsteht, damit der Stoff frei hängt; ansonsten addiert man 5 bis 10 cm zu a hinzu, da es schöner aussieht, wenn die Vorhänge über das Fenstersims hinausreichen.

Im Idealfall sollte der Überstand unten dem oberhalb der Laibung entsprechen. Einige Stoffe hängen sich nach einer Weile aus; dafür zieht man noch einmal 2 bis 3 cm Stoff von der endgültigen Vorhanglänge ab. Um zu berechnen, wieviele Stoffbahnen nötig sind, siehe Seite 200.

*Um die endgültigen Maße für ein in der Nische angebrachtes Rollo zu ermitteln, mißt man die Länge von der Rolle oder Halteleiste bis zum Fensterbrett (a). Die endgültige Breite entspricht der Nischenbreite (b). Für die endgültige Länge eines vorgesetzten Rollos mißt man die Länge von der Halterolle oder -leiste bis 5 cm unterhalb des Fensterbretts (c). Die endgültige Breite ist entweder gleich der genauen Breite des Fensterrahmens (d) oder etwas größer, um Lichteinfall zu verhindern.*

*Für die endgültige Länge bodenlanger Vorhänge mißt man von der unteren Kante der Stange oder der Oberkante der Leiste bis zum Boden (b). Für fensterbrettlange Vorhänge mißt man von der unteren Kante der Stange oder der Oberkante der Leiste bis zum Fensterbrett (a). Für die endgültige Breite mißt man die Länge der Stange, Leiste oder Schiene, plus bei Leiste oder Schiene Überlappung oder Rücklauf (c).*

# Rollos

Die ersten Rollos erfüllten nur einen rein praktischen Zweck. Sie bestanden aus lich-durchlässigem Stoff, wie zum Beispiel italienischer Gaze oder Halbseide und sollten die kostbaren Dekorationsstoffe und Möbel in vornehmeren Häusern vor grellem Sonnenlicht schützen.

Es läßt sich nicht genau datieren, wann Rollos zum ersten Mal verwendet wurden und wie ihre Entwicklung verlief; im 17. Jahrhundert jedenfalls hatten sich zwei spezielle Typen herausgebildet – der eine glich einem Vorhang, der mit einem einfachen Schnursystem nach oben gezogen werden konnte, bei dem anderen wurde ein rechteckiges Stoffstück auf einen Lattenrahmen gespannt, den man dann in die Fensternische setzte.

Im 18. Jahrhundert entwickelte sich das Rollo mit kunstvollen Formen zu einer eigenständigen Fensterdekoration, wie zum Beispiel das gerüschte Rollo, bekannt als Vorhang »à l'italienne«, der Vorläufer des heutigen Wiener Rollos. Gleichzeitig entstanden solche, die mit Hilfe einer Feder auf- und abgerollt werden konnten und dem heutigen Springrollo ähnlich waren.

Die Ursprünge der Faltrollos – die rechteckig wie Springrollos sind, aber mit einer Kordel wie ein gerafftes Rollo bewegt werden – liegen im Dunkeln, obwohl sie in Zeitungen des 18. Jahrhunderts unter dem Namen »Römische Draperien« erwähnt werden.

Heute gibt es so viele unterschiedliche Rolloarten, daß man das richtige für jede Architektur und jede Stoffart finden kann, angefangen von einfachen und eleganten cremefarbenen Faltrollos bis hin zu üppig gebauschten Wiener Rollos aus raffinierten Seidengeweben. Grundsätzlich unterscheidet man zwei Hauptgruppen: glatte und geraffte Rollos.

## Glatte Rollos

Glatte Rollos, die herabgezogen ein einfaches Rechteck bilden, haben den Vorteil, daß sie aufgerollt fast nicht mehr zu sehen sind und daher möglichst viel Licht in den Raum gelangen kann. Spring- und Faltrollos können zurückhaltend und unauffällig wirken, aber auch interessant und dekorativ, wenn sie zum Beispiel interessante Strukturen oder Muster oder eine attraktive Borte haben.

Springrollos sind am einfachsten herzustellen und eignen sich gut für aufgemalte Muster oder Schablonenmalerei (siehe S. 36–44), und das seit alters her, denn schon in Madame Pompadours Boudoir in Bellevue befand sich ein Springrollo »aus italienischem Taft, bemalt mit Blumen und Girlanden«.

*Diese Kombination einfacher gelber Rollos mit ungewöhnlichen Querbehangarrangements bildet ein dekoratives Meisterwerk. Der gestreifte Stoff wurde kunstvoll drapiert, so daß die Hänge-* *girlanden ein ergänzendes Gegengewicht zu den goldenen Schlangenformen bilden, während die herunterhängenden Enden einen geschickten Übergang zu den geraden Linien der Rollos bilden.*

Mir gefallen Faltrollos besser, da sie eine größere Auswahl an Stoffen zulassen; außerdem schätze ich die klaren Faltenformen. Man kann sie, im Gegensatz zu Springrollos, füttern, so daß sie eine bessere Isolierung bilden.

Der Hauptvorteil glatter Rollos ist zweifellos ihre elegante Schlichtheit. Man kann Fenster mit ihnen verschönern, ohne sie übertrieben zu dekorieren. Dabei passen sie sowohl zu modernen Einrichtungen als auch klassischen Raumgestaltungen.

Da man für glatte Rollos auch weniger Stoff als für geraffte benötigt, sind sie preiswerter in der Herstellung. Ihre Wirkung beruht darauf, daß sie glatt und gerade hängen, deshalb müssen Zuschnitt und Verarbeitung sauber und präzise sein.

*Diese Faltrollos sind perfekt in die Fensternische eingepaßt, und ihre klare Form wird noch durch den weißen Zierstreifen betont. Auch wenn die Rollos wie hier hochgezogen sind, bildet die weiße Linie ein wichtiges Element. Die klaren Linien der Falten und der sorgfältig gearbeiteten Eckverbindungen passen gut zu der Umgebung, und das zweifarbige Dessin ist eine schöne Ergänzung zu dem Boden aus gelaugtem und naturbelassenem Eichenholz.*

## Geraffte Rollos

Geraffte Rollos wirken durch ihre tiefen Bauschgirlanden üppig und luxuriös. Hierzu wird ein Stoff von mindestens doppelter Fensterbreite mit Kräuselband zusammengezogen. Mit Hilfe senkrechter Kordeln wird schließlich die Girlande gebildet.

Die beiden gerafften Rolloarten – Wiener Rollo und Bauschrollo – werden oft miteinander verwechselt, der Unterschied besteht aber darin, daß das Wiener Rollo nur unten eine Bauschgirlande hat, während das Bauschrollo stets von oben bis unten gerafft ist.

*Die üppigen Bauschgirlanden machen das Wiener Rollo zu einem schönen Blickfang, obwohl die sanfte, zurückhaltende Farbigkeit des Stoffes sich gut mit den gedämpften Farben des Raumes verträgt. Der Stoff ist oben durch einen Tunnel, durch den die Haltestange gesteckt ist, eng gerüscht – eine interessante Alternative zu den sonst üblichen Bleistiftfalten.*

Da die Form dieser Rollos so dekorativ ist, eignen sich meiner Meinung nach gerade schlichte Stoffe, durch die die Girlanden betont werden. Oft ist der preiswerteste Stoff, wie ungefärbter Kattun oder gestreifter Drillich, die beste Lösung.

Auf jeden Fall sollte der Stoff den strukturellen Anforderungen des Entwurfs entsprechen. Bei der Einführung zu den verschiedenen Rolloarten habe ich beschrieben, welche Stofftexturen und -gewichte sich für meine Begriffe für den jeweiligen Zweck eignen, aber man muß auch bedenken wie das Rollo zu dem Raum, den anderen Einrichtungsgegenständen und vor allen Dingen zur Fensterform paßt.

Rollos sehen fast immer am besten aus, wenn sie länger als breit sind. Sehr breite Rollos lassen sich außerdem schwer bedienen, daher sollte man breite Fensterflächen mit mehreren Rollos versehen, besonders wenn das Fenster in sich unterteilt ist.

Man sollte bedenken, daß geraffte Rollos auch im hochgezogenen Zustand einen gewissen Teil des Fensters verdecken. Wenn also ein Höchstmaß an Tageslicht gewünscht wird, ist ein glattes Rollo wohl besser, das aufgerollt die ganze Fensterfläche freigibt.

Das Säubern von Rollos sollte man der Reinigung überlassen. Die Paßform ist so wichtig für das Aussehen, daß Einlaufen eine Katastrophe wäre. Geraffte Rollos befestigt man mit Klettband an der Rolloleiste, damit man sie für die Reinigung einfach abnehmen kann.

Springrollos kann man an Ort und Stelle mit einem Schwamm reinigen, bei Faltrollos ist das Säubern sehr viel schwieriger: Sie müssen auf Grund ihres komplizierten Aufbaus zum Reinigen abgenommen werden.

## Konstruktion

Rollos sind nicht besonders schwierig herzustellen, damit sie aber professionell aussehen, muß man die Details sorgfältig ausführen. Wichtig ist vor allen Dingen, daß ein Rollo genau vor das Fenster paßt, deshalb muß ganz besonders gründlich Maß genommen werden (siehe S. 111). Bei einem richtig gearbeiteten Rollo ist der Fadenlauf gerade und der Zuschnitt exakt und rechtwinklig (siehe S. 111).

Man kann Rollos von der Herstellung her in zwei Kategorien unterteilen: Springrollos, die sich nach oben hin einrollen, sowie Falt-, Wiener und Raffrollos, die alle mit einer Reihe von Kordeln und Ringen nach oben gezogen werden, an einer stabilen Leiste befestigt sind und entweder am Fensterrahmen, dem Sturz oder an der Wand darüber angebracht werden. Da die Befestigungen bei der zweiten Gruppe fast identisch sind, werden sie hier gemeinsam beschrieben.

Damit an dem fertigen Rollo kein blankes Holz zu sehen ist, bezieht man die Befestigungsleiste mit Stoff. Bei einem Faltrollo, bei dem der eigentliche Rollostoff um die Leiste liegt, bespanne ich nur die Enden (siehe S. 79). Bei einem Raffrollo jedoch wird die gesamte Halteleiste wie ein Paket in den Stoff verpackt (rechts).

Im allgemeinen verwendet man für ein gefüttertes Rollo aus einem mittelschweren Stoff eine Leiste von 5 × 2,5 cm. Ist die Fensternische flach und der Stoff leicht, reicht eine 2,5 × 2,5 cm starke Leiste.

*Dieses einfache, zweifarbige Muster auf dem Wiener Rollo paßt gut zu der cremefarbenen und dunkelbraunen Farbpalette des Badezimmers. Die mit Paspeln versehene Doppelrüsche an der Unterkante des Rollos mildert ebenso wie die bauschige Form des Rollos die harten Linien des Fensterrahmens.*

Die Leiste ist normalerweise so lang wie die endgültige Breite (minus 12 mm) des Rollos. Läuft die Nische schräg zu oder treffen mehrere Rollos in einem Erkerfenster aufeinander, muß man die Ecken möglicherweise winklig schneiden (siehe S. 203).

Bei zurückgesetzten Rollos wird die Halteleiste normalerweise direkt an Fenstersturz oder -rahmen befestigt. Ist die Laibung aber so schmal, daß man das Rollo vor der Nische befestigen muß, verwendet man zum Anbringen der Halteleiste Winkelhalter.

### HERSTELLEN DER HALTELEISTE

**1** Wenn das Rollo unter dem Sturz angebracht werden soll, bohrt man jeweils ein Loch 15 cm vom Leistenende nach innen versetzt. Darauf achten, daß Sie die Kordelösen nicht behindern (siehe entsprechende Anleitung).

**2** Für sowohl in der Laibung als auch davor montierte Rollos schneidet man einen Stoffstreifen zurecht, der groß genug ist, die Leiste rundum zu bedecken. Diese mit der durchbohrten Seite nach oben in die Mitte des Stoffs legen.

**3** Nun faltet man den Stoff sorgfältig um die Leiste herum und befestigt ihn mit Heftzwecken oder -klammern (a).

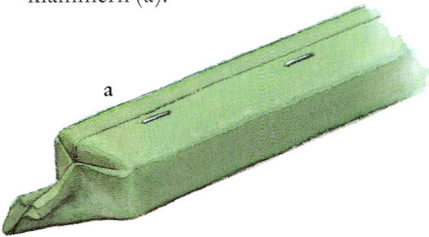

**4** Soll der Rollostoff mit Klettband befestigt werden, tackert man dieses auf die Schmalseite der Leiste (b) und, wenn nötig, um die Ecken herum (siehe entsprechende Anleitung).

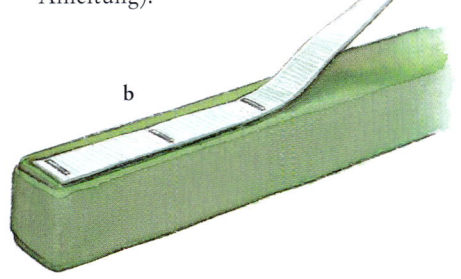

**5** Markieren Sie die Kordelösen-positionen (die sich in einer Linie mit den Kordelringen auf dem Rollo befinden müssen) mit einer Ahle und schrauben Sie die Ösen ein (c). Darauf achten, daß der Stoff nicht verzogen wird.

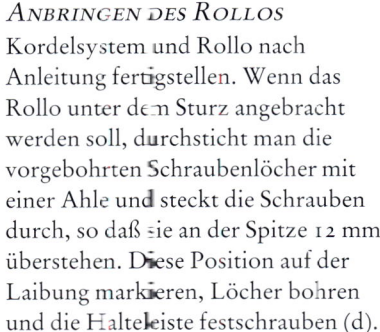

### ANBRINGEN DES ROLLOS

Kordelsystem und Rollo nach Anleitung fertigstellen. Wenn das Rollo unter dem Sturz angebracht werden soll, durchsticht man die vorgebohrten Schraubenlöcher mit einer Ahle und steckt die Schrauben durch, so daß sie an der Spitze 12 mm überstehen. Diese Position auf der Laibung markieren, Löcher bohren und die Halteleiste festschrauben (d).

Wird das Rollo mit Winkeln vor die Laibung gesetzt, markiert man die Position der ersten Halterung. Nun Löcher bohren und den Winkel anschrauben (e). Legen Sie das Rollo auf den Winkel auf und kontrollieren Sie mit einer Wasserwaage, ob es gerade ist. Die Position der anderen Winkelhalterung markieren (dabei benötigt man einen Helfer), Löcher bohren und den Winkel festschrauben.

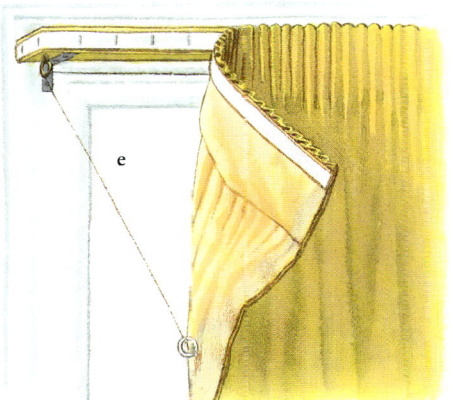

# FALTROLLOS

Das Hauptmerkmal von Faltrollos ist die Kombination von Eleganz und Einfachheit. Hochgezogen bilden sie klare, horizontale, untereinanderliegende Falten; herabgelassen sind sie ein glattes Stück Stoff, das genau in die Fensteröffnung paßt.

Damit die Falten horizontal bleiben, verstärkt man den Stoff meist mit Holzstäben, die sich in einem Stofftunnel auf der Rückseite befinden. Die Kordeln, an denen man den Stoff hochzieht und herabläßt, werden durch Ringe oder Ösen geführt, die an den Stabtunneln befestigt sind.

Die klaren Linien von Faltrollos passen zu fast allen Fenstern, obwohl Bleiverglasung oder verzierte Scheiben von deren kühler Sachlichkeit ablenken. Damit Faltrollos gut zur Geltung kommen, brauchen sie viel Platz um sich herum.

Am besten wirken sie in hellen Räumen mit großen, nicht unterbrochenen Farbflächen. Eine Anhäufung von Möbeln, unruhige Muster und eine wilde Mischung verschiedener Einrichtungsstile dagegen lenken die Aufmerksamkeit von den Rollos ab.

## Stoffe

Die gleichmäßig angebrachten Leistentunnel lassen Faltrollos streng wirken – ein Effekt, der durch ungemusterte und helle Stoffe noch verstärkt wird. Am wirkungsvollsten sind Stoffe, die die lineare Struktur des Rollos deutlich herausstellen.

Einfache Muster wie Karos und Streifen, speziell wenn sie sich nur aus wenigen Farben zusammensetzen, sind besonders effektiv. Vertikale, in sich oder kontrastierend gemusterte Streifen lassen ein Faltrollo länger erscheinen und betonen die Höhe eines Fensters.

Auch horizontale Streifen können interessant aussehen, wenn sie genau auf die Falten hin gearbeitet sind. Sie lassen ein Rollo vor einem schmalen Fenster breiter erscheinen. Unruhige Muster hingegen – zum Beispiel wilde Blumenmotive oder üppig verzierte Stoffe mit großen, sich wiederholenden Dessins – sind ungeeignet.

Der Stoff sollte stark genug sein, um kräftige Falten zu bilden. Durchsichtige Stoffe wie Popelin oder chinesische Seide ergeben ungefüttert wunderbare Sonnenblenden, aber sie sind weniger strapazierfähig als feste Stoffe wie kräftige Baumwollgewebe, Kattun oder Drillich.

Faltrollos sollten nicht breiter als 2,50 m sein, da sie sonst unhandlich werden und die Querstäbe beim Hochziehen zu schwingen beginnen. Wenn der ausgewählte Stoff schmaler ist als die beabsichtigte Rollobreite, kann man zwei Bahnen aneinander nähen (siehe S. 111) oder den Stoff mit einer angesetzten Umrandung auf die gewünschte Breite bringen.

## Besondere Effekte

Für ein Faltrollo benötigt man relativ wenig Stoff – kaum mehr als die eigentliche Länge und Breite des Rollos. Deshalb kann man ohne allzu großen Zeitaufwand einen eigenen Stoff kreieren, indem man zum Beispiel Stoffstreifen aneinander näht. So erhält der Raum eine persönliche Note. Man könnte auch

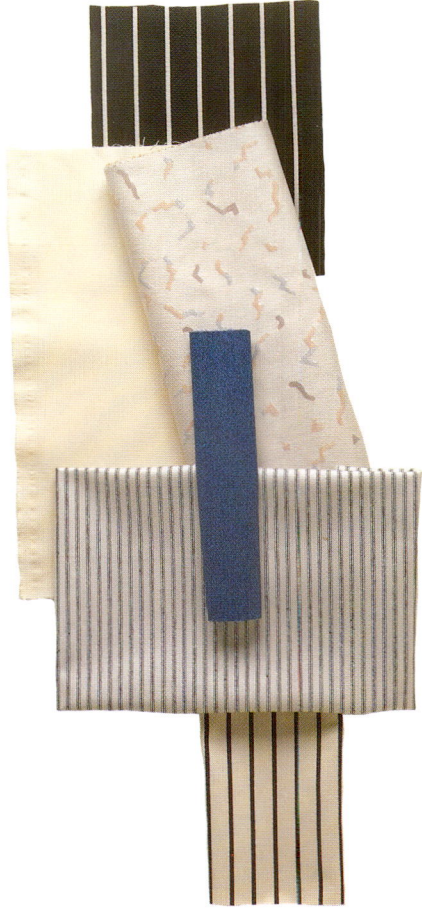

*Durch die dichte Webart sind die oben gezeigten Stoffe besonders gut für Faltrollos geeignet. Die breiten »Metzgerschürzen-Streifen« und die schmalen Kattunstreifen unten sehen horizontal ebenso wie vertikal attraktiv aus. Der cremefarbene Kaliko ganz links kann mit dem interessanten Webmuster, rechts daneben, oder dem oben aufliegenden blauen Baumwollstoff eingefaßt werden, während zu dem schwarzweißen Matratzendrillich eine weiße Borte passen würde (siehe S. 76).*

*Die ungefütterten Faltrollos (rechts) wurden genau in die Fensterlaibung eingepaßt, und sie fallen absolut gerade. Ihre ungewöhnliche Länge erinnert an Jalousien, während ihre kräftige Farbe (die noch durch das Weglassen von Futterstoff betont wird) den Raum in ein sanftes blaues Licht taucht.*

verschiedene Gewebestrukturen oder Stoffe in horizontalen und vertikalen Feldern miteinander verbinden oder Streifen asymmetrisch in ein preiswertes einfarbiges Gewebe, wie zum Beispiel Kaliko, einarbeiten.

Eine andere Möglichkeit besteht darin, die horizontalen Stabtunnel auf der Vorderseite des Rollos anzubringen und sie aus einer kontrastierenden Farbe zu arbeiten.

## Borten

Borten, ob am Rand oder als Streifen in den Stoff gesetzt, wirken am besten, wenn sie die klare Form eines Faltrollos betonen. Sie unterstreichen nicht nur die Proportionen, sondern ermöglichen auch, sich auf die Farbpalette des restlichen Raumes zu beziehen. So kann man Farben oder gar die gleichen Stoffe aufgreifen, die sich an einem anderen Objekt des Zimmers befinden. Oder man kann einen ungemusterten Baumwollstoff mit Schablonenmuster oder Bemalung verzieren, die Motive und Farbigkeit der Fußbodendielen aufgreifen oder der Wandgestaltung entsprechen.

Eine weitere einfache, aber raffinierte Möglichkeit besteht darin, die Rückseite des Hauptstoffes als Borte zu verarbeiten oder bei einem längsgestreiften Stoff das gleiche Gewebe in der Einfassung quer anzuordnen.

*Durch die aufgesetzten schwarzen Baumwollstreifen wird das Rollo aus einfachem schwarzweißen Drillich zu einem interessanten dekorativen Element in einem ansonsten praktisch orientierten Badezimmer. Da der Fensterrahmen nischenlos in der Wand sitzt, wurde das Rollo mit übermalten Winkeln vor den Rahmen gesetzt.*

*Die dunkelorangefarbenen Streifen aus glänzender Baumwolle lassen das Faltrollo aus ungebleichtem Kaliko streng und gleichzeitig dekorativ wirken. Die sauberen Kanten und Diagonalecken passen im Stil gut zu den klaren Linien und dem vornehmen Charakter des übrigen Interieurs. Jedes einzelne Rollo wurde passend zum jeweiligen Fensterrahmen gestaltet und betont die strengen Fensterformen.*

## Konstruktion

Ein Faltrollo sieht am besten aus, wenn es in der Fensterlaibung angebracht ist, so daß es herabgezogen die Fensternische genau ausfüllt. Ist diese nicht tief genug, kann man das Rollo alternativ mit Winkeln an der Wand befestigen (siehe S. 73).

Gerade die Einfachheit eines Faltrollos erfordert Sorgfalt bei seiner Herstellung. Zuerst mißt man das Fenster genau aus, um herauszufinden, ob es wirklich rechtwinklig ist, da das Rollo sonst nicht gerade hängen kann. Wenn das Fenster zu schief ist, ist ein gerafftes Rollo wohl die bessere Lösung, da es die Fensterunregelmäßigkeiten eher verbirgt als betont. Ebenso wichtig ist es, daß der Rollostoff fadengerade zugeschnitten wird: Die Schnittanleitung auf Seite 201 sollte immer befolgt werden.

Es gibt viele Methoden, Faltrollos herzustellen, aber ich verstärke die Stofftunnel am liebsten mit dünnen Holzstäben. Ohne diese Verstärkungen neigen sie dazu, zur Mitte hin einzufallen und an den Rändern unbeabsichtigte Lichtstreifen durchzulassen.

Möchte man »weiche« Faltrollos haben, kann man Bänder, auf denen die Kordelringe befestigt sind, in vertikalen Reihen auf die Rückseite des Rollos aufnähen. Von Nachteil ist dabei aber, daß die vertikalen Stichlinien auf der Vorderseite des Stoffes das Erscheinungsbild stören.

Um den Stoff auf der Haltestange zu befestigen, empfehle ich die auf Seite 79 beschriebene Methode.

# HERSTELLUNG EINES FALTROLLOS

Die folgende Arbeitsanleitung zeigt, wie man ein gefüttertes Faltrollo mit vier Falten und drei vertikalen Kordelzügen herstellt. Im Prinzip gilt sie für Rollos gleich welcher Größe.

Die Faltentiefe ist eine Frage des persönlichen Geschmacks, aber die Kordelösen und die Kordeln sollten ungefähr 30 cm voneinander entfernt sein, damit sich das Rollo gut zusammenziehen läßt.

Ein Futter ist unter Umständen sinnvoll, weil es dem Stoff mehr Halt gibt, ihn vor dem Ausbleichen schützt und eine stärkere Wärmeisolierung bietet. Soll ein Rollo aber vor allem als Sonnenblende dienen, so sollte man den Stoff ungefüttert lassen (siehe S. 80).

Obwohl die Tunnelnähte im allgemeinen nur einen praktischen Zweck erfüllen, kann man sie auf der Vorderseite des Stoffes als Schmuckelement verwenden (siehe S. 82). Die Materialien zur Anbringung werden auf Seite 73 aufgeführt.

(siehe S. 80); (siehe S. 82); auf Seite 73 aufgeführt

---

### MATERIALIEN
- Stoff und Futterstoff
- Je einen Dübelstab mit 1 cm Durchmesser für jeden Tunnel-streifen
- Halteleiste 5 × 2,5 cm
- Messingringe (3 für jeden Tunnel)
- Klebeband
- Tacker oder Hammer und Polsternägel
- Dünne Polyesterkordel
- Kordelendstück und Krampe
- Schraubösen

---

### STOFFMENGE ERMITTELN

Zuerst entscheidet man, ob das Rollo in der Fensterlaibung oder davor hängen soll und mißt dementsprechend (siehe S. 67), um Breite und Länge des Rollos zu ermitteln. Für Gesamtbreite und -länge des Stoffes fügt man dem Endmaß der Breite 10 cm hinzu (für zwei Seitennähte) und in der Länge 30 cm (für den unteren Saum und genügend Stoff, den man um die Halteleiste legen kann). Man gibt noch ein wenig Stoff hinzu, um die Seitenkanten der Leiste abzudecken. Beim Futterstoff gibt man zur endgültigen Breite noch 4 cm hinzu und für jeden Tunnel 12 cm zusätzlich zu der endgültigen Länge.

### ZUSCHNEIDEN

Schneiden Sie den Rollo- und Futterstoff entsprechend den errechneten Maßen zu und schneiden Sie Stoffstreifen (12 cm breit und so lang wie der Futterstoff breit ist) für alle Tunnel zu. Wichtig ist, daß der Stoff unbedingt im geraden Fadenlauf zugeschnitten wird (siehe S. 111), damit das Rollo gerade hängt.

### BERECHNEN DER LEISTENTUNNEL

Zuerst entscheidet man, wieviele Falten (in diesem Fall vier) man haben möchte. Von der endgültigen Länge des Rollos (dabei wird die Stoffzugabe am oberen und unteren Ende nicht mitgerechnet) zieht man 10 cm ab (so daß die Falten nicht an den Schraubösen der Halteleiste hängenbleiben und gerade fallen). Von der verbleibenden Länge zieht man 6 mm für jeden Faltenbruch ab (2,5 cm für vier Falten). Nun teilt man das errechnete Maß durch die doppelte Faltenanzahl (in unserem Fall 2 × 4) plus ein einzelnes Faltenmaß, um die Entfernung (d) vom unteren Ende des Rollos bis zur ersten Querleiste mit einzuplanen. Jeder weitere Faltentunnel befindet sich doppelt soweit entfernt (2d), plus 6 mm Zugabe (rechts). Wenn man sich die Maße auf Papier markiert, stellt man fest, daß sie genau die fertige Länge des Rollos ergeben.

Für ein Rollo mit einer Außenborte, die am unteren Ende zu sehen sein soll, zieht man die Höhe des Randes von der endgültigen Rollolänge ab und geht ansonsten wie oben beschrieben weiter vor. Daher ist (d) gleich groß wie der Abstand von der oberen Kante des Randes bis zum ersten Leistentunnel. Die Borte ist dann unterhalb der ersten Falte zu sehen, wenn das Rollo hochgezogen ist.

oben

Stoffzugabe
Oberkante
10 cm
2d
2d
2d
Faltenbruch
Leistenlinie
2d
6 mm
d
Saumzugabe

endgültige Länge

## HERSTELLEN DES ROLLOS

**1** Den Rollostoff mit der linken Seite nach oben auf einen ebenen Untergrund legen und am unteren Ende und den beiden Seiten die Säume umschlagen. Diagonalecken einarbeiten (siehe S. 203) und die Säume mit Hexenstich befestigen.

**2** Futterstoff mit der rechten Seite nach oben auf der linken Seite des Rollostoffs ausmitteln und einen Saum an der unteren Kante und den Seiten einschlagen, so daß 12 mm des Rollostoffs überstehen. Mit Staffierstich aneinander nähen (a).

a

**3** Die Position der Leistentunnel und die endgültige Länge mit Schneiderkreide auf dem Futterstoff markieren und darauf achten, daß sie parallel zur Abschlußkante verlaufen.

**4** Futterstoff für die Leistentunnel in der jeweiligen Mitte falten. Die beiden aufeinanderliegenden, offenen Stoffkanten zu einem doppelten 12 mm-Saum einschlagen und mit der Maschine steppen (b). Nun einen ebenso breiten Doppelsaum an einer Schmalseite einschlagen, nähen und die Naht an der unteren Kante der Längsseite weiterführen (c).

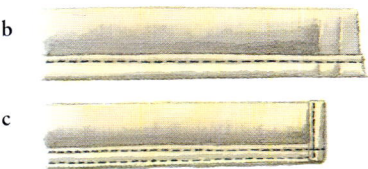

b

c

**5** Die Leistentunnel mit der gefalteten Kante nach oben zeigend entlang der Tunnelmarkierungen auf den Futterstoff heften und die geschlossenen Schmalseiten mit dem Rand des Futterstoffes abschließen lassen. Mit der Maschine die Tunnel nahe an der gefalteten Kante auf den Futterstoff steppen (d).

**6** Dübelstäbe auf die Länge der Futterbreite minus 12 mm zuschneiden. Leiste durch die offene Seite in den Tunnel schieben (d), überstehendes Futter einschlagen und Tunnelkante zunähen.

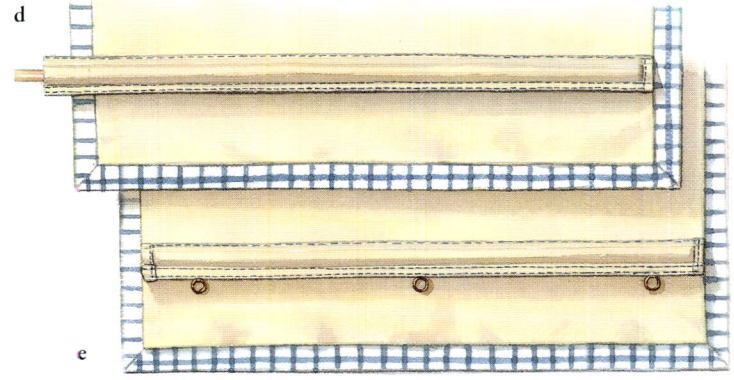

d

e

## ANBRINGEN DER AUFHÄNGUNG

**1** Holzleiste wie auf Seite 73 beschrieben beziehen.

**2** Die Aufhängung muß genau positioniert werden, damit das Rollo gerade und exakt hängt. Man legt die schmale Seite der Aufhängung an die endgültige obere Abschlußkante auf der Rückseite des Rollos (f). Nun rollt man die Aufhängung zweimal zur oberen Kante hin, befestigt sie mit Klebeband an dem Stoff und rollt sie vorsichtig wieder bis zur vorgesehenen Schlußkante zurück.

**3** Befindet sich der Stoff in der richtigen Position, befestigt man ihn mit Tacker- oder Polsterstiften und entfernt das Klebeband. Überflüssigen Stoff abschneiden. Ist die Position nicht richtig, entfernt man das Klebeband und wiederholt die Prozedur.

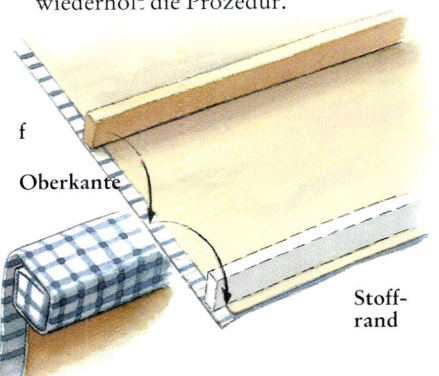

f

Oberkante

Stoffrand

## ANBRINGEN DER KORDELZÜGE

**7** Kordelösen 8 cm von den Außenkanten des Rollos und dazwischen in gleichem Abstand (etwa 30 cm) an den Leistentunneln anbringen. Sorgfältig mit der Hand an der hängenden Kante des Leistentunnels annähen.

Man befestigt drei Schraubösen an der Unterseite der Hängeleiste, die sich in gleicher Linie mit den Ringösen der Leistentunnel befinden und schraubt eine weitere Ringöse 2,5 cm entfernt von der Außenkante der Seite ein, auf der die Kordel hängen soll. Jeweils eine Kordel an den untersten Ringösen befestigen, durch alle Ringe und seitlich durch die Schraubösen führen, eingeschlossen die seitlich angeordnete. Die Kordeln durch ein Kordelendstück führen, bevor man sie verknotet.

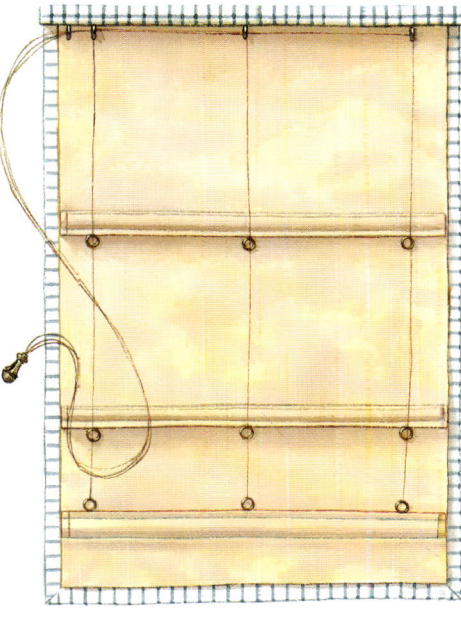

## Herstellen eines ungefütterten Faltrollos

Die Herstellung eines ungefütterten Faltrollos unterscheidet sich in zwei wichtigen Punkten von der Herstellung eines gefütterten. Zum einen wird kein Futterstoff verwendet und daher müssen die Leistentunnel mit dem eigentlichen Rollostoff gearbeitet werden. Für ungefütterte Faltrollos können sich leichte, ja sogar halbdurchsichtige Stoffe, aber auch steifere Stoffe wie Leinwand und Baumwolle eignen. Zum anderen werden die Leistentunnel, da sie aus dem Hauptstoff gearbeitet werden, anders positioniert. Die Materialien sind die gleichen wie bei einem gefütterten Faltrollo, außer natürlich dem Futterstoff und einer geeigneten Leiste für den unteren Abschlußsaum (bei leichten Stoffen). Die Konstruktionsmethode ist bis auf die unten aufgezeigten Änderungen gleich.

*Rechts ist eine besonders originelle Form von Faltrollos zu sehen: Leistentunnel und Randsäume wurden benutzt, um eine spinnwebartige innere Struktur zu schaffen. Das Rollo ist flach und wahrscheinlich nicht dafür gedacht, weiter als im Bild zu sehen hochgezogen zu werden, da der gewählte transparente Stoff genug Licht durchläßt. Die unteren Abschnitte, die im herabgelassenen Zustand das Fenster völlig verdecken, werden auf raffinierte Weise durch eine zentrale Schnur hochgezogen, so daß ein fächerförmiger Abschluß entsteht.*

### STOFFMENGE ERMITTELN

Die benötigte Stofflänge entspricht der geplanten Gesamtlänge plus Saum (4 cm) und Zugabe für die Anbringung am oberen Ende (20 cm) plus 5 cm für jeden Leistentunnel. In der Stoffbreite muß man für die beiden Seitennähte etwa 8 cm mehr einplanen.

### BERECHNEN DER LEISTENTUNNEL

Zuerst entscheidet man, wieviele Falten das Rollo haben soll (in diesem Fall vier) und zieht von der endgültigen Länge (Stofflänge ohne untere Saumzugabe und Stoffzugabe am oberen Ende) 5 cm ab, damit sich die Stofftunnel nicht in den Schraubösen an der Aufhängung des Rollos verhaken und gleichmäßig hängen. Von der verbleibenden Stoffmenge zieht man 5 cm je Stofftunnel ab (20 cm für vier Leistentunnel). Die verbleibende Länge teilt man durch zweimal die Anzahl der Tunnel (4 × 2 = 8) plus einen, um die Entfernung (d) von der Unterkante des Rollos bis zur ersten Steppnaht des Leistentunnels zu erhalten. Der erste Leistentunnel (p) wird dann um 2,5 cm oberhalb dieser Linie eingeschlagen. Jeder weitere Tunneleinschlag befindet sich vom vorhergehenden Tunnel in zweifacher Entfernung (2d) plus 5 cm von diesem Punkt entfernt.

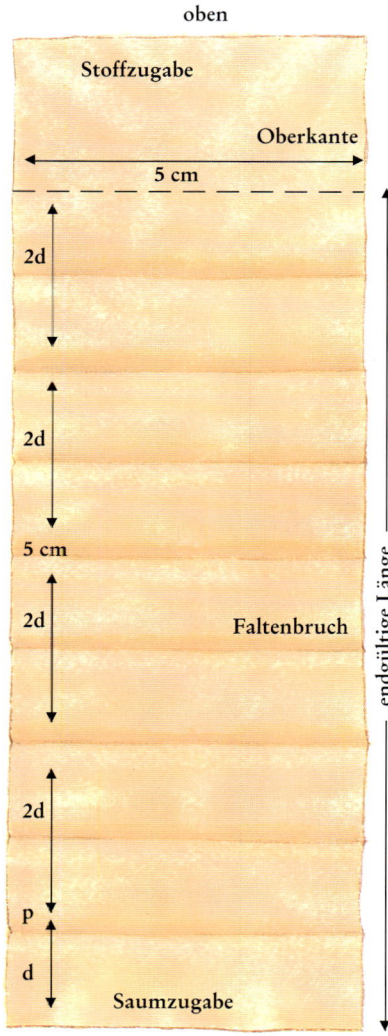

oben
Stoffzugabe
Oberkante
5 cm
2d
2d
5 cm
2d
Faltenbruch
2d
endgültige Länge
p
d
Saumzugabe

### HERSTELLEN DES ROLLOS

**1** Stoff für das Rollo auf die richtige Länge und Breite zuschneiden; an beiden Seiten und unten einen 2 cm breiten doppelten Saum steppen.

**2** Leistentunnel mit Schneiderkreide auf der linken Seite des Rollos markieren, Entfernung zwischen den Faltenlinien kontrollieren und dann den Stoff an den Faltenlinien mit der rechten Seite aufeinanderlegen, so daß sich 2,5 cm tiefe Taschen bilden (d. h. 5 cm des Stoffes werden in der Mitte gefaltet), die gebügelt werden. Mit der Nähmaschine eine 2,5 cm von der Faltlinie entfernte Naht steppen, so daß sich die Leistentunnel bilden.

**3** Wenn nötig, eine Leiste in den unteren Saum schieben und die offenen Seiten mit Staffierstich zunähen.

**4** Die restliche Fertigstellung und Art der Aufhängung ist dieselbe wie bei einem gefütterten Faltrollo (siehe S. 79).

## Faltrollo mit vorne aufgesetzten Leistentunneln

Bei dieser Variante befinden sich die Leistentunnel, die meist unsichtbar auf der Rückseite angebracht sind, auf der Vorderseite. Arbeitet man die Tunnel aus einem anderen, kontrastierenden Stoff, bilden sie ein wesentliches Gestaltungselement. Die Größe der Tunnel ist zwar Geschmacksache, aber 4 cm bilden ein gutes Mittelmaß. In die Tunnel werden zur Verstärg Rundstäbe oder Rechteckleisten geschoben. Die Tunnel sieht man allerdings nur, wenn das Rollo heruntergelassen ist; hochgezogen werden sie von den Falten verdeckt.

*Die weißen Baumwollrollos passen gut zu dem kühlgehaltenen Interieur, und die außen aufgesetzten Leistentunnel verleihen ihnen Struktur und Form. Die auffallenden grauen Linien greifen die Wandfarbe auf, während der gefütterte Hauptstoff interessante Licht- und Schattenspiele ermöglicht.*

### HERSTELLUNG DES ROLLOS

Man folgt zuerst den Arbeitsanleitungen für gefütterte Faltrollos bis zu dem Punkt, an dem das Futter angesetzt wird (Herstellung des Rollos, Schritt 2, Seite 79). Dann wendet man den Stoff auf die rechte Seite und markiert die Position der Leistentunnel zuerst mit Stecknadeln, überprüft, ob die Maße wirklich korrekt sind und zeichnet die Position dann leicht mit Schneiderkreide ein.

**1** Leistentunnel aus dem gewünschten Stoff zuschneiden; die Höhe ist zweimal die endgültige Tunneltiefe, die Breite entspricht der Breite des Rollos plus 2 cm Nahtzugabe rundum.

**2** Leistentunnel in der Mitte falten und 2 cm von den Schnittkanten entlang zunähen. Überschüssigen Stoff abschneiden und den Stoffschlauch von innen nach außen stülpen (siehe S. 204). Bügeln. Die Naht bildet das untere Ende des Leistentunnels.

**3** Von unten nach oben arbeiten, die genähte Unterkante des Tunnels an die aufgezeichnete Markierungslinie heften und dann mit der Nähmaschine so nahe wie möglich am unteren Rand festnähen (a). Tunnel nach unten bügeln und Leiste einschieben (b). Enden der Leistentunnel mit Staffierstich zunähen.

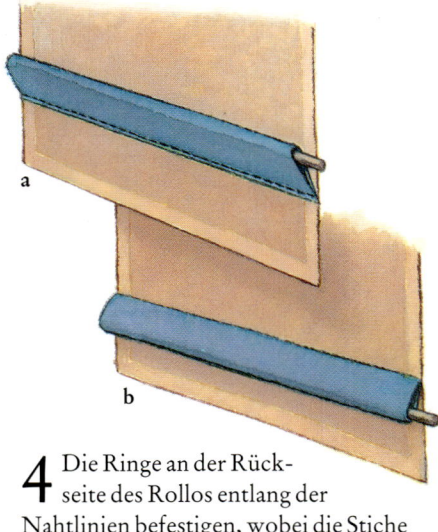

**4** Die Ringe an der Rückseite des Rollos entlang der Nahtlinien befestigen, wobei die Stiche bis in die Tunnel reichen müssen.

**5** Kordel anbringen und aufhängen wie bei gefüttertem Faltrollo (siehe S. 79).

# SPRINGROLLOS

Diese glatten Rollos zieht man von einer Stange, die mit einem Federmechanismus versehen ist, nach unten. Ist das Springrollo ganz herabgezogen, füllt es als ein glattes Stoffrechteck die Fensternische aus; aufgerollt bildet es einen schmalen Zylinder. Springrollos haben den Vorteil, daß sie praktisch kein Licht wegnehmen und bei Fenstern, die nach innen geöffnet werden, meistens noch gut zwischen Sturz und Rahmen passen. Da man den Stoff im aufgerollten Zustand nicht sieht, wirken Springrollos allein etwas karg, daher werden sie häufig als funktionale Ergänzung zu einem eher dekorativen Vorhangarrangement eingesetzt.

## Stoffe

Zu Beginn dieses Jahrhunderts wurden Springrollos meist aus ungebleichter Leinwand hergestellt. Nach dem Zweiten Weltkrieg waren sie zunächst aus der Mode, heute sind sie aber wieder beliebt, und viele Geschäfte bieten Stoffe an, die speziell für diesen Zweck geeignet sind. Diese liegen oft breiter als gewöhnliche Dekorationsstoffe, sind speziell gestärkt und abwaschbar, wodurch sie sich besonders für Badezimmer und Küchen eignen. Je nach Geschmack kann man auch einfache Baumwollstoffe und Segeltuchgewebe, die man selbst stärkt, verwenden. Um den Rollos eine individuelle Note zu verleihen, kann man den Stoff selbst bemalen oder bedrucken (siehe S. 36–44).

Wenn das Gewebe ein flächendeckendes Muster hat, muß man darauf achten, daß sich die Wiederholungen gleichmäßig über die Fläche verteilen. Sind Muster besonders groß oder auffällig, sollte man sie symmetrisch anordnen. Auch hier sind genaues Ausmessen und Zuschneiden absolut notwendig.

*Alle oben abgebildeten Stoffe müssen gestärkt werden, bevor man sie zu einem Rollo verarbeiten kann. Die vielfarbig und rot gestreiften Muster passen, vertikal verarbeitet, gut zu schmalen Rollos, während die breiteren diagonalen und dunkle Streifen eine größere Stofffläche fordern. Die kleinen Karos und das Gittermuster unten links sollten durch eine einfarbige Borte eingerahmt werden. Bei dem blauen Baumwollstoff mit schwarzem Muster kann man Vorder- und Rückseite als Hauptstoff verwenden.*

*(folgende Seite) Die glatten, weißen Rollos passen hervorragend zu dem mit hellem Teppich ausgelegten Boden und den glänzenden Oberflächen dieses luxuriösen Badezimmers.*

*Dieses seltsam geformte Fenster wurde mit einem an der Decke angebrachten einfachen Springrollo geschickt und originell verschönt. Eine auf halber Höhe angebrachte Stange sorgt dafür, daß das Rollo auch die untere Hälfte des Fensters ausfüllt.*

## Herstellen eines Springrollos

Ich gehe davon aus, daß Sie ein Springrollo mit Hilfe eines Bausatzes anfertigen (siehe rechts). Es ist einfach herzustellen, aber der Stoff muß genau rechteckig zugeschnitten (siehe S. 201) und die Stange auf die richtige Länge gebracht werden (siehe unten). Die hier geschilderte Anleitung gilt für bereits gestärkte Stoffe; wenn man gewöhnlichen Dekorationsstoff verarbeiten möchte, sollte man rechts und links einen Saum mit einplanen, damit die Ränder nicht ausfransen können. Falten Sie auf beiden Seiten einen 9 mm breiten Rand um, und nähen Sie ihn mit Zickzackstich fest. Dann sollte der Stoff mit einer handelsüblichen Stärke behandelt werden – am einfachsten verarbeitet man sie aus der Spraydose. (Man sollte die Stärke vorher auf einer kleinen Stoffprobe ausprobieren, um zu sehen, wie sich der Stoff verhält – glänzende Baumwolle kann zum Beispiel durch Stärke matt werden.)

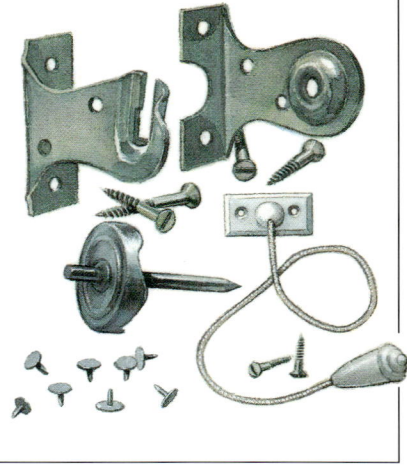

*MATERIALIEN*
- Gestärkter Rollostoff
- Springrollo-Bausatz in der passenden Länge zum Fenster oder länger, um auf Maß geschnitten werden zu können.
- Klebeband
- Hammer und Reißzwecken

### *STOFFMENGE ERMITTELN*

Messen Sie das Fenster sorgfältig aus (siehe S. 67). Die Stoffbreite entspricht der Breite des endgültigen Rollos (evtl. plus 2 cm für Seitensäume). Messen Sie die Länge und geben Sie 30 cm zu, so daß genug Stoff für einen 3-cm-Abschlußsaum – die Saumbreite hängt von der Leiste ab – vorhanden ist und die Stange, wenn das Rollo ganz herabgezogen ist, bedeckt ist.

### *ZUSCHNEIDEN*

Legen Sie den Stoff auf eine große, ebene Fläche, achten Sie auf geraden Fadenverlauf, und schneiden Sie den Stoff mit Hilfe einer Reißschiene.

### *HERSTELLEN DES ROLLOS*

**1** Falten Sie den unteren Saum der Leiste entsprechend um, geben Sie noch 12 mm hinzu (Abb. a), und nähen Sie den Saum mit Zickzackstich fest.

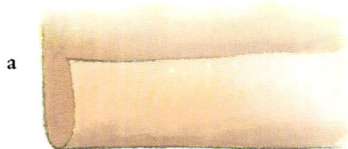

**2** Schneiden Sie die Stange auf die gewünschte Länge (die Breite des Rollos).

**3** Hat die Stange keine Markierungslinie, sollte man sie mit Bleistift aufzeichnen. Befestigen Sie die Oberkante des Stoffes mit Klebeband entlang der Linie, und fixieren Sie den Stoff mit Reißzwecken an der Stange (Abb. b). Klebeband entfernen.

**4** Schneiden Sie die untere Leiste 12 mm kürzer als die endgültige Rollobreite. Schieben Sie die Leiste in den Saum (Abb. c), und schrauben Sie den Schnurhalter durch den Stoff auf der Leiste fest (Abb. d).

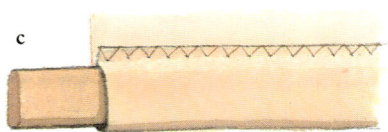

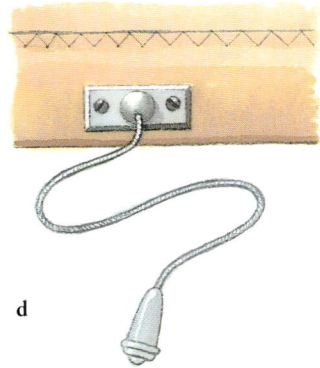

### *ANBRINGEN DES SPRINGROLLOS*

**1** Schrauben Sie die Träger in den Fensterrahmen oder die Wand (je nachdem, wo das Rollo befestigt werden soll, siehe S. 73), und achten Sie darauf, daß es in der Mitte der Fensterlaibung sitzt. Befestigen Sie den runden Stift am Stangenende (Abb. e) so, daß die Innenseite des Rollos zum Fenster zeigt und Stifte und Steckhülsen zueinander passen.

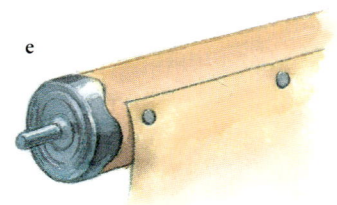

**2** Legen Sie die Stange in die Träger ein, ziehen Sie das Rollo hinunter, und lassen Sie es wieder es so weit wie möglich nach oben schnellen. Nehmen Sie das Rollo wieder vorsichtig aus den Trägern heraus, ohne dabei die Feder zu lösen. Rollen Sie es von Hand auf, und befestigen Sie es wieder an Ort und Stelle. Beim Herabziehen sollte das Rollo die richtige Spannung haben und sich beim Öffnen ganz aufrollen.

# WIENER ROLLOS

Das Wiener Rollo ist im Gegensatz zu einem Bauschrollo nur an der Unterkante gebauscht, und manchmal wird die weiche Form des gerüschten Stoffes durch eine Rüschenkante, die auch an den Seiten entlanglaufen kann, betont. Wenn das Rollo hochgezogen wird (mit einem Kordelsystem, das ähnlich funktioniert wie bei Faltrollos), bildet der Stoff auf der ganzen Breite kräftige Girlanden. Die üppige Breite des Stoffes – im allgemeinen liegt der Stoff zwei bis zweieinhalb mal so breit wie die Breite des fertigen Rollos beträgt – wird oben mit einem Kräuselband gehalten.

Wiener Rollos kommen am besten in Räumen mit einigermaßen großzügigen, klassischen Proportionen zur Geltung, besonders wenn sie stuckverziert sind. Sie wirken am attraktivsten, wenn die Stoffgirlanden je etwa 30 cm breit sind (beim ungekräuselten Stoff 75 cm), man kann die Größe der Girlanden aber auch nach den Fensterunterteilungen richten.

## Stoff

Wiener Rollos können aus fast allen Stoffen hergestellt werden, solange sie zu ihrer Umgebung passen. Der üppige Eindruck, den sie vermitteln, ergibt sich sowohl aus der Menge als auch der Art des verwendeten Stoffes, und selbst auf dem Markt erstandener Hemdenpopelin und einfacher weißer Drillich können hinreißend aussehen. Gestärkter Drillich bildet, wenn man ihn kräuselt, interessante Strukturen. Bei steiferen Stoffen, die nicht so locker fallen, kann man die Stoffbreite auf die zweifache Rollobreite verringern.

Ungefütterte Wiener Rollos aus feinen Geweben wie Voile, leichter Baumwolle oder einfachem Mull können zauberhafte Sonnenblenden ergeben, die das Licht während des Tages sanft filtern und den Raum vor neugierigen Blicken schützen.

Da die Form des Rollos an sich so dekorativ ist, kann der Stoff einfach aber wirkungsvoll sein: zum Beispiel ungemusterte, dunkle Seide eingefaßt mit einer kontrastierenden Farbe, aus der auch die Seitenrüschen bestehen oder vielleicht helle, leuchtende Streifen oder ein in sich gemusterter Stoff, wie einfacher Köper.

Anstatt einer Rüsche kann man auch eine Fransenborte wählen, aber man sollte darauf achten, die in sich bereits üppige Form des Wiener Rollos nicht ins Überladene abgleiten zu lassen. Fransenborten sehen am hübschesten aus, wenn man sie mit ungemusterten Stoffen kombiniert, wirken aber auch als einfache Kante bei Stoffen mit simplen geometrischen oder gewebten Mustern.

## Konstruktion

Man sollte mit dem Stoff auf keinen Fall sparsam sein, sonst wirkt das Rollo zum Schluß ärmlich. Als Regel gilt: Bei leichten Stoffen beträgt die gesamte Stoffbreite zweieinhalbmal, bei schweren Stoffen zweimal die Breite des fertigen Rollos.

Obwohl Wiener Rollos hin und wieder an Vorhangschienen befestigt werden, ziehe ich es vor, sie an einer Aufhängeleiste anzubringen, was besser und professioneller aussieht.

*All diese Stoffe eignen sich gut für Wiener Rollos, da sie zwar weich sind, aber dennoch genügend Festigkeit haben, um nicht formlos durchzuhängen. Der dunkelrot bedruckte Baumwollstoff, oben rechts, paßt gut zu einem stilvollen Wohnzimmer. Der graue Ikat, links daneben, ist ein preiswerter indischer Baumwollstoff mit Webmuster. Daneben liegt eine weiche cremefarbene Bourretteseide. Der rosa bedruckte Baumwollstoff greift die hübschen figurativen Motive eines Toile de Jouey aus dem 18. Jahrhundert auf. Der rechteckig gefaltete, kostbare Stoff hat ein fast dreidimensional wirkendes geometrisches Muster.*

*Das cremefarbene Wiener Rollo mit den Fransenkanten (rechts) verleiht dem Badezimmer mit den einfachen Linien und klaren Konturen eine verspielte Note. Die Zugkordeln wurden unten ein wenig höher angesetzt (etwa 15–20 cm), so daß ein hübscher Doppelrüschen-Effekt entsteht.*

# RÜSCHEN

Rüschen müssen keineswegs so übertrieben verspielt wirken, wie man sich im ersten Moment vorstellt. Wenn man sie aus einem festen Stoff wie Kattun oder Kambrik arbeitet, kann eine Rüsche sehr klar und skulptural wirken. Eingefaßte oder doppelte Rüschen können einem Stoff eine klarere Kontur verleihen, als eine »halbherzige« glatte Bordüre.

Rüschen müssen gesondert gearbeitet und dann an den Hauptstoff angesetzt werden. Im allgemeinen reicht die doppelte Breite des Hauptstoffes, aber bei feinen Stoffen wie Musselin oder einigen Seiden, die sich leicht und dichter rüschen lassen, könnte die dreifache Breite des Hauptstoffes richtig sein. Die Höhe der Rüschen richtet sich nach dem persönlichen Geschmack; für Rüschen am Ende von Rollos sind 7 bis 10 cm im allgemeinen das richtige Maß. Man sollte sich natürlich nach den Proportionen des Rollos richten und beim Zuschneiden der Rüschen den Stoffüberschuß für die Säume miteinplanen.

*Rechts bildet ein einfacher weißer Rüschenrand einen hübschen Kontrast zu dem klaren Blau des Hauptstoffes. Links davon wurde der Hauptstoff als Rüscheneinfassung verwendet. Die darunter liegende Rüsche wurde mit einer roten Paspel optisch vom Hauptstoff abgesetzt. Ganz unten verziert eine breite Rüsche einen roten Baumwollchintz.*

## RÜSCHE MIT SCHMUCKKANTE

Rüschen mit Schmuckkanten bestehen aus zwei unterschiedlichen Stoffen, dem Hauptstoff des jeweiligen Objekts und einem anderen oder dem Futterstoff. Der untere Schmuckrand, der von vorne auf der Rüsche zu sehen ist, läuft nach hinten als Futter weiter.

**1** Man schneidet aus dem Hauptstoff einen Streifen in der gewünschten Höhe (siehe links) abzüglich des von vorne sichtbaren Stoffrands plus 4 cm Nahtzugabe. Für den Kantenstoff nimmt man das Maß für die gewünschte Höhe der Rüsche zuzüglich der gewünschten Randbreite und 4 cm Nahtzugabe.

**2** Die Stoffe rechts auf rechts zusammennähen, dann wenden und die offenen Längsseiten genau aufeinanderlegen, so daß auf der Vorderseite die Schmuckkante zu sehen ist; bügeln.

**3** Ränder versäubern und wie eine einfache Rüsche kräuseln (siehe gegenüberliegende Seite).

## GEFÜTTERTE RÜSCHE

Diese wird aus zwei gleichgroßen Stoffstücken hergestellt, die zusammengenäht eine Rüsche mit zwei verschiedenen Seiten bilden, auf der einen Seite der Hauptstoff, auf der anderen das Futter. Wenn man einen dunklen Stoff hinter einen helleren setzt, scheint er im Gegenlicht durch den vorderen Stoff durch, was besonders an der Unterkante eines Wiener Rollos sehr angenehm wirkt.

**1** Man schneidet zwei gleichgroße Stoffstücke in der Höhe der gewünschten Rüsche zu, plus 4 cm Zugabe für die lange Naht und jeweils 2 cm für die beiden kurzen Nähte. Die Stoffe mit den rechten Seiten aufeinanderlegen und an der Längsseite zusammennähen. Auf rechts drehen, an der Naht falten und den Saum glattbügeln.

**2** Den Stoff versäubern und wie bei einer einfachen Rüsche kräuseln (siehe gegenüberliegende Seite).

### EINFACHE DOPPELRÜSCHE

Diese Rüschenart wird aus einem Stoffstück hergestellt, das man der Länge nach in der Mitte faltet, so daß diese Kante den unteren Abschlußrand der Rüsche bildet. Bei langen Rüschen näht man die nötigen Stoffstücke aneinander und bügelt die Nähte flach auseinander.

1 Die Stoffstreifen doppelt so hoch wie die endgültige Rüschenhöhe schneiden, plus 2 cm Nahtzugabe an allen Seiten.

2 An den Schmalseiten jeweils 2 cm Nahtzugabe umbügeln. Die Stoffstücke mit den linken Seiten nach innen entlang der unversäuberten Kante zusammenlegen, längs in der Mitte falten und bügeln.

3 Längs der offenen Kante auf der Nähmaschine mit Kräuselfuß kräuseln oder mit größter Stichbreite nähen und vorsichtig mit dem Unterfaden den Stoff einkräuseln. Den Kräuselstich bis an die 2-cm-Saumzugabe heransetzen. (Möglicherweise ist es einfacher, die Rüsche in verschiedene Sektionen zu unterteilen und diese einzeln zu kräuseln, damit der Kräuselfaden nicht reißen kann. Die Stoffkante, an welche die Rüsche angenäht werden soll, in genausoviele Sektionen unterteilen und die einzelnen Teile aneinander setzen.)

4 Die Seitennähte mit Staffierstich schließen.

*Dieses ungefütterte Wiener Rollo wurde aus zwei der links abgebildeten Stoffe genäht. Der dichtgemusterte Stoff ist an der Unterkante mit einer helleren Rüsche abgesetzt, die mit einem roten Stoff paspeliert und eingefaßt ist. Die Rüsche wurde nur ein wenig gekräuselt, damit das streifige Muster noch zur Geltung kommt und die rote Einfassung eine klare Linie behält.*

## Herstellung eines Wiener Rollos

Die nachfolgende Arbeitsanleitung beschreibt die Herstellung eines gefütterten Wiener Rollos mit Abschlußrüsche. Möchte man ein ungefüttertes herstellen, läßt man einfach die entsprechenden Schritte aus und versäubert die Kanten mit Doppelsäumen. Ein Rollo ohne Rüsche schließt mit einem einfachen Saum ab (bei einem ungefütterten), oder man befestigt das Futter an den drei Seiten des Rollos. Bei einem solchen mit Rüschen an Seiten und Unterkante folgt man der Arbeitsanleitung, beginnt und endet jedoch mit der Rüsche an einer Seite des Rollos, entweder am oberen Ende oder gleich unterhalb der Befestigung.

Damit der Stoff am unteren Ende ständig gebauscht ist, ist er insgesamt 50 cm länger als das fertige Rollo. Das Kordelsystem ist ähnlich wie bei einem Faltrollo, allerdings muß man an der seitlichen Kordelschnur einen zusätzlichen Ring anbringen, um zu verhindern, daß der Stoff sich auf seine Gesamtlänge aushängt. Wie man ein Rollo befestigt, wird auf Seite 73 beschrieben.

**MATERIALIEN**
- Stoff und Futterstoff
- Holzleiste (siehe S. 73)
- Rüsche
- Paspel
- Vorhangringe, Durchmesser 2 cm
- 7,5 cm breites Kräuselband (Länge wie die gesamte, ungekräuselte Stoffbreite des Rollos)
- Klettband (in der Länge der endgültigen Rollobreite)
- Dünne Polyesterkordel
- Kordelendstück und Krampe
- 9 mm-Ösen

### STOFFMENGE ERMITTELN

Man benötigt im allgemeinen zweieinhalb mal mehr Stoff in der Breite und 50 cm mehr Stoff in der Länge als das fertige Rollo. Für das Futter verarbeitet man die gleiche Stoffmenge (die Futternähte müssen mit den Nähten des Hauptstoffes übereinstimmen, siehe S. 111). Außerdem benötigt man Stoff für die Rüsche (zweimal die endgültige Breite des Rollos und zweimal die geplante Höhe der Rüsche plus 2 cm Saumzugabe rundum) plus einen 5 cm breiten Stoffstreifen für die Paspel, dessen Länge der Gesamtbreite des Rollos entspricht. Zum Verdecken des Kräuselbandes benötigt man einen ebenso langen Streifen aus Futterstoff, der so hoch ist wie das Kräuselband plus Saumzugabe.

### VORBEREITUNG

Den Hauptstoff zuschneiden und die Bahnen aneinandernähen. Nähte flach ausbügeln. Den Futterstoff ebenso zuschneiden und verarbeiten. Stoffstreifen als Futter für das Kräuselband zuschneiden. Die Rüsche zuschneiden und nähen (siehe S. 88) und die Paspel herstellen (siehe S. 125).

### HERSTELLEN DES ROLLOS

**1** Die Paspel an der unteren Kante des Hauptstoffes ansetzen (Abb. a).

**2** Die offene Seite der Rüsche auf die untere Kante des Hauptstoffes und den Paspelstreifen legen und möglichst nah auf der Nähmaschine mit Paspel- oder Reißverschlußfuß an der Paspelkante entlangnähen (Abb. b).

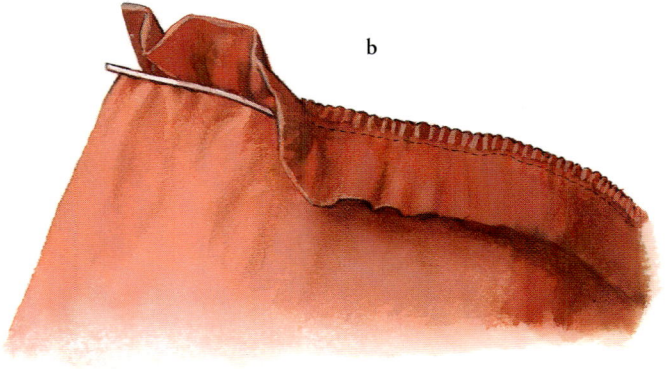

**3** Futter- und Hauptstoff mit den Vorderseiten aufeinanderlegen. Mit der üblichen Saumzugabe die Stoffe an den Seiten und unten zusammennähen. Darauf achten, daß sich die Rüsche nicht in der Naht verfängt (Abb. c). Das Rollo von innen nach außen wenden, so daß die rechte Seite des Stoffes zu sehen ist.

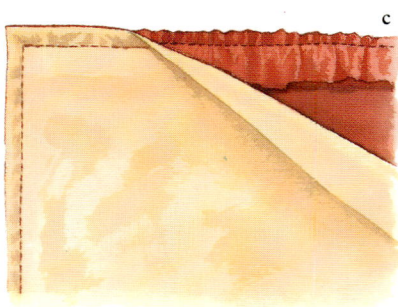

### HERSTELLEN DER STOFFGIRLANDEN

**1** Das Rollo mit der linken Seite nach oben auf eine ebene Fläche legen. Von unten nach oben Ringe anbringen: Den ersten 5 cm von der unteren Futterkante und 5 cm vom Rollorand befestigen. Davon ausgehend sollten sich alle Ringe vertikal etwa 30 cm voneinander entfernt befinden. Vom letzten Ring bis zur endgültigen Rollohöhe sollte der Abstand, der von der geraden unbearbeiteten Kante am oberen Ende ab gemessen wird, mindestens 30 cm betragen.

**2** Um den Abstand zwischen den Ringlinien und somit die Girlandenbreite zu bestimmen, teilt man die Anzahl der gewünschten Girlanden durch die ungekräuselte Breite des Rollos (abzüglich 10 cm).

**3** Danach die vertikale und horizontale Position der Ringe mit zwei Linealen bestimmen (Abb. d). Wo diese sich treffen, näht man oberhalb des waagerechten Lineals durch Hauptstoff und Futtergewebe einen Ring an. Ausmessen und Annähen werden in einem Arbeitsgang erledigt.

### KRÄUSELBAND ANBRINGEN

**1** Wenn die Ringe festgenäht sind, mißt man die endgültige Rollolänge vom oberen Ende der Rüsche bis zur Oberkante, fügt 45 cm hinzu und markiert dieses Maß oben mit Stecknadeln. An der Markierungslinie Rollostoff und Futter nach hinten falten, bügeln und den Umschlag bis auf ein 3 cm breites Stück abschneiden.

**2** Das Kräuselband auf der Rückseite des Rollos aufnähen (siehe S. 113) und die Bandkordeln auf die gewünschte Länge ziehen (siehe S. 95).

**3** Die Hälfte des Klettbandes an die lange Seite des Futterstreifens nähen und einen 2 cm breiten Saum um den ganzen Streifen herum einschlagen. Den Futterstreifen mit der linken Seite auf das Kräuselband legen und mit Staffierstich festnähen (darauf achten, daß sich weder das Kräuselband noch der Futterstreifen dabei ausdehnen oder zusammenziehen).

d

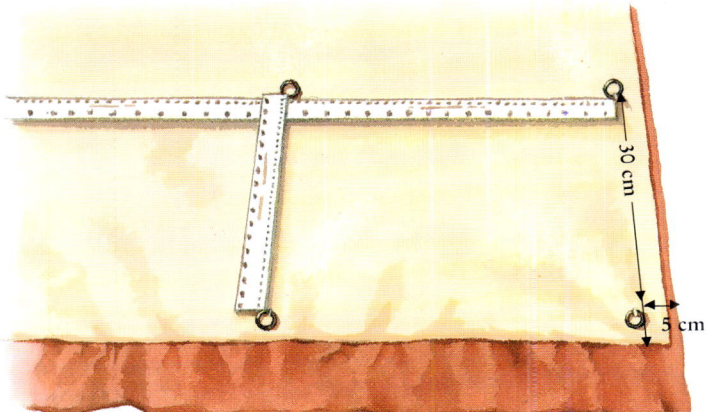

### AUFHÄNGEN UND KORDEL ANBRINGEN

**1** Die Aufhängeleiste, wie auf Seite 73 beschrieben, beziehen und mit Klettband versehen. Schraubösen in gerader Linie mit den vertikalen Ringreihen anbringen (Abb. e) und eine extra Schrauböse, 3 cm von der letzten Öse entfernt, an der Seite, an der die Kordeln hängen sollen, einschrauben.

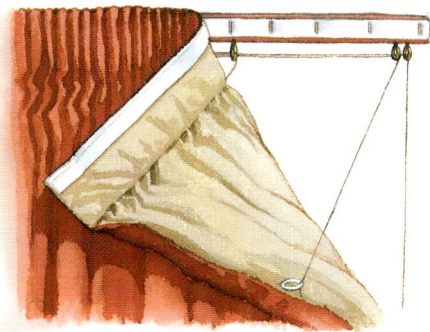

f

**2** Die Kordeln durch Ringe und Ösen wie bei einem Faltrollo ziehen (siehe S. 79). Die endgültige Länge des Rollos auf einem ebenen Untergrund ausmessen, das Rollo mit der Vorderseite nach unten legen und mit Hilfe einer Person, die das Rollo am Kopfende festhält, gleichzeitig an allen Kordeln ziehen, so daß sich das Rollo unten zusammenbauscht, bis es die endgültige Gesamtlänge erreicht hat. Man markiert diesen Punkt auf den Kordeln mit einem Stift direkt hinter der letzten Schrauböse und befestigt an diesem Punkt einen Ring an allen Kordeln. Beim Herunterlassen des Rollos bleibt dieser Ring in der ersten Schrauböse stecken, so daß der Stoff sich nicht weiter aushängen kann. Die Kordeln in gleicher Länge abschneiden. Durch das Endstück führen und mit einem festen Knoten sichern (Abb. f). Das Rollo anbringen (S. 73, Abb. e).

# BAUSCHROLLOS

Bauschrollos ähneln zwar in vielen Aspekten Wiener Rollos, sind aber stoffreicher und ständig von oben bis unten gerafft.

Die meisten Stilmerkmale eines Wiener Rollos gelten mindestens in gleichem Maße auch für Bauschrollos. Sie sind jedoch noch dekorativer, und die ausgeprägtere Rüschenstruktur läßt sie noch üppiger und extravaganter erscheinen. Deshalb sollten Stoff und Rolloform so einfach wie nur eben möglich gehalten werden. Zwar gibt es Bauschrollos mit Rüschenbesatz an den Kanten, aber ich bin der Meinung, daß sie unverziert schöner aussehen.

Wenn Bauschrollos einen Teil eines Vorhangarrangements bilden, sollte man unbedingt darauf achten, daß das Ergebnis nicht zu unruhig wirkt. Soll das Rollo innerhalb einer solchen Gesamtkomposition nur als Sonnenschutz dienen, ist es sinnvoll, den Gesamteindruck im Auge zu behalten. Ein Arrangement aus transparentem Stoff in gebrochenem Weiß oder einem Cremeton, mit Borten und Kordeln in einem dunklen Blau, das auch als Borte der Vorhänge erscheint, könnte dabei helfen, daß sich die Fensterdekoration nicht in den Vordergrund drängt. Bei einem kleineren Fenster könnte man ein simplere Version wählen und ein Bauschrollo mit einer nur leicht gerüschten Girlande, umrahmt von glattem Stoff, anbringen.

## Stoff

Die früheste Form des Bauschrollos bestand aus einer Musselin-Sonnenblende zum Schutz kostbarer Draperien. Bei der modernen Gestaltung besinnt man sich heute oft auf diese einfache Form. Ideale Stoffe sind chinesische Seide, glänzende ägyptische Baumwolle oder sogar hochmoderne Gewebe wie Fallschirmstoffe (siehe S. 25). Auch schwerere Stoffe können geeignet sein, aber man läßt sie am besten ungefüttert, da sie sonst durch ihr Gewicht nicht gut zu handhaben sind. Wie bei Wiener Rollos können steifere Stoffe wie gestärktes Segeltuch oder Drillich ausgeprägtere skulpturale Falten bilden und man benötigt weniger Stoff, aber man sollte mit der Stoffmenge nicht geizig sein, da sich hierdurch der Charakter der Girlandenfalten ändert und ein schäbiger Eindruck entstehen kann. Kräftig gemusterte Stoffe sollte man vermeiden, da sie in Kombination mit der schon unruhigen Rolloform »erschlagend« wirken können.

## Konstruktion

Die Verbindungsnähte der Stoffbahnen und die dazwischen liegenden Punkte bilden die Linien für die Zugkordeln, die sowohl ein dekoratives als auch strukturelles Element des Rollos bilden. Man kann sich bei der Unterteilung des Stoffes nach der (Sprossen-)Unterteilung des Fensters richten, aber die Entfernung zwischen den einzelnen vertikalen Kordelzügen sollte beim fertigen Rollo zwischen 20 und 30 cm liegen (50 und 75 cm beim glatt ausliegenden Stoff). Selbstverständlich kann man dies so variieren, daß die Züge für das jeweilige Fenster ideal positioniert und gleichmäßig verteilt sind.

*Die hier gezeigten Stoffe zeichnen sich alle durch ausgeprägte Texturen und einfache Muster aus und eignen sich gut für Bauschrollos. Die oben liegenden sind feine transparente Seiden, die sich besonders schön rüschen lassen. Die rotgrauen Karos und die dünnen grauen Streifen sind glänzende Muster auf matter Baumwolle, wodurch sich interessante Oberflächentexturen ergeben. Der schwere, dunkel bedruckte Stoff ist fester und erzeugt daher steifere, gerundete Rüschen.*

*Bauschrollos fallen oft mehr durch die Tiefe und Form ihrer Faltenformen als durch ihre Gesamtform auf. Aber die strukturellen Eigenschaften dieser Rolloart sind in dem Beispiel rechts klar erkennbar: Die enggekräuselte Oberkante und die Seiten wirken als Blickfang, ebenso die Nähte, in denen die Kordelzüge verlegt sind, die das Rollo auch im herabgelassenen Zustand in Rüschenfalten legen.*

### Herstellen eines ungefütterten Bauschrollos

Bei einem Bauschrollo ist der Stoff permanent durch Kräuselschnüre gerafft, die sich in den französischen Nähten zwischen den einzelnen Stoffbahnen, den Randsäumen und den künstlichen Nähten in der Mitte befinden. Um den Kräuseleffekt zu erzielen, sind die Kordeln nur so lang wie das fertige Rollo (plus einer Zugabe für den Abschlußknoten), während der Stoff zweimal so lang ist. In der Breite wird die Stoffmenge am Kopfende durch Kräuselband gehalten (siehe unten).

Die hier gezeigte Arbeitsanleitung bezieht sich auf ein ungefüttertes Bauschrollo ohne Rüschen; möchte man aber einen Besatz und ein Futter haben, kann man sich bis auf die Stoffmenge an die Arbeitsanleitung für ein Wiener Rollo halten. Die Anleitungen zum Beziehen und Befestigen der Trägerleiste befinden sich auf Seite 73. Die Kordeln werden wie bei einem Faltrollo geführt (siehe S. 79).

<table>
<tr><td colspan="2">*MATERIALIEN*</td></tr>
<tr><td>●</td><td>Stoff</td></tr>
<tr><td>●</td><td>Holzleiste (siehe S. 73)</td></tr>
<tr><td>●</td><td>Vorhangringe, Durchmesser 9 mm</td></tr>
<tr><td>●</td><td>7,5 cm breites Kräuselband (Menge: ungekräuselte Breite des Rollos)</td></tr>
<tr><td>●</td><td>Klettband (in der Länge der endgültigen Rollobreite)</td></tr>
<tr><td>●</td><td>3 mm starke Polyesterkordel (zum Kräuseln des Rollos)</td></tr>
<tr><td>●</td><td>Dünne Polyesterkordel (für den Mechanismus)</td></tr>
<tr><td>●</td><td>Kordelendstück und Krampe</td></tr>
<tr><td>●</td><td>9 mm Schraubösen</td></tr>
</table>

#### *STOFFMENGE ERMITTELN*

Für die Rollobreite benötigt man die zweifache bis zweieinhalbfache Stoffmenge der Endbreite. Für die Länge sollte man die doppelte Stoffmenge des fertigen Rollos einkalkulieren. Überschüssiger Stoff kann als Bezugsstoff für die Trägerleiste (siehe S. 73) und als Futterstreifen für das Kräuselband verwendet werden (siehe Wiener Rollos, S. 90).

#### *HERSTELLEN DES ROLLOS*

**1** Stoffbreite zuschneiden. Bahnen mit französischer Naht (siehe S. 204) zusammennähen, wobei man zunächst nur den ersten Teil der Naht näht.

**2** Auf der linken Stoffseite einen 4 cm breiten Doppelsaum auf beiden Seiten einfalten. Um die Position der Zugnähte zu bestimmen, mißt man die Entfernung vom Faltenbruch des Seitensaums bis zur ersten Naht. In der Mitte zwischen diesen beiden Punkten den Stoff falten, so daß die rechten Stoffseiten aufeinander liegen und eine Nahtorientierung für die Kräuselkordel bilden (Abb. a).

a

**3** Man legt die erste Kräuselkordel in den Seitensaum und bringt mit der Maschine auf der linken Seite 2,5 cm vom Rand entfernt eine Naht an.

**4** Die 3-mm-Kordel schiebt man nun dicht an die Saumnaht, macht am oberen Ende einen Knoten und näht mit der Maschine mit einem Paspelfuß dicht an der Kordel entlang, so daß sie in einem Tunnel liegt (Abb. b). Da die Kordel kürzer als der Stoff ist, muß man den Stoff beim Nähen hinter dem Maschinenfuß kräuseln. Ist die Naht fertig, verknotet man das andere Ende der Kordel.

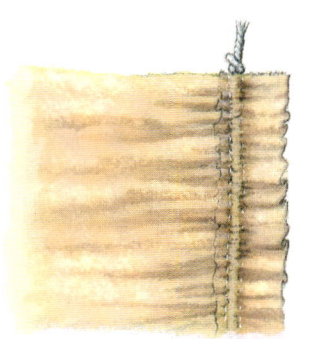

b

**5** Die französische Naht fertignähen, indem man den Stoff wendet, so daß die rechten Seiten aufeinanderliegen und in die Verbindungsnaht und in jede der vorbereiteten Falten (Abb. c) eine Kordel in der berechneten Länge einlegen, wie oben annähen und zum Schluß verknoten.

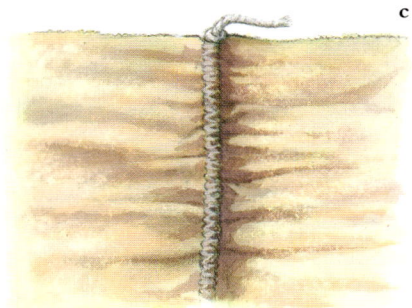

c

**6** Wichtig ist, daß die unteren Enden der Kordeln gut mit einem 2 cm breiten Doppelsaum gesichert werden. Hierzu über die Kordeln mehrmals vor- und zurücknähen (Abb. d).

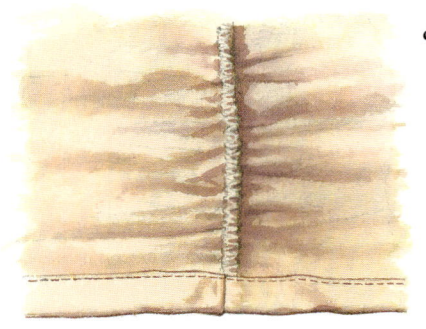

d

### RAFFEN DES ROLLOS

1 Um jede einzelne Kordel auf die richtige Länge zu bringen, teilt man die endgültige Rollobreite durch die Anzahl der Bauschgirlanden. Dieses Maß gibt die Entfernung zwischen den Kordeln an. Man legt das Rollo auf einen Tisch, legt zwei nebeneinanderliegende Kordeln parallel zueinander hin und beschwert sie so, daß sich die unteren Enden der Kordeln an der Tischkante befinden und die Girlande über die Tischkante nach unten hängt (Abb. e). Die Länge der Girlande von der Tischkante bis zum tiefsten Punkt messen und von der Endlänge des Rollos abziehen.

2 Man legt das Rollo mit der linken Seite nach oben flach auf den Tisch und zieht jede Kordel nacheinander so an, daß man die gewünschte Rollolänge erhält (zuzüglich 2 cm); die letzten 7,5 cm am oberen Ende glatt lassen (dabei sind die 2 cm mit eingeschlossen), 6 cm unterhalb der Oberkante (7,5 cm von der unversäuberten Stoffkante) zieht man jede Kordel aus der Naht heraus, indem man sie dort öffnet. Jede Kordel vorübergehend verknoten (Abb. f).

3 Am oberen Rand einen 2 cm breiten Saum umbügeln und Kräuselband annähen (siehe S. 113). Dabei die Kordelenden mit der unteren Naht festnähen. Das Kräuselband auf die gewünschte Länge ziehen und die Schnüre zusammenrollen (Abb. g) und das Band überfüttern (siehe S. 91, Kräuselband anbringen, Schritt 3).

### FERTIGSTELLEN DES ROLLOS

1 Bevor man die Ringe anbringt, kontrollieren, ob die Rüschen gerade und gleichmäßig sind. Das geht am einfachsten, wenn zwei Personen die Kordeln an beiden Enden halten und den Stoff in gleiche Falten legen.

2 Die Ringe wie bei Wiener Rollos annähen (siehe S. 91), mit etwa 30 cm großen Abständen, wobei die erste Ringreihe 5 cm von der unteren Kante des Rollos entfernt sein sollte. Die Ringe durch die Kräuselkordeln annähen (Abb. h).

3 Die restlichen Arbeitsgänge wie bei Wiener Rollos (siehe S. 91).

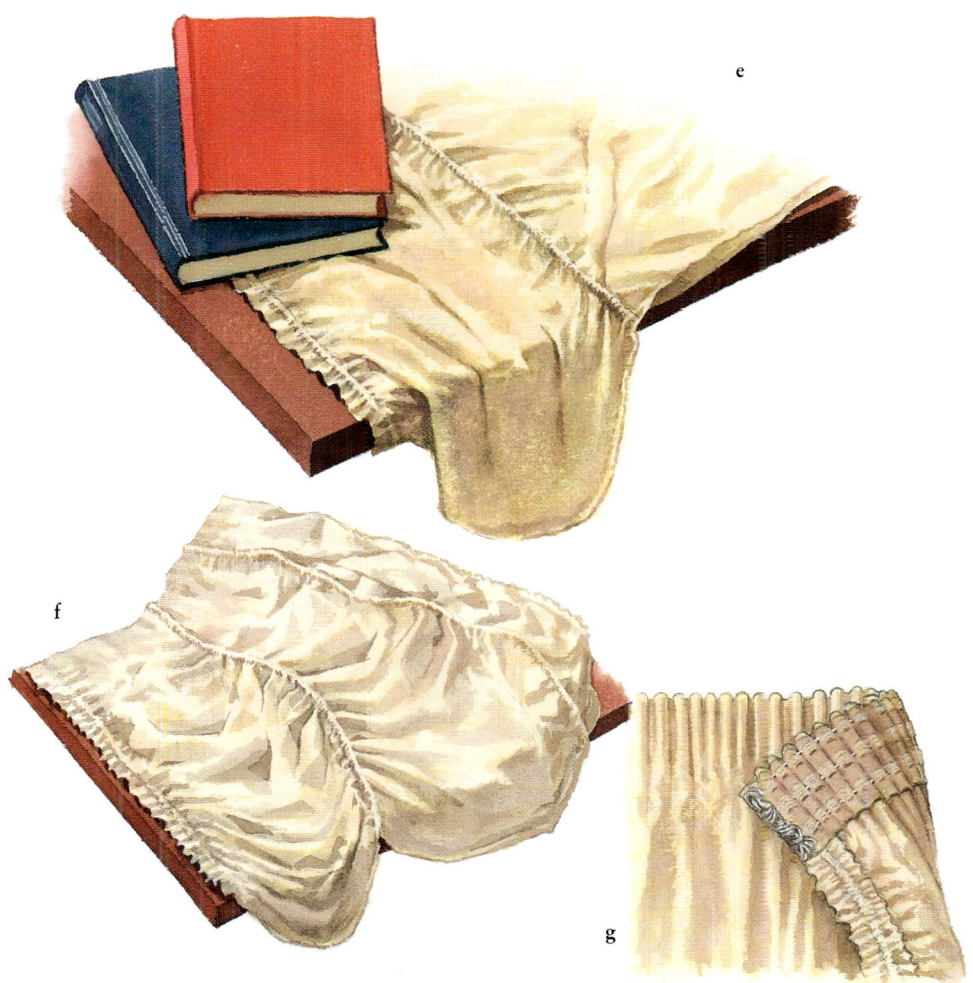

e

f

g

h

# Vorhänge

Die Franzosen waren die ersten, die in der zweiten Hälfte des 17. Jahrhunderts die dekorativen Möglichkeiten der Vorhänge entdeckten. Zum ersten Mal wurden symmetrische Arrangements zum Bestandteil modischer Interieurs, als man begann, die einzelnen Vorhänge gegen Vorhangpaare auszutauschen, und man erfand Schabracken und Querbehänge, um Stangen und Ringe unsichtbar zu machen. Einfache Rollos und die Vorläufer der heutigen Wiener Rollos (siehe S. 69) kamen in Mode. Heute bezeichnet man sie zwar als Rollos, damals betrachtete man sie jedoch als Vorhänge.

Am Ende des 18. Jahrhunderts entstanden die ersten »französischen Stangenvorhänge«. Sie verbreiteten sich während des 19. Jahrhunderts über ganz Europa und verdrängten die Hochziehvorhänge völlig. Die Konstruktion bestand aus zwei Stangen, die sich in der Mitte überlappten und an denen sich Kordeln zum Öffnen und Schließen der Vorhänge befanden, ähnlich der heutigen Gardinenstangenkonstruktionen. Sie war fast immer mit Draperien oder Schabracken versehen, die während des 19. Jahrhunderts immer kunstvoller und beinahe überladen üppig wurden. Man verwendete großzügige Mengen von Stoffen und Verzierungen wie Borten, Fransen, Quasten und Kordeln. Auch die funktionalen Elemente wie Stangen, Abschlußstücke und Klammern bekamen dekorative Bedeutung. Besonders Haltebänder aus Metall oder Stoff wurden populär. Sie hielten nicht nur die Vorhänge zurück, sondern ermöglichten auch großartige Draperien.

In unserem Jahrhundert hat man als Reaktion auf die üppigen bis überladenen Vorhangarrangements des 19. Jahrhunderts eine größere Vorliebe für weniger aufwendige Gestaltungen entwickelt, und bei den gelungensten Vorhangdesigns findet man die Eleganz vergangener Zeiten ohne die damals üblichen Übertreibungen.

## Planung eines Vorhangarrangements

Heutzutage kann man zwischen unzähligen Vorhangstoffen und -stilen wählen. Für jede Fensterart gibt es das passende Arrangement. Es gibt Vorhänge in allen Längen, gefüttert und ungefüttert, üppig gerüscht oder glatt, freifließend fallend oder geplant drapiert. Welche Falten sie werfen, hängt von der Art der Aufhängung ab – so können sie einfach gerafft, in Kräuselfalten oder strengere französischen Falten gelegt sein.

Übergardinenschals, die sich nicht zuziehen lassen, sind denkbar; sie dienen als reine Einrahmung des Fensters und können mit Läden oder Rollos kombiniert werden. Aber meistens dienen Vorhänge einem praktischen Zweck: Sie schaffen Privatsphäre, schützen vor unerwünschter Sonneneinstrahlung, Zugluft und halten die Wärme. Bei der Entscheidung darüber, wie schwer ein Stoff sein soll, wie lichtdurchlässig, wie er sich drapieren lassen und ob er ein Futter bekommen soll, müssen diese Aspekte berücksichtigt werden, aber nicht

*Bei diesem mehrschichtigen Vorhangarrangement werde der leicht altmodisch wirkende Samt der Übergardinen durch die asymmetrische Gestaltung und die sachlichen Springrollos »modernisiert«.*
*Das Design lebt mehr durch die gerafften Formen der Vorhänge als durch luxuriöse* *Stoffe. Die letzten Feinheiten – Goldkanten an Vorhang und Gardine, goldene Quasten und Haltebänder – wirken ebenfalls nicht aufdringlich, sondern schaffen eine Atmosphäre zurückhaltender Eleganz.*

auf Kosten des Aussehens: Hat man erst einmal den Stoff ausgewählt (siehe S. 11–25), muß man die Gesamtgestaltung planen, damit die Vorhänge mit dem Raum in Proportion, Farbwahl und Atmosphäre harmonieren (siehe S. 46–66).

Die einfachste Art, einen ungemusterten Vorhang interessanter zu machen, besteht, wie bereits erwähnt, darin, ihn mit einer Borte zu verzieren (siehe S. 28).

Früher waren aufgesetzte Bänder, die entlang der Hauptkanten und manchmal entlang der unteren Kante liefen, ein weitverbreiteter Vorhangschmuck. Die Borten entlang der Hauptkanten können entweder flach, leicht wattiert oder gepaspelt und gerüscht sein (siehe S. 88).

Wenn man in einem alten Haus oder einer alten Wohnung lebt, möchte man die Vorhänge vielleicht im Originalstil gestalten. Die meisten größeren Stoffhersteller haben ein Archiv, in dem man herausfinden kann, welche Stoffe und Muster zu jener Zeit üblich waren.

Auch in öffentlichen Bibliotheken kann man Bücher über moderne und alte Stoffe finden. Es gibt außerdem Händler, die sich auf alte Vorhänge, Stoffe und Verzierungen spezialisiert haben.

Auf den folgenden Seiten werden verschiedene Vorhangfutter, Stangen, Schienen und andere Accessoires beschrieben. Ich hoffe, daß diese Informationen Ihnen helfen können, zu entscheiden, welchen Stil Ihre Vorhänge haben und wie sie hängen sollen, wenn Sie sich bis jetzt in diesen Fragen noch unsicher sind.

Informationen über die unterschiedlichen Hängungen und Kräuselbänder finden Sie auf den Seiten 108 bis 123; zum Schluß beschreibe ich auf den Seiten 124 bis 140 verschiedene Formen und Drapiermöglichkeiten, außerdem Schabracken, Querbehänge, lose Drapierungen und Verzierungen wie zum Beispiel Haltebänder.

*Der handbemalte Kattun auf der gegenüberliegenden Seite wurde genau auf diese spezielle Raumsituation hin gestaltet. In steifen Falten auf dem Boden aufbauschend, wurde der Stoff mit Streifen verdünnter Dispersionsfarbe bemalt, so daß ein marmorähnliches Aussehen entstand, das mit der Bemalung der Wand harmoniert.*

*Die säulenartige Wirkung der steinfarbenen Vorhänge wird noch dadurch verstärkt, daß es sich um nicht schließende Übergardinenschals handelt – das Kattunrollo ist der praktische Teil des Arrangements. Die schweren Haltekordeln haben mehr die Aufgabe, einen Farbakzent zu setzen, als die vertikalen Linien der Vorhänge deutlich zu betonen.*

*In dem unten gezeigten Raum bilden die bewußt zufällig gestalteten Falten und Drapierungen des Vorhangs einen gelungenen Kontrast zu der auffälligen hölzernen Schabracke darüber. Deren geschwungene Formen, ergänzt durch einen kurzen, gerüschten Behang, bilden den Blickfang des Vorhangarrangements. Der Gesamteindruck ist angenehm, und die Fenstergestaltung lenkt nicht von den übrigen interessanten Formen und Texturen des Raumes ab.*

# FUTTERSTOFFE

Es gibt fünf praktische Gründe, einen Vorhang oder ein Rollo zu füttern. Erstens dient das Futter als Schutz für den Hauptstoff, es macht ihn haltbarer für den täglichen Gebrauch und schützt ihn vor dem Sonnenlicht. (Die Sonnenstrahlen lassen einen Stoff mit der Zeit ausbleichen und manchmal brüchig werden: Seide ist besonders lichtempfindlich.)

Zweitens fällt ein gefütterter Vorhang oder ein gefüttertes Rollo durch das zusätzliche Gewicht besser und vermittelt ein Gefühl großzügiger Verarbeitung. Drittens verbergen Futter die Nähte und bilden saubere Kanten. Viertens verhindern manche Futterstoffe, daß Tageslicht in den Raum fallen kann. Und fünftens wirken Futter und Zwischenfutter wärmedämmend und schützen den Raum vor Zugluft. Vorhänge mit Futter und Zwischenfutter läßt man am besten reinigen.

## Futterstoffe

Der übliche Futterstoff für Vorhänge ist ein weicher Baumwollsatin mit leicht glänzender Oberfläche. Die Farben sind meistens weiß oder creme – ideal zum Füttern heller Stoffe und um Hitze abzuhalten, aber sie tragen meistens wenig zur gestalterischen Qualität der Vorhänge bei.

Es sind auch farbige Satinfutter erhältlich, die gegen Ausbleichen geschützt sind (siehe S. 63). Es gibt auch Futterstoffe, die überhaupt kein Licht durchlassen, beispielsweise einen speziellen schwarzen Baumwollstoff, der entweder allein als Vorhang oder als Futter für dunkle Vorhänge oder Rollos verwendet wird.

Ein Zwischenfutter ist ein weicher, lose gewebter, deckenartiger Stoff, der zwischen Hauptstoff und Futter liegt. Er isoliert den Vorhang noch zusätzlich und kann das Aussehen des Vorhangs beeinflussen, indem er den Faltenwurf weicher macht und die Stoffoberfläche luxuriöser erscheinen läßt. Da ein Zwischenfutter zwischen zwei Stofflagen liegt, verarbeitet man es mit auseinandergebügelten Nähten, damit es nicht aufträgt. Vorhänge mit einem Zwischenfutter müssen an besonders stabilen und kräftigen Schienen oder Stangen aufgehängt werden.

## Verarbeitung von Futter

Futterstoffe gibt es in verschiedenen Breiten. Beim Zusammennähen mehrerer Stoffbahnen sollten die Nähte mit den Nähten des Vorhangstoffes übereinstimmen, da sie sonst bei feinen oder sehr hellen Stoffen gegen das Licht durch den Hauptstoff hindurch schimmern.

Wenn man unterschiedlich breit liegende Haupt- und Futterstoffe verarbeitet, berechnet man die endgültige, zusammengenähte Breite des Vorhangstoffes und achtet darauf, daß die Futterstoffbreite dementsprechend ist. Verwendet man nur Teilstoffbahnen, sollte man diese an den Außenseiten plazieren (siehe S. 111, Abb. a).

Futterstoffe müssen an beiden Seiten fest mit dem Vorhangstoff verbunden werden (siehe S. 112, Schritt 4), so daß sie nicht auseinander rutschen. Der Futtersaum sollte mit Riegeln aus Kettenstich am Vorhangsaum befestigt werden (siehe S. 202).

roter Satin

gelber Satin

pfirsichfarbener Satin

## Abnehmbare Futter

Der Vorteil abnehmbarer Futter besteht in der Flexibilität (siehe S. 62) und dem einfachen Reinigen. Das Futter ist ebenso breit wie der Vorhang, in der Länge allerdings 5 cm kürzer. Die obere, ungesäumte Stoffkante wird von den zwei Teilen eines abnehmbaren Spezialfutterbands eingefaßt (siehe S. 106), und das fertige Futter entspricht in der Breite genau der Vorhangoberkante. Man hängt nun die Haken des Futters in die untere Reihe des Vorhangkräuselbands, am besten in die Laschen zwischen den Haken, die den Vorhang in der Schiene halten. Man muß ein abnehmbares Futter jedoch ebenfalls mit einigen Stichen an den Seiten des Vorhangs befestigen, damit Vorhang und Futter nicht verrutschen.

*Die unten gezeigten Futterstoffe zeigen eine Auswahl aus dem vielfältigen Angebot – es reicht von schwerem Molton bis hin zu den leichtesten Nylongeweben.*

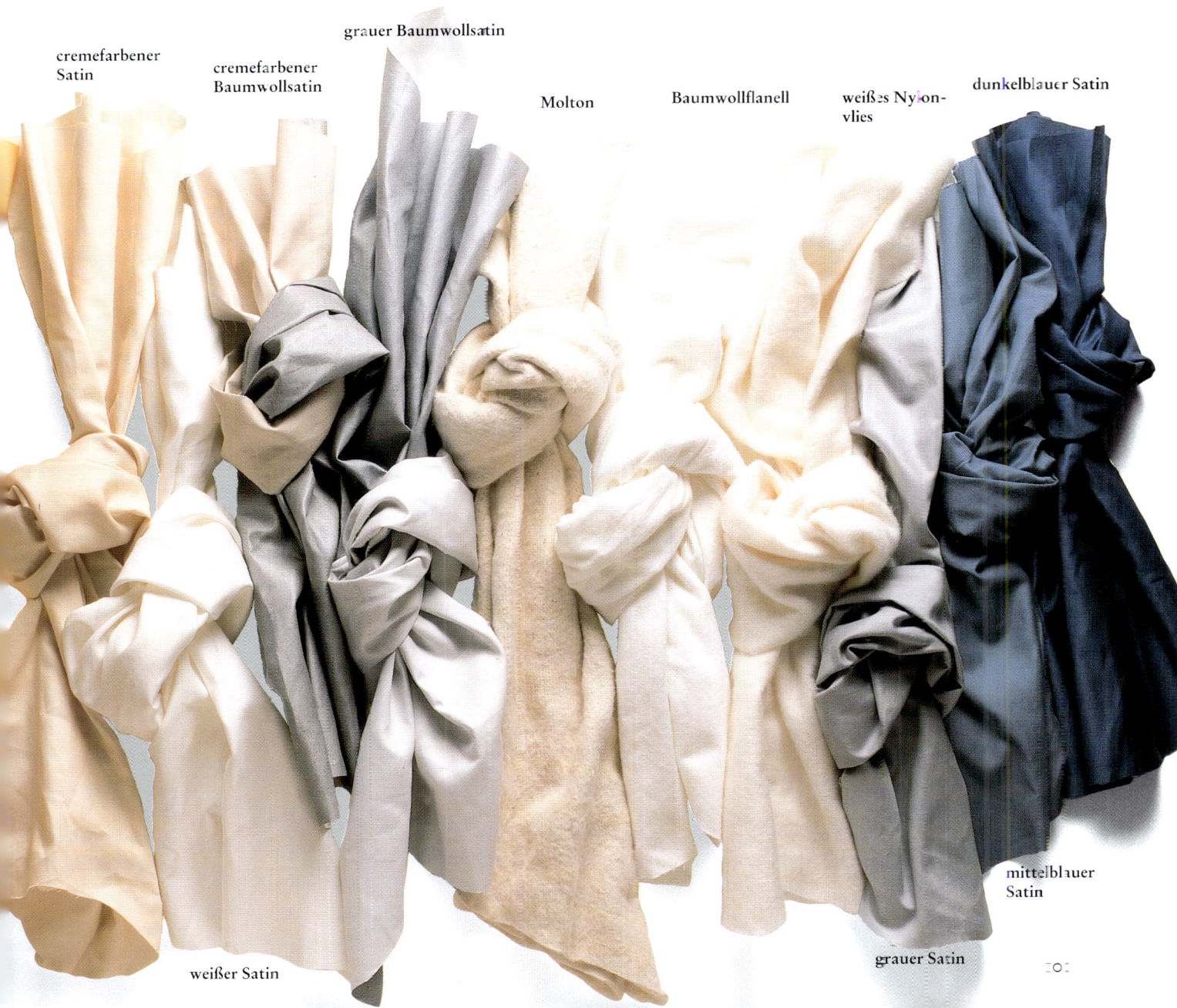

cremefarbener Satin

cremefarbener Baumwollsatin

grauer Baumwollsatin

Molton

Baumwollflanell

weißes Nylonvlies

dunkelblauer Satin

mittelblauer Satin

grauer Satin

weißer Satin

# VORHANGZUBEHÖR

Vorhangstangen sollen gesehen werden, Schienen unsichtbar sein; welche Vorhangaufhängung man wählt ist eine Frage des persönlichen Geschmacks. Damit die Wahl leichter fällt, sollte man sich Vorhangzubehör in großen Fachgeschäften ansehen oder die Prospekte der verschiedenen Hersteller studieren.

Schienen sollten, wenn die Vorhänge geschlossen sind, nicht zu sehen sein und auch bei offenen Vorhängen unauffällig bleiben. Stangen dagegen erfüllen zusätzlich einen dekorativen Zweck. Das obere Vorhangende hängt entweder an Ringen dicht unterhalb der Stange, so daß die Ringe nur teilweise sichtbar sind, oder direkt unterhalb der Ringe. Für Schabracken und Querbehänge benötigt man in jedem Fall eine Schiene.

## Vorhangstangen

Ursprünglich wurden diese als »Gesimsstangen« bezeichnet, weil sie knapp unterhalb des Gesimses befestigt waren. Sie waren im 18. Jahrhundert sehr beliebt und sind auch heute wieder groß in Mode. Die Vorhanghaken werden dabei in kleine Metallringe an der Unterseite der hölzernen Ringe eingehängt, die die Stange umschließen.

Zwar kann man heute noch alte Vorhangstangen finden, aber sie sind in der Regel teuer. Neue bestehen meist aus Messing oder poliertem, gebeiztem oder lackiertem Holz. Es gibt sie in allen möglichen Längen und Durchmessern, und sie sind meistens als fertiger Bausatz erhältlich. Man kann natürlich alles als Stange verwenden, solange es die richtige Form und Länge hat, besonders bei Vorhängen, die nicht auf- und zugezogen werden. In einigen Metallbetrieben kann man Stangen nach eigenem Entwurf herstellen lassen.

Bei den meisten Stangen werden die Vorhänge mit der Hand beiseite gezogen, obwohl es auch solche mit Kordelzug gibt. Sie sind hohl und daher sehr leicht und haben eine gerundete Vorderseite, hinter der sich der Kordelmechanismus verbirgt.

Die Ringösen sehen wie ganze Ringe aus, bestehen aber in Wirklichkeit nur aus einem Halbkreis; sie gleiten durch den Kordelmechanismus an der Stange entlang. Stangen mit Kordelzug gibt es mit verschiedenen Holzoberflächen, von Kiefer bis Teakholz, aber auch mit Kunststoff- und Metallüberzug, und sie sind entweder glatt oder dekorativ kanneliert.

## Montieren der Vorhangstangen

Die Wandträger stehen aus der Wand heraus und dienen der Stange als Auflage. Die Entfernung zwischen der äußeren Kante des Trägers und der inneren Kante des Abschlußknaufs der Stange sollte etwa 10 cm betragen. In diesem Zwischenraum befindet sich der äußerste Vorhangring.

Man befestigt die Träger mit runden, glatt an der Wand anliegenden Metallscheiben, in denen sich zwei Schraubenlöcher befinden, die von dem Wandträger später verdeckt werden. Am vorderen Ende der Wandträger befinden sich kleine Schrauben, die, wenn die Stange eingehangen ist, in die Stange eingeschraubt werden, damit sie nicht verrutschen kann. Man kann Vorhangstangen auch mit Messing- oder Metallträgern befestigen, die am hölzernen Fensterrahmen befestigt werden.

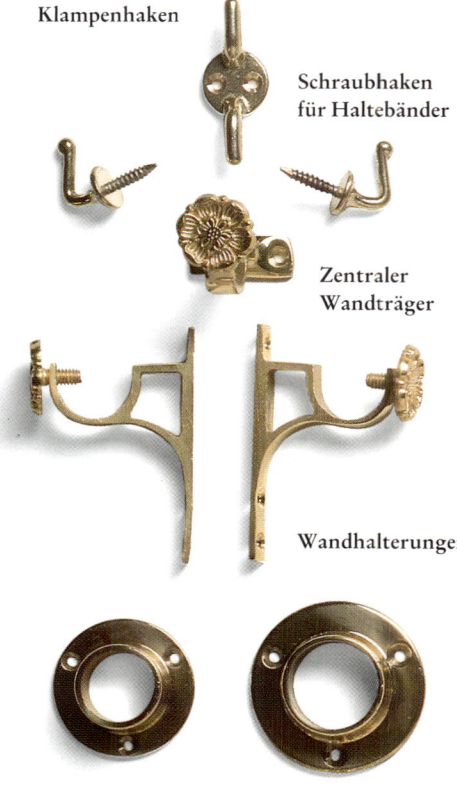

Klampenhaken

Schraubhaken für Haltebänder

Zentraler Wandträger

Wandhalterungen

Trägerscheiben aus Messing (2 Größen)

Holzträgerelement

Es gibt auch spezielle Träger, mit denen Stangen um Ecken geführt werden können, zum Beispiel in Erkerfenstern. Es handelt sich dabei um gerade Stangen, die mit gerundeten Kurvenstücken miteinander verbunden werden können. Einige Firmen biegen Messingstangen auch nach Wunsch.

## Caféhaus-Stangen

Caféhaus-Stangen haben im allgemeinen einen kleineren Durchmesser als gewöhnliche Vorhangstangen, aber man erhält sie in den sonst üblichen Materialien. Sie eignen sich für leichte Vorhänge mit Zugsaum oder Bogenkanten (siehe S. 119–121). Es gibt viele Arten, die sich teleskopartig verlängern und bis zur gewünschten Länge ausziehen lassen. Sie werden mit speziellen Wandträgern am Fensterrahmen oder in der Fensterlaibung angebracht.

*Die Abbildungen zeigen eine Auswahl unterschiedlicher Vorhangstangen mit Halterungen und Abschlußstücken.*

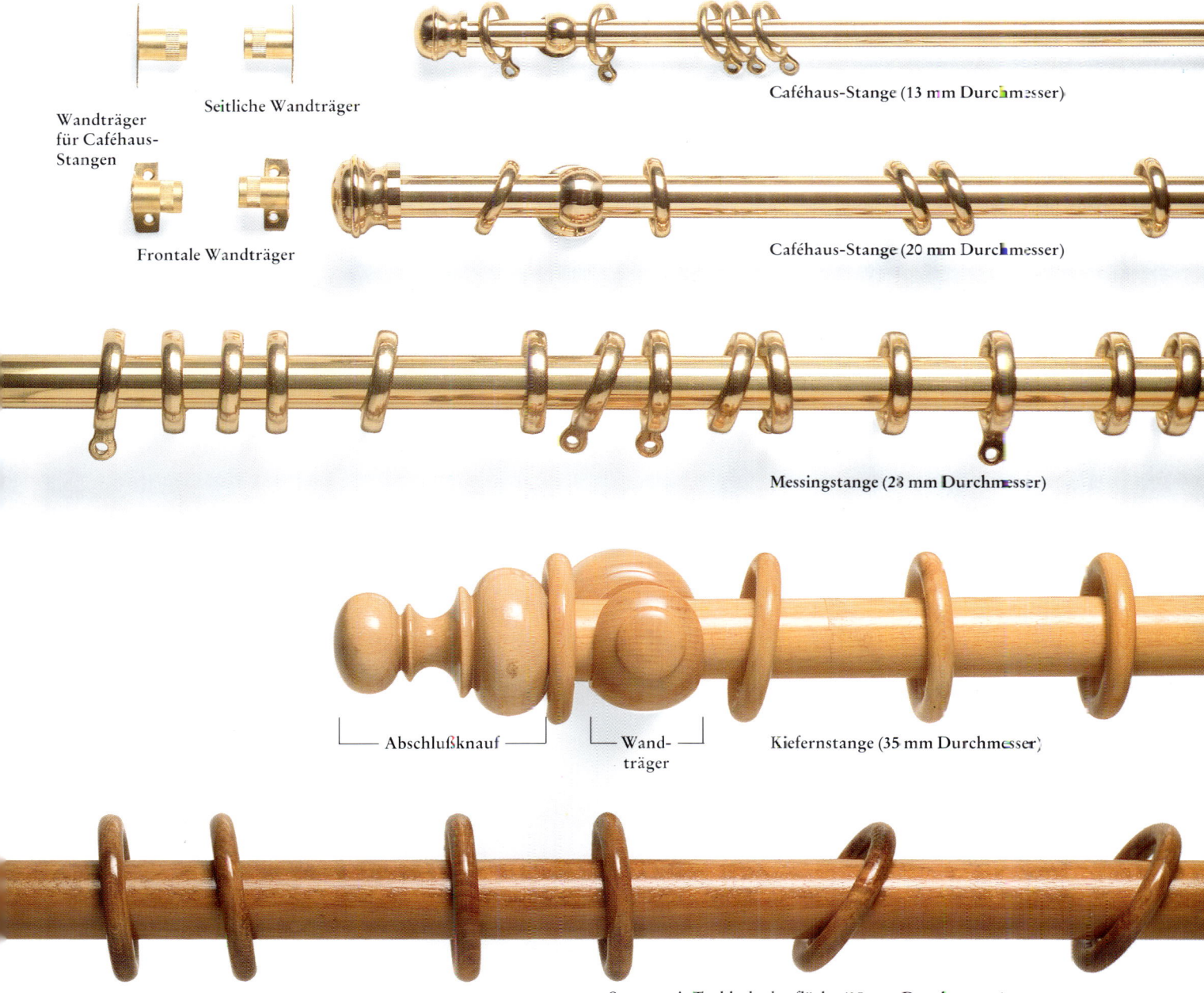

Wandträger
für Caféhaus-
Stangen

Seitliche Wandträger

Caféhaus-Stange (13 mm Durchmesser)

Frontale Wandträger

Caféhaus-Stange (20 mm Durchmesser)

Messingstange (28 mm Durchmesser)

Abschlußknauf — Wand-
träger

Kiefernstange (35 mm Durchmesser)

Stange mit Teakholzoberfläche (35 mm Durchmesser)

## Vorhangschienen

Sie bestehen aus Kunststoff oder Metall und sind in allen möglichen Längen, Breiten und Oberflächengestaltungen erhältlich. Viele Hersteller bieten Schienen für leichte, mittelschwere und schwere Vorhänge an. Ich verwende fast immer Metallschienen, die zwar teurer, aber haltbarer und stabiler als Kunststoffschienen sind, die sich eigentlich nur für leichte Vorhänge und Gardinen eignen.

Die meisten Kunststoffschienen sind weiß oder gebrochen weiß, während solche aus Metall häufig weiß, cremefarben oder mit Holzmaserung lackiert sind. Entweder kauft man die Schienen in der gewünschten Länge (oder ein wenig länger – man kann sie leicht abschneiden) oder als Ausziehschienen für einen bestimmten Längenbereich, die man auf das gewünschte Maß einstellt. Wenn man die Länge der Schienen ausmißt, muß man an den Seiten genügend Länge für den rechts und links vom Fenster beiseite gezogenen Vorhang einkalkulieren – im allgemeinen rechnet man 25 cm, aber je nach Platz und Stoffmenge können 15 bis 40 cm richtig sein. Steifes Leinen oder eine schwere, grobe Baumwolle nehmen sehr viel mehr Platz ein als dieselbe Menge Kattun.

Sowohl Kunststoff- als auch Metallschienen lassen sich um eine Rundung, zum Beispiel ein Erkerfenster, biegen. Kunststoffschienen sind dafür per se flexibel genug, wenn man sie gut an den richtigen Stellen befestigt. Metallschienen sind entweder gerade oder speziell zum Biegen geeignet. Letztere werden mit einem Metallstück, das in die Schienen paßt, an den entscheidenden Punkten umgebogen. Das ist nicht ganz einfach: Obwohl dem Montagesatz im allgemeinen eine ausführliche Arbeitsanleitung beiliegt, halte ich es für besser, sich von einem Fachmann helfen zu lassen.

Die meisten Schienen sind bereits mit einem Kordelzug ausgestattet (für biegsame Schienen kann man separate Kordelzüge kaufen, aber auch hier sollte man einen Fachmann zu Rate ziehen). Bereits fertige Kordelzüge sind praktisch und verhindern, daß die Hauptkanten des Vorhangs beim ständigen Auf- und Zuziehen verschmutzt werden. Das Kordelzugsystem ist für zwei Vorhänge

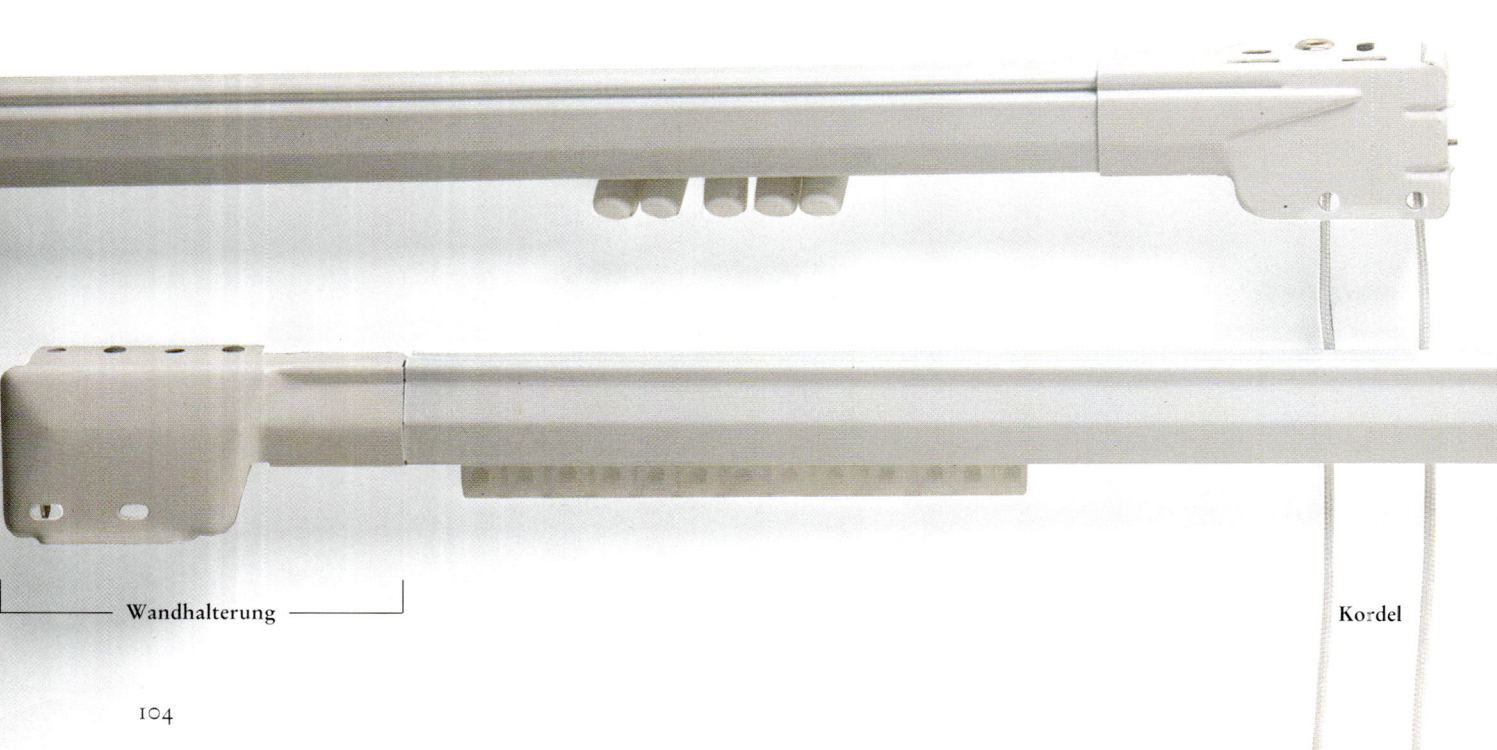

Wandhalterung

Kordel

angelegt, aber man kann es auch auf einen Vorhang umrüsten. Die Schienen sollten für eine Überlappung der Vorhänge in geschlossenem Zustand sorgen, damit keine Lücke entsteht. Dafür sind spezielle Überläufer erforderlich. Ansonsten muß man zwei getrennte Schienen montieren.

## Montage der Vorhangschienen

Jeder Bausatz enthält die nötigen Wandträger und Gleiter und meistens auch ausführliche Montageanleitungen. Dennoch empfehle ich, Schienen von einem Fachmann anbringen zu lassen, oder sich wenigstens beraten zu lassen, da so viele Dinge zu beachten sind, angefangen von der Qualität der Wand bis hin zum Gewicht des Vorhangs.

Schienen können direkt an die Wand oder die Decke montiert werden (für mögliche Probleme siehe S. 66). Wenn der Wandputz etwas bröckelig ist, ist es möglicherweise besser, die Schiene nicht direkt auf die Wand zu setzen, sondern vor eine Holzleiste oder unter die Holzkonstruktion einer Schabracke zu montieren (siehe S. 131). Man kann die Schienen auch hinter einem Vorhangbrett verschwinden lassen.

Die Wandträger werden nach Anweisung des Herstellers an den Enden und in der Mitte der Schiene angebracht. Ist die Schiene gerundet oder länger als 1 m, braucht man, besonders bei Kunststoffschienen, zusätzliche Stützträger. Um zu wissen wieviele, sollte man sich beim Kauf beraten lassen.

Will man den Vorhang um einen Vorsprung oder eine herausstehende Fensterbank führen, so gibt es Träger, mit denen man die Schiene weiter von der Wand entfernt anbringen kann. Das spielt zum Beispiel auch bei Kombinationen von Vorhängen und Rollos eine Rolle. Es gibt auch Wandträger, mit denen man zwei Schienen miteinander kombinieren kann – so zum Beispiel eine Schiene für leichte Gardinen und eine andere für mittelschwere oder schwere Vorhänge. Mit speziellen Trägern kann man auch Schabracken an der Hauptvorhangschiene befestigen (siehe S. 132).

*Die meisten Gardinenschienen gibt es als fertige Bausätze, die alles Nötige enthalten: Wandhalterungen, Überläufe, das Kordelsystem, Vorhanghaken und Gleiter. Alle diese Teile sind auch einzeln erhältlich.*

*Gleiter bestehen meistens aus Kunststoff, aber bei stabileren Schienen sind auch Metallgleiter zu finden. Einige Schienen sind schon fertig mit Gleitern ausgestattet, bei anderen muß man sie selbst einsetzen, was keine Schwierigkeit ist. Bei einigen befinden sich die Gleiter in einem Tunnel an der Schienenunterseite, wodurch sie noch weniger auffallen. Gleiter sind auch mit Doppelhaken für separate Vorhangfutter erhältlich (siehe S. 101).*

Plastikgleiter

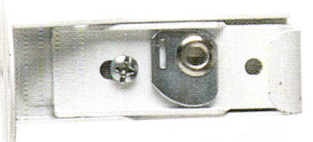

Standardwandhalterung

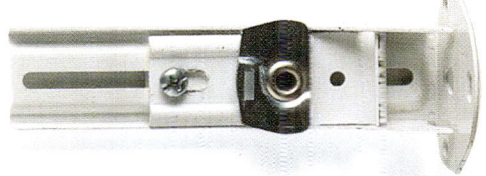

Verstellbare Wandhalterung

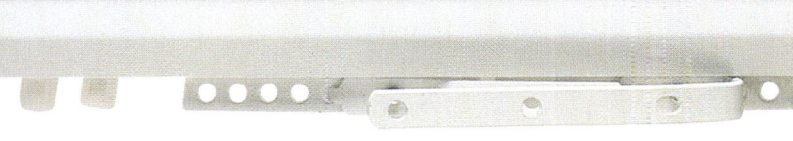

Weiße Metallschiene

Doppelvorhangschiene mit Überlauf

# GARDINENBÄNDER UND HAKEN

Der Vorhang wird an Schiene oder Stange meist mit Gardinen- oder Vorhangband befestigt. Dazu benutzt man fertiges Kräuselband, obwohl es Fälle gibt,
bei denen man die obere Aufhängung besser mit der Hand arbeitet.

### Kräusel- und Faltenbänder

Diese speziellen Bänder, die man als Meterware kaufen kann, sind mit eingearbeiteten Kordeln versehen. Nachdem man das Band auf den Vorhang aufgenäht
hat, zieht man mit den Kordeln den Stoff auf die gewünschte Breite. Der
Vorhang wird mit Haken, die man zuerst an den Gardinenbandschlaufen und
dann in die Gleiter der Schienen oder Ösen der Stangenringe einhakt, befestigt.

Bei den meisten Gardinenbändern werden einzinkige Haken aus Nylon,
Kunststoff, Messing oder Aluminium verwendet. Kunststoffhaken eignen sich
für leichte Gardinen oder leichte Vorhänge, aber für schwerere Vorhänge sollte
man Messinghaken nehmen. Wenn man die Haken in die Bänder schiebt, sollte

KRÄUSELBAND   Breite 2,5 cm. Für
die 2 bis 2½fache Stoffmenge. Dieses
Band ergibt flache, unregelmäßige
Kräuselfalten, die sich für locker fallende oder ungefütterte Vorhänge und
Gardinen eignen. Das Band hat gewöhnlich nur eine Schlaufenreihe und
wird meist wenigstens 4 cm unterhalb
der Oberkante des Vorhanges angebracht, um die Schiene zu verdecken.

DREIZÜGIGES KRÄUSELBAND
8 cm breit. Für die 2½ bis 3fache Stoffmenge. Dieses Vorhangband ergibt
steife, regelmäßige, dicht liegende Falten.
Durch die drei Bandschlaufenreihen
kann man die Höhe des Vorhanges
variieren: Befestigt man die Haken zum
Beispiel in der mittleren oder unteren
Reihe, verdeckt der zugezogene Vorhang
die Schiene.

**Weiße
Kunststoffhaken**

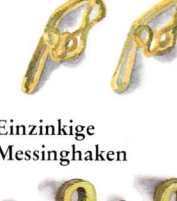

**Einzinkige
Messinghaken**

FUTTERBAND   2,5 cm breit. Für die
1½ bis 2fache Stoffmenge. Dieses Band
eignet sich für abnehmbare Futter
(siehe S. 101). Es ist in der Mitte gefaltet,
so daß die offene Stoffkante eingefaßt
wird und das Futter Halt findet. Die
Haken werden am Futterband und am
Vorhangband befestigt. Man könnte
auch einfaches Gardinenband verwenden und das abnehmbare Futter wie
einen ungefütterten Vorhang arbeiten.

NETZBAND   8 cm breit. Für die 2½
bis 3fache Stoffmenge. Dieses feine,
leichte Nylonband ist für Gardinen-
und Netzstoffe gedacht; es hat nur eine
Bandschlaufenreihe und bildet
»Bleistiftfalten«. Will man die Schiene
oder eine Caféhausstange verdecken,
näht man es mit den Schlaufen an der
Unterkante an. Soll der Stoff unter der
Schiene hängen, näht man das Band mit
den Schlaufen nach oben.

**Stechhaken**

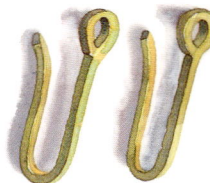

**Annähhaken**

*Die einzinkigen Messing- und Kunststoffhaken
werden mit Gardinenband verwendet, während die Nadelhaken und Annähhaken für
handgenähte Aufhängungen gedacht sind.*

man berücksichtigen, ob der Vorhang von einer Stange oder einer Schiene hängen soll und die richtige Bandschlaufenreihe wählen (siehe Abb. gegenüberliegende Seite).

Wieviel Stoff man benötigt, hängt von dem jeweiligen Gardinenband ab. Die unterschiedlichen Bänder ziehen jeweils eine bestimmte Stoffmenge zusammen und bestimmen so die endgültige Wirkung des fertigen Vorhanges. Im allgemeinen verarbeitet man am besten Baumwollbänder, da sie stabilere Falten ergeben und sich besser auf- und zusammenknoten lassen. Arbeitsanleitungen, wie man Gardinenbänder verarbeitet, befinden sich auf den Seiten 113 und 118 bis 123. Einige davon sind auf Seite 106 abgebildet und beschrieben.

## Handgenähte Aufhängungen

Obwohl handgenähte Aufhängungen mehr Arbeitszeit benötigen, haben sie viele Vorteile, besonders wenn man sie für strenge Aufhängungen, wie zum Beispiel für Fächerfalten (siehe S. 114) oder Quetschfalten (siehe S. 122) arbeitet. Sie sind steifer und können unsichtbar genäht werden – dadurch wirken sie professioneller. Man kann schwere Vorhänge mit Zwischenfutter verarbeiten und das Zwischenfutter kann bis zur Oberkante reichen, ohne daß es durchhängt.

Handgenähte Aufhängungen benötigen spezielle Stechhaken, die bei Vorhängen ohne Vorhangband in die Unterseite jeder Falte gesteckt werden. Man kann aber für schwere Vorhänge auch annähbare Messinghaken erhalten (siehe links).

### BESCHWEREN VON VORHÄNGEN

In die Säume eingenähte Gewichte lassen einen Vorhang besser fallen und sorgen dafür, daß der Saum gerade ist. Gewichte können den Gesamteindruck einiger Vorhangstoffe stark beeinflussen – besonders bei steifen Leinengeweben und leichten, locker gewebten Gardinenstoffen.

Man kann entweder runde oder rechteckige Bleigewichte kaufen. Die runden haben, wie Knöpfe, zwei Löcher in der Mitte, so daß man sie direkt auf den Stoff nähen kann. Sie werden in dem Stoffsaum befestigt, ein Gewicht in den jeweiligen Außenecken und eines an den Nahtstellen der einzelnen Bahnen oder zusätzlich noch in der Mitte der Stoffbahnen. Rechteckige Gewichte haben keine Löcher, deshalb sollte man sie in Futterstoffstücke einlegen (siehe rechts) und diese Taschen mit Staffierstich an den Stoffnähten annähen (siehe S. 112, Abb. b).

Man kann auch sogenanntes Bleiband kaufen, kleine Bleikügelchen, die wie eine Kette nebeneinander in einem Stoffschlauch liegen und das am Meter erhältlich ist; Bleiband gibt es in drei verschiedenen Gewichtsklassen, wobei sich die leichteste besonders gut für feine Gardinenstoffe eignet (siehe S. 123).

### BLEITASCHEN

Man näht zwei Stoffreste mit der Maschine an den unteren Kanten zusammen. Dann Doppelnähte anbringen, die im rechten Winkel von der ersten Naht über die gesamte Stoffmenge gehen. In jeden Tunnel ein Gewicht schieben und diese Gewichtreihe oberhalb durch eine horizontale Doppelnaht sichern. Diesen gesamten Prozeß wiederholt man, bis der Stoff in viele Quadrate aufgeteilt ist, in denen sich jeweils ein Gewicht befindet und man sich, je nach Bedarf, Bleitaschen herausschneiden kann.

# Herstellen von Vorhängen

Auf den folgenden Seiten werden alle nötigen Arbeitsschritte beschrieben, die man zum Herstellen eines Vorhanges benötigt. Die erste ausführliche Anleitung beschäftigt sich mit der Herstellung von gefütterten Vorhängen mit schmalen Kräuselfalten. Dabei werden viele Arbeitsvorgänge beschrieben, die man bei fast allen Vorhängen anwendet, wie zum Beispiel das Aneinandernähen von Stoffbahnen und das Befestigen von Futterstoffen am Vorhangstoff. Im nächsten Abschnitt werden im Rahmen der Herstellung von Vorhängen mit Fächerfalten auch Arbeitsanleitungen für Zwischenfutter und handgearbeitete Aufhängungen gegeben. Bei den weiteren Anleitungen werden diese Vorhänge ausgelassen, und wo es nötig ist, wird auf die Seite verwiesen, auf der diese Techniken bereits erklärt wurden. Grundlegende Techniken, wie das Arbeiten von Diagonalecken und Herstellen von Säumen, befinden sich am Ende des Buches (siehe S. 205).

*Die hellen Vorhänge in dem unten gezeigten Raum wirken durch die Fächerfalten elegant und stilvoll. Unter den zurückgehaltenen Vorhängen werden Untervorhänge aus einem leichten blauen Baumwollstoff sichtbar. Die von einer Leiste verborgene Vorhangschiene und einfache Springrollos für den Tagesgebrauch vervollständigen das Arrangement, während der cremefarbene Rand der Untervorhänge in Trompe-l'œil-Manier einen weiteren Untervorhang vortäuscht.*

*Die hoch über den Fenstern angebrachten, ungewöhnlich langen schmalen Falten rechts entstanden, indem zwei 7,5 cm breite Kräuselbänder untereinander gesetzt wurden. Der Rand aus gelbem, glänzenden Baumwollstoff faßt den gesamten Musselin an den Kanten ein und verleiht ihm so einen klaren Rahmen und einen farbigen Akzent. Die Vorhänge werden etwa in der Höhe des Fensterkreuzes mit simplen Halteschleifen zurückgebunden, und der weiche Stoff bauscht auf dem Boden auf.*

## Herstellen von schmalen Kräuselfalten

Auf den folgenden Seiten wird beschrieben, wie man gefütterte Vorhänge mit schmalen Kräuselfalten herstellt. Diese erhalten ihre bleistiftartige Faltenform durch das Zusammenziehen des speziellen Vorhangbands. Die üblichen Bänder für diesen Zweck (siehe S. 106) sind 8 cm breit, und es gibt sie in verschieden starken Ausführungen, passend zu dem jeweiligen Material, wie zum Beispiel feinem Gardinenstoff oder schwerem Samt. Das Band hat drei Bandschlaufenreihen für die Gardinenhaken. Soll der Vorhang von einer Schiene hängen, nimmt man die mittleren Bandschlaufen, so daß sie fast ganz verborgen ist. Hängt der Vorhang von einer Stange, befestigt man die Haken so hoch wie möglich an der obersten Bandschlaufenreihe.

Man näht die Stoffbahnen und das Gardinenband mit der Maschine aneinander. Bei den weiteren Arbeitsschritten muß man jedoch vieles mit der Hand nähen. Solche Gardinen sehen meiner Meinung nach professioneller aus als die ganz mit der Maschine genähten Vorhänge, bei denen Futter und Vorhangstoff an drei Seiten zusammengenäht und dann herumgedreht und wie eine einzige Lage behandelt werden.

**MATERIALIEN**
- Vorhang- und Futterstoff
- breites Gardinenband in der Länge des ungekräuselten Stoffes
- Bleiband oder Bleigewichte
- Gardinenhaken

*Mit einem einfachen Kräuselband kann man den Vorhang in viele enge Falten legen. Die Vorhänge werden im unteren Drittel mit einem Halteband zu einer geschwungenen Form zurückgebunden, so daß die äußeren zwei Fenster teilweise verdeckt sind, die zentrale Tür aber ungehindert geöffnet und geschlossen werden kann.*

## STOFFMENGE ERMITTELN

Zuerst mißt man das Fenster aus (siehe S. 67), um die endgültige Länge und Breite des Vorhangs zu ermitteln. Für schmale Kräuselfalten benötigt man die 2½fache Menge der endgültigen Vorhangbreite.

Will man ein Vorhangpaar herstellen und benötigt insgesamt eine ungerade Anzahl von Stoffbahnen, schneidet man eine Stoffbahn längs in der Mitte durch und näht je eine Bahn an die Außenseite oder hintere Kante des Vorhangs an (Abb. a).

Zu der endgültigen Vorhanglänge werden bei schmalen Kräuselfalten für einen 10 cm breiten Doppelsaum an der Stoffunterkante und einen 10 cm breiten Einschlag am oberen Ende 30 cm hinzugefügt. (Dieser Einschlag wird letztendlich auf 3 cm abgeschnitten, aber es ist immer sinnvoll, ein wenig mehr Stoff als unbedingt nötig zur Verfügung zu haben.) Diese »Arbeitslänge« multipliziert man mit der benötigten Stoffbreite, um die gesamte Stoffmenge zu errechnen.

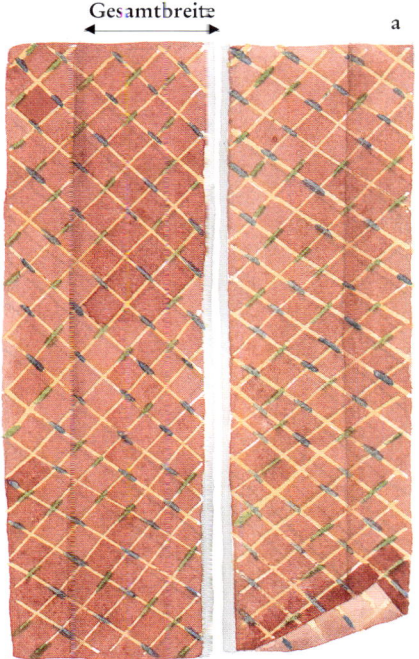

Gesamtbreite

a

## ZUSCHNEIDEN

Die benötigte Anzahl Stoffbahnen zuschneiden; bei Mustern auf den Rapport achten (siehe S. 200). Es ist ganz wichtig, daß der Stoff exakt zugeschnitten wird, da er sonst nicht gerade hängen kann (Abb. b). Wenn möglich entlang eines gezogenen Fadens schneiden (siehe S. 201). Die obere Kante jeder Stoffbahn mit einer Kerbe markieren, so daß man sie im richtigen Stoffverlauf aneinandersetzt (ausführlichere Zuschnittanleitungen siehe S. 201).

b

## ANEINANDERNÄHEN DER STOFFBAHNEN

Die Stoffmuster anpassen und die Bahnen mit der Maschine von links mit einer einfachen 2,5 cm breiten Naht zusammennähen (Abb. c). Die Nähte flach auseinander bügeln.

Besonders bei Stoffen, die dazu neigen, sich zusammenzukräuseln, hilft es oft, die Nahtzugabe zurückzuschneiden (siehe S. 205).

c

## ZUSCHNEIDEN UND ANEINANDERNÄHEN DES FUTTERS

Genausoviele Futterstoffbahnen wie Vorhangstoffbahnen zuschneiden (ich finde, daß diese Methode einfacher ist, als zu versuchen, die Gesamtbreite des Futters auszurechnen und sie dann genau auf die Breite des Vorhangstoffes zuzuschneiden). Man kann überflüssigen Stoff einfach beim Umlegen der Ränder abschneiden.

Wenn man einen gewöhnlichen Futterstoff verarbeiten will, sollte man ihn in der Breite des Vorhangstoffes kaufen. Haben der Vorhang oder der Futterstoff eine Sonderbreite oder haben Sie den Stoff selbst zusammengesetzt, macht man das Futter 6 cm enger als die zusammengesetzten Vorhangbahnen.

Die Arbeitslänge des Futters ergibt sich aus der endgültigen Vorhanglänge plus 20 cm für einen 5 cm breiten Doppelsaum an der unteren Kante (siehe S. 203) und für einen 10 cm breiten Einschlag an der oberen Kante.

Man näht Futterbahnen wie Vorhangbahnen zusammen und bügelt die Nähte auseinander. An der unteren Naht bügelt man einen 5 cm breiten Doppelsaum ein und näht ihn mit der Maschine fest (Abb. d).

d

### ZUSAMMENNÄHEN VON
### VORHANG UND FUTTER

Man legt den Vorhangstoff mit der Vorderseite nach unten und der unteren Kante in Ihre Richtung auf einen Tisch oder einen flachen Untergrund, wobei die Hauptkante parallel zu einer Kante des Tisches liegen sollte.

Man arbeitet immer von der unteren Kante nach oben, so daß der Stoff immer flach für genaues Messen liegt. Man muß den Stoff leicht über den Tisch schieben können, ohne daß er sich zusammenbauscht, deshalb sollte man so viele Arbeitsschritte wie möglich an dem jeweiligen Stoffteil ausführen, bevor man ihn weiterschiebt.

**1** An der unteren Kante entlang der gesamten Breite des Vorhangstoffes einen 10 cm breiten Doppeleinschlag einbügeln (siehe S. 203) und wieder öffnen. Einen 5 cm breiten Umschlag auf der Seitenkante einbügeln und wieder öffnen (Abb. a).

a

b

c

**2** Die Diagonalecken einarbeiten (siehe S. 203) und vor dem Nähen mit einem Gewicht versehen (Abb. b). Den Doppelsaum mit Staffierstich und den Seiteneinschlag mit Hexenstich annähen (Abb. c).

**3** Das Futter mit der rechten Seite nach oben auf den Vorhangstoff legen, so daß die Nahtlinie des unteren Futtersaumes etwa in der gleichen Höhe mit der oberen Kante des unteren Vorhangsaumes liegt. An den Seiten einen 2,5 cm breiten Umschlag nach innen einbügeln und den Futterstoff entlang der Seitenkante sowie 5 cm entlang der unteren Saumkante mit Staffierstich annähen, so daß 2,5 cm Futter sichtbar sind. Die Ecke des Futters sollte sich auf oder nahe bei der gebügelten Kante der Diagonalecke befinden, etwa 2 cm von der Kante des Vorhangs (Abb. d).

**4** Man befestigt das Futter an jeder Naht. Man beginnt von der Seitenkante aus, das Futter parallel an den Stoffbahnnähten zurückzufalten. Man arbeitet von unten nach oben und nimmt mit der Nadel in der Naht einen einzelnen Faden des Stoffes und des Futters auf. Man befestigt Futter und Vorhangstoff mit einem groben Heftstich – einem überdimensionalen Hexenstich – den man sehr locker und in einer Entfernung von etwa jeweils 20 cm setzt (Abb. e). Die Heftstichnaht 15 cm von der Oberkante des Vorhangs beenden.

d

**5** Stoff und Futter an jeder Bahnnaht, wie beschrieben, miteinander verbinden.

**6** Bevor man den Vorhang über den Tisch schiebt, um eine neue Naht zu beginnen, sollte man das Futter und den Vorhangstoff an den Stellen, an denen die Stoffe über die Tischkante hängen, mit Stecknadeln miteinander verbinden, damit die beiden Stofflagen nicht verrutschen.

**7** Sind alle Nähte miteinander verbunden, bügelt man einen 5 cm breiten Umschlag an der zweiten Seitenkante des Vorhangstoffes um, arbeitet eine Diagonalecke ein, nachdem sie mit einem Gewicht beschwert wurde, und näht den Seitenumschlag mit Hexenstich fest. Den überflüssigen Stoff von der Seitenkante des Futterstoffes abschneiden und einen 3 cm breiten Saum nach innen einbügeln. Mit Staffierstich am Vorhangstoff befestigen, so daß 2,5 cm des Vorhangstoffes sichtbar bleiben. Das Futter lose mit Kettenstich (siehe S. 202) befestigen.

**8** Das Futter ist nun an den Seitenkanten und dem unteren Saum mit dem Vorhangstoff verbunden. Die endgültige Länge des Vorhangs von unten her abmessen und mit Stecknadeln markieren. An der markierten Linie den Stoff umschlagen, glatt bügeln und Diagonalecken einarbeiten (möglicherweise müssen einige Seitennahtstiche gelöst werden). Der Umschlag sollte vom Gardinenband verdeckt werden, daher Stoff, der länger als 8 cm ist, abschneiden.

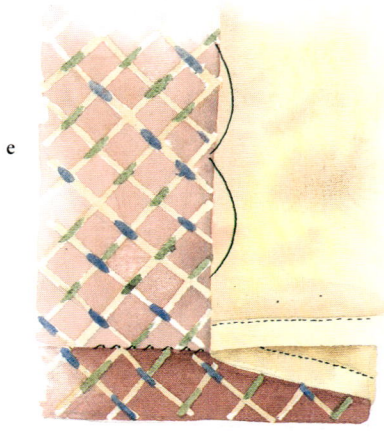

e

## ANBRINGEN DES GARDINENBANDES

**1** Das Band auf die Unterseite des Vorhangs dicht unterhalb der Oberkante legen und an einem Ende etwa 12 mm einschlagen. Die Kordeln mit einem Knoten unter dem Band auf der Zugseitenkante des Vorhangs sichern und die anderen Enden frei hängen lassen, damit man sie an der Wandseite herausziehen kann.

**2** Das Band mit der Maschine am oberen Rand (A–B) festnähen, dann das Ende, an dem man angefangen hat, ebenfalls festnähen (A–C). Den Stoff drehen und entlang der Unterkante nähen (C–D). Dabei den Stoff unter dem Band gerade halten.

**3** Die drei verknoteten Kordeln anziehen und den Vorhang auf die gewünschte Breite bringen, wobei man das eine Ende des Gardinenbandes festhält, damit man Widerstand beim Ziehen hat; die Falten gleichmäßig verteilen. Die endgültige Breite für jeden Vorhang bei einem Zweierensemble ist die Hälfte der Schienen- oder Stangenlänge zuzüglich möglicher Überlappungen und Seitenrundungen.

**4** Die Kordeln mit Knoten sichern (Abb. g), um die Finger wickeln und mit groben aber festen Stichen parallel

A  B

C  D

f

zu den Falten am Band festnähen (Abb. h). Wenn das Kordelbündel zu dick ist, um in eine Falte zu passen oder sonst dem Wandträger im Wege wäre, kann man es direkt unter das Band nähen. Man darf die herausgezogenen Kordeln auf keinen Fall abschneiden, da man dann den Vorhang bei einer späteren Reinigung nicht glatt ausziehen kann.

**5** Die Haken in der richtigen Bandschlaufenreihe in einem Abstand von ungefähr 5 bis 8 cm plus jeweils einen Haken an den beiden Vorhangenden befestigen. Ebensoviele Ringe oder Gleiter wie Haken an den Schienen oder den Stangen anbringen und den Vorhang einhängen. Den Vorhang zuziehen, um die Breite des Gardinenbandes zu kontrollieren und eventuelle Korrekturen durch Lockern oder festeres Anziehen der Kordeln vornehmen.

g

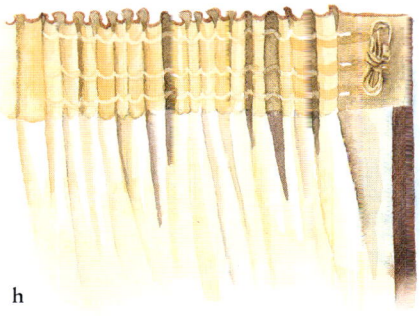

h

---

## UNGEFÜTTERTE VORHÄNGE

Meiner Meinung nach ist es vorteilhaft, die meisten Vorhänge und Stoffe zu füttern (siehe S. 100). Aber manchmal ist ein ungefütterter Vorhang sinnvoller, vielleicht vor einem kleinen Fenster in einem Badezimmer oder einer Küche bzw. überall da, wo etwas Einfaches und wenig Aufwendiges gewünscht ist (siehe S. 48). Auch drapierte Vorhänge können ungefüttert bleiben, wenn sie nur dazu dienen, ein Fenster einzurahmen.

Ungefütterte Vorhänge eignen sich auch als Sommerdekoration; man kann sie im Winter mit einem abnehmbaren Futter versehen (siehe S. 62). Bauschiger Stoff wie cremefarbener Popelin oder ägyptische Baumwolle können ungefüttert hinreißend aussehen.

Bei der hier beschriebenen Methode wird der Stoff wieder mit einem breiten, dreizügigen Gardinenband gekräuselt, daher sollte er die zweieinhalbfache Breite des Endformats haben, plus 30 cm zur endgültigen Vorhanglänge (als unterer Abschluß genügt oft schon ein 5 cm breiter Doppelsaum). Man kann den Vorhang oben auch einfach mit einem Zugsaum rüschen oder in Kellerfalten legen (siehe S. 118, 119, 122). Bei Fächerfalten sollte der Stoff mit Futter (am besten auch mit einem Zwischenfutter) versehen werden.

## HERSTELLEN DES VORHANGS

**1** Stoffbahnen mit französischer Naht (siehe S. 204) zusammennähen und bügeln. An den Rändern einen 2,5 cm breiten Doppelsaum einbügeln und mit Maschine oder Hand festnähen.

**2** Am unteren Ende einen 10 cm breiten Umschlag bügeln. Diagonalecken einarbeiten (siehe S. 203) und mit Gewichten beschweren (siehe gegenüberliegende S., Abb. b). Den Saum mit Staffierstich von Hand oder mit Maschine annähen.

**3** Die Endlänge mit Stecknadeln markieren und das Gardinenband, wie oben beschrieben (Arbeitsschritte 1–5), anbringen.

## Herstellen von Fächerfalten

Fächerfalten sind tiefe, strenge Falten, bei denen der glatte Vorhang in regelmäßigen Abständen in Gruppen von drei Falten zusammengefaßt wird (siehe Foto auf S. 108).

Wie schon auf Seite 107 erklärt, näht man diese Aufhängung am besten von Hand. Man kann zwar spezielle Gardinenbänder hierfür kaufen, ich ziehe aber Handarbeit vor: Die Vorhänge hängen sonst schnell durch, besonders wenn Futter und Zwischenfutter den Stoff sehr schwer machen. Die meisten handgearbeiteten Vorhänge werden mit Tarlatan, einer Steifgaze, verstärkt, den man unter den Stoff setzt, so daß die Falten ihre Form behalten und die obere Kante einen klaren, geraden Abschluß bildet.

Ich empfehle Zwischenfutter für alle Vorhänge mit Fächerfalten; die weiche, deckenartige Zwischenschicht (siehe S. 100) isoliert den Vorhang besser und läßt ihn tiefere, luxuriösere Falten werfen.

**MATERIALIEN**
- Vorhang- und Futterstoff
- Zwischenfutter in der gleichen Länge und Breite wie der Futterstoff
- Vorhanggewichte
- 12,5 cm Tarlatan zum Versteifen
- Vorhanghaken

### STOFFMENGE ERMITTELN

Zuerst das Fenster ausmessen (siehe S. 67). Für französische Falten benötigt man zweieinhalbmal die Fensterbreite. Zur endgültigen Vorhanglänge für einen 10 cm breiten Doppelsaum am unteren Ende 20 cm und weitere 20 cm Einschlag am oberen Ende, insgesamt 40 cm Stoffzugabe, hinzurechnen. Die Arbeitslänge des Futters beträgt die Endlänge zuzüglich 15 cm für einen 5 cm breiten Doppelsaum am unteren Ende und 5 cm Stoffzugabe am oberen Ende.

### ZUSCHNEIDEN
### UND ZUSAMMENNÄHEN

Den Vorhangstoff zuschneiden und zusammennähen (siehe S. 111). Den Futterstoff auf die gleiche Anzahl von Stoffbahnen wie den Hauptstoff zuschneiden (siehe S. 111). Die Futterstoffbahnen aneinandernähen und die Nähte auseinanderbügeln. An der unteren Kante einen 5 cm breiten Doppelsaum einschlagen und mit der Maschine festnähen. Das Zwischenfutter auf die gleiche Breite und Länge wie das Futter zuschneiden und die Bahnen zusammensetzen.

### HERSTELLEN DES VORHANGS

**1** Den Vorhangstoff mit der linken Seite nach oben auf einen großen Tisch mit der Unterkante zu Ihnen und der Zugseite parallel zur Tischkante legen. Einen 10 cm breiten Doppelsaum am unteren Ende und einen 5 cm breiten Umschlag an der Zugseite einbügeln und wieder auffalten (Abb. a).

**2** Das Zwischenfutter auf den Vorhangstoff legen. Das Zwischenfutter sollte unten an der unteren der beiden eingebügelten Kanten und seitlich an der Zugseite des Vorhangstoffes anliegen.

**3** Das Zwischenfutter entlang der Zugseitenkante an der Bügelfaltenlinie umschlagen. Mit Hexenstich an dieser Umschlagkante den Vorhangstoff und das Zwischenfutter miteinander verbinden – immer jeweils nur einen Faden aufnehmen, damit der Stich von vorn nicht zu sehen ist (Abb. b).

**4** Das Zwischenfutter in der Breite an jeder Stoffbahnnaht befestigen (siehe S. 112, Herstellen des Vorhangs, Schritt 4). An der unteren Kante wird das Zwischenfutter mit Hexenstich fixiert (Abb. b). An der Wandseitenkante das Zwischenfutter wie an der Zugseite befestigen.

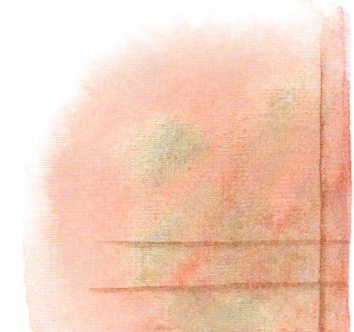

a

b

c

**5** Ist das Zwischenfutter entlang der gesamten Breite am Vorhangstoff und an beiden Seitenkanten befestigt, schlägt man den Vorhangstoff an der unteren Kante entlang der unteren Bügelfaltenlinie ein und befestigt die obere Kante des Saums mit großen Heftstichen am Zwischenfutter (Abb. c).

**6** An der Unterkante Diagonalecken einarbeiten (siehe S. 203). Gewichte in die Ecken und an jeder Stoffbahnnaht einnähen (siehe S. 112, Abb. b) und die Oberkante des Saumes mit Staffierstich am Zwischenfutter festnähen (Abb. d). Danach wird das Futter angenäht (siehe S. 112, Herstellen des Vorhangs, Schritte 3–7).

d

### OBERKANTE FERTIGSTELLEN

**1** Ist das Futter an allen drei Seiten festgenäht, mißt man die Endlänge von unten her ab und markiert sie mit Stecknadeln. Von der Oberkante des Stoffes her die Zugaben umbügeln.

**2** Futter und Zwischenfutter, aber nicht den Hauptstoff, in der Höhe der Stecknadellinie abschneiden. Mit Hexenstich Futter und Zwischenfutter an den offenen Stoffkanten am Vorhangstoff befestigen (Abb. e).

**3** Die Tarlatanversteifung mit der unteren Kante an die unversäuberten Kanten von Futter und Zwischenfutter und mit den Schmalseiten unter die Seitennähte legen (Abb. f). Die oberen Ecken zu Diagonalecken verarbeiten. Den überschüssigen Stoff von oben über den Tarlatan legen (Abb. g).

**4** Wenn der Tarlatan befestigt ist, faltet man das verstärkte Kopfende nach unten über das Futter und näht die Seiten mit Staffierstich fest (Abb. h).

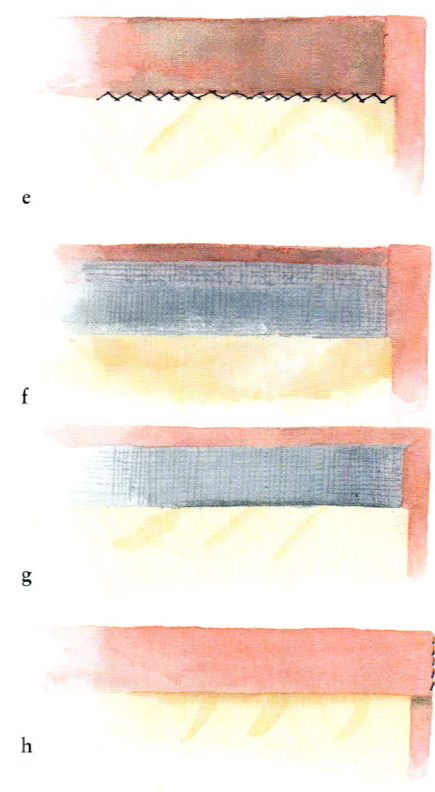

e

f

g

h

### BERECHNEN DER FALTEN UND ZWISCHENRÄUME

**1** Die Breite des soweit genähten, flach ausliegenden Vorhangs entlang der Oberkante messen und davon die Endbreite abziehen (8 cm auf jeder Seite für Überlappungen und Endrundung addieren, falls nötig). Die Differenz dieser beiden Maße ergibt die für Falten nutzbare Stoffmenge.

**2** Pro Stoffbahnbreite etwa vier Falten einkalkulieren. Die gesamte, für die Falten vorhandene Stoffmenge durch die Menge der vorgesehenen Falten teilen. Überlappung und Endrundung an den Enden nicht eingerechnet, ergibt sich ein Zwischenraum weniger als Falten vorhanden sind. Daher erhält man, wenn der Vorhangstoff zum Beispiel die eineinhalbfache Breite des endgültigen Vorhangs hat, sechs Faltengruppen und sieben Zwischenräume je Vorhang (Abb. i). Zwei der Zwischenräume bilden Überlappung und Endrundung. Um die Größe der Zwischenräume zu berechnen, teilt man die Anzahl der Zwischenräume durch die Endbreite des Vorhangs, abzüglich Überlappung und Endrundung.

F Z F Z F Z F Z F Z F

Überlappung          Endrundung

i

**3** Von der Zugseite an auf der linken Seite des Vorhangs die Falten (F) und Zwischenräume (Z) mit Stecknadeln an der Oberkante markieren (Abb. i). Nun den Stoff so falten, daß Stecknadel an Stecknadel liegt und sich auf der rechten Seite große einzelne Falten bilden. Diese feststecken.

**4** Diese Falten mit der Maschine von oben bis dorthin, wo der Tarlatan endet, mit Hilfe eines Lineals parallel zur Faltenkante zunähen (Abb. j).

**5** Die Maschinennaht oben und unten gut vernähen und die Falten nach innen in drei kleinere unterteilen (Abb. k).

**6** Stechhaken oder annähbare Haken (siehe S. 106) von der Vorhangrückseite an jeder Falte befestigen.

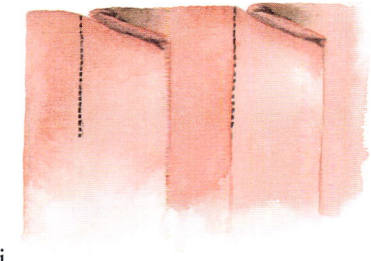

j

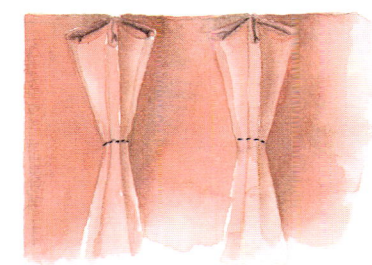

k

### Verschiedene Oberkantenverarbeitungen

*Der Zugsaum der Gardinen rechts ist erfrischend einfach und unprätentiös. Er ist auf hübsche Weise unkompliziert, hält die Vorhänge, aber lenkt nicht von ihnen ab.*

*Im Gegensatz dazu wirken die französischen Falten in dem unten abgebildeten Schlafzimmer ausgesprochen formal. Sie setzen sich auf der gesamten Vorhanglänge fort (man beachte die weniger strengen, schmalen Falten des Bettvorhangs). Der Gesamteindruck ist kühl, und die roten und blauen Muster der Tischdecke und des Bettuches bilden einen willkommenen Farbakzent.*

*Die weißen Vorhänge auf der gegenüberliegenden Seite sind nicht auf konventionelle Weise aufgehängt. Sie sind ungefüttert und bestehen aus hauchdünner, am oberen Rand gestärkter Baumwolle, mit angenähten Haken für Ringe. Auch am unteren Rand wurde der Stoff gestärkt und wie oben drapiert.*

### Sechs verschiedene Gestaltungen der Oberkanten

Hier sind sechs verschiedene Gestaltungen von Vorhangoberkanten abgebildet, deren Herstellung auf den folgenden Seiten beschrieben wird. Sie
reichen von spielerischer Einfachheit bis zu streng formalen Falten.

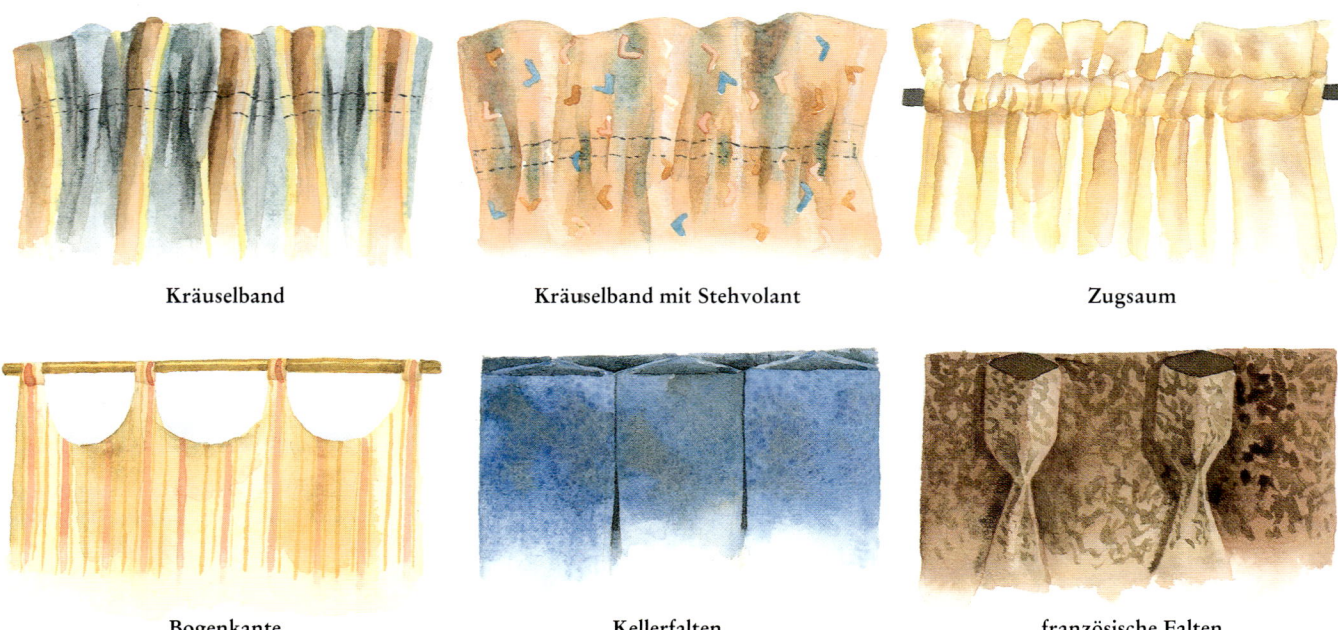

| Kräuselband | Kräuselband mit Stehvolant | Zugsaum |
|:---:|:---:|:---:|

| Bogenkante | Kellerfalten | französische Falten |
|:---:|:---:|:---:|

### Gekräuselter Vorhang

Die unten beschriebenen Arbeitsanleitungen beziehen sich auf gefütterte
Vorhänge mit gekräuselter Oberkante. Außerdem wird eine Variation beschrieben, bei der der Vorhangsstoff an der Oberkante voller und weicher
gekräuselt erscheint. Das Kräuselband ist 2,5 cm breit (siehe S. 106).

**STOFFMENGE ERMITTELN**
Man benötigt die 2½fache Menge der
Endbreite des Vorhangs. Für die
Arbeitslänge addiert man zu der
endgültigen Vorhanglänge 10 cm für
einen Saum an der Unterkante und für
das Band (Breite des Bandes plus die
Entfernung, in der es sich von der
Oberkante befinden soll, mindestens
2,5 cm). Für einen Vorhang mit
Zwischenfutter siehe Gekräuselter
Vorhang mit Stehvolant, gegenüber-
liegende Seite. Man stellt den Vorhang,
wie auf Seite 112 beschrieben, her
(Herstellen des Vorhangs).

**ANNÄHEN DES KRÄUSELBANDS**
Mit Schneiderkreide (oder leichtem
Bleistiftstrich) die gewünschte
Entfernung zwischen Kräuselband und
Stoffoberkante auf der Rückseite des
Vorhangstoffs markieren und das Band
parallel zur Oberkante mit der
Maschine festnähen. Das Band auf die
geplante Länge ziehen (Abb. a) und
die Kordeln sichern (siehe S. 113,
Schritte 3–5).

a

**GEKRÄUSELTE OBERKANTE
MIT ZWISCHENFUTTER**
Soll der Vorhang etwas formeller
wirken, ohne daß man ihn gleich ganz
füttern möchte, braucht man einen
Zwischenfutterstreifen, dessen Länge
der Breite des ungekräuselten Vorhangs
entspricht und dessen Breite die des
Kräuselbands zuzüglich 4 cm beträgt.
Das Zwischenfutter entlang der
Vorhangoberkante auslegen und darauf
an der unteren Seite das Kräuselband
plazieren. Mit Hexenstich entlang der
Oberlinie festnähen, bevor man die
Oberkante des Vorhangs umbügelt.

## Gekräuselter Vorhang mit Stehvolant

Hierfür verwendet man ebenfalls Kräuselband, das aber 10 cm unterhalb der Vorhangoberkante angenäht wird. Letztere wird mit Tarlatan versteift und mit einem Zwischenfutter versehen, damit die Falten eine ausgeprägtere Form bekommen.

### STOFFMENGE ERMITTELN

Man benötigt die 2½fache Menge der endgültigen Vorhangbreite. Hierzu addiert man 35 cm für einen 10 cm-Doppelsaum an der Unterkante und 15 cm für die Oberkante. Den Vorhang, wie auf Seite 112 beschrieben (Herstellen eines Vorhangs), anfertigen. Wenn er ganz gefüttert werden soll, (siehe S. 114, Schritte 2–5) muß an der Oberkante kein Zwischenfutter eingearbeitet werden.

### ANNÄHEN DES KRÄUSELBANDS

**1** Wenn nur die obere Kante mit Zwischenfutter versehen werden soll, legt man einen Zwischenfutterstreifen in der gewünschten Länge und Breite (Länge = Gesamtbreite des Vorhangstoffes, Breite = Entfernung Stoffoberkante – Bandunterkante) nur in die Oberkante. Streifen mit Hexenstich oben und unten an der Rückseite des Vorhangstoffes annähen (Abb. b).

b

**2** Die Tarlatanversteifung auf das Zwischenfutter legen, die Oberkante entlang der Oberlinie und die kurzen Seitenkanten unter den Seitensäumen. Den Vorhangstoff umschlagen und über dem Tarlatan glatt bügeln.

**3** Mit Schneiderkreide oder Bleistift eine Linie 10 cm von der Vorhangoberkante auf der linken Seite einzeichnen. Das Kräuselband mit der Oberkante in Höhe dieser Linie auflegen und mit der Maschine festnähen.

**4** Das Kräuselband auf die gewünschte Länge ziehen und die Kordeln sichern (siehe S. 113, Schritte 3–5).

## Gekräuselter Vorhang mit Zugsaum

Diese Version benutzt man hauptsächlich bei feinen Gardinen- und Netzstoffen, sie eignet sich aber auch für gefütterte Vorhänge aus leichten Stoffen. Durch den Tunnel wird entweder eine dünne Stange oder ein kunststoffüberzogenes Drahtseil geschoben, das mit Schraubösen an der Wand oder dem Fensterrahmen befestigt wird. Die Arbeitsanleitung bezieht sich auf einen ungefütterten Vorhang.

### STOFFMENGE ERMITTELN

Gardinenstoffe können, wenn sie fein genug sind, ungefähr die dreifache Menge der endgültigen Gardinenbreite benötigen. Zur endgültigen Gardinenlänge addiert man 2 × 5 cm für einen Doppelsaum an der Unterkante, 2 × 5 cm für einen breiten Einschlag am oberen Ende des Vorhangs (dieser bildet den Zugsaum) und 1 cm, wenn die Stange durch den Stoff geschoben ist, insgesamt 21 cm. (Wird die Gardine von einem Draht gehalten, entfällt die 1 cm-Stoffzugabe).

### HERSTELLEN DES VORHANGS

**1** Den Stoff zuschneiden und die Bahnen bei ungefüttertem Vorhang mit französischer Naht verbinden (siehe S. 113). Einen 1 cm breiten Doppelsaum an den Seitenkanten und einen 5 cm-Doppelsaum an der Unterkante mit der Maschine festnähen (Bleiband einlegen, siehe S. 123).

**2** Die Vorhangendlänge von der Unterkante aus messen, einen 5 cm breiten Doppelsaum umbügeln und mit Nadeln feststecken.

**3** Auf der linken Seite entlang der Oberkante zwei Steppnähte parallel zueinander anbringen, die eine Naht 2,5 cm von der Stoffoberkante entfernt, die andere 2,5 cm darunter (Abb. c).

Dieser »Tunnel«, der Zugsaum, ist groß genug für einen Draht oder eine dünne Stange; bei einer dickeren Stange muß man die Stoffmenge und den Einschlag entsprechend größer planen.

**4** Wenn man die Stange durch den Zugsaum schiebt, ergeben sich die Kräuselfalten von selbst.

c

## Vorhang mit Bogenkante

Dieser schöne und auffällige Vorhangabschluß wurde vor allen Dingen bei halben, sogenannten Caféhausgardinen verwendet, und Vorhänge dieser Art eignen sich besonders, den unteren, in Augenhöhe gelegenen Teil eines Schiebefensters zu verdecken.

Die Arbeitsanleitung beschreibt die Herstellung eines glatten, ungefütterten Vorhangs mit Bogenkante. Nur die letztere wird mit einem Besatz verstärkt und mit angenähten Ringen an einer Stange befestigt. Es wird auch beschrieben, wie man gefütterte und gekräuselte Varianten herstellt. Außerdem wird eine Aufhängungsvariante geschildert, bei der die Stoffstreifen zwischen den Bögen verlängert und zu Schlaufen gearbeitet werden.

### STOFFMENGE ERMITTELN

Für einen völlig glatt hängenden Vorhang benötigt man die gleiche Stoffbreite wie die Länge der Stange, an der der Vorhang aufgehängt werden soll zuzüglich 4 cm an jeder Seite. Soll der Vorhang leicht gerüscht sein, entspricht die Stoffbreite der 1½fachen Länge der Stange. Die Stofflänge beträgt die endgültige Vorhanglänge zuzüglich 10 cm für einen Saum an der Unterkante und 2 cm an der Oberkante. Für den Futterbesatz, der aus demselben oder einem anderen Stoff gearbeitet werden kann, benötigt man einen 20 cm breiten Streifen. Die genaue Länge hängt von der Tiefe der Bögen ab (siehe unten) und davon, ob der Stoff von Ringen oder Stoffschlaufen gehalten wird (siehe gegenüberliegende Seite). Diese Stoffmengenberechnung bezieht sich auf ungefütterte Vorhänge; für gefütterte Vorhänge siehe gegenüberliegende Seite.

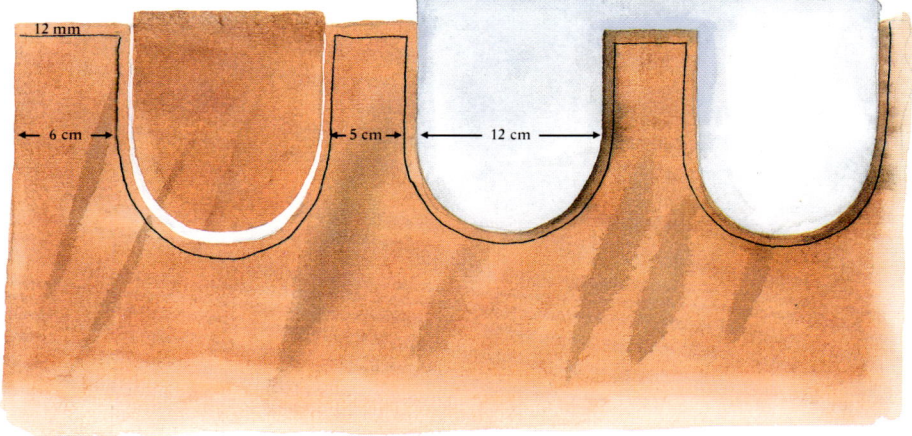

a

### BERECHNEN DER BOGENGRÖSSE

1 Den Stoff, wie auf Seite 111 beschrieben, zuschneiden. Stoffbahnen mit französischer Naht aneinandernähen (siehe S. 204).

2 Die Bogengröße richtet sich nach der Größe des gesamten Vorhangs, aber als allgemeine Richtschnur gelten die Maße 12 cm als Bogenbreite und 5 cm für die dazwischenliegenden Streifen. Um die gesamte Anzahl der Bögen zu berechnen, teilt man die endgültige Vorhangbreite durch die Menge der Bögen und Streifen, in diesem Fall 17 cm. Es sollte immer einen Streifen mehr als Bögen geben, so daß sich je ein Streifen am Anfang und Ende der Bo-

genreihe befindet. Die Tiefe der Bögen richtet sich ebenfalls nach der Größe des Vorhangs. Man sollte erst einmal ausprobieren, wie sie aussehen, wenn sie so tief wie breit sind, also »quadratisch« wirken. (Bei Stoffschlaufen müssen die Stoffstreifen zwischen den Bögen länger sein – siehe Stoffschlaufen, gegenüberliegende Seite.)

3 Da der Vorhang ungefüttert ist, muß die Bogenkante mit demselben oder einem anderen Stoff verstärkt werden. Den Besatzstoff auf dieselbe Breite wie den Vorhang zuschneiden. Die Länge soll der Bogentiefe plus 8 cm entsprechen.

### MARKIEREN DER BOGENKANTE

1 Eine Schablone aus festem Karton für die Bogenkante zuschneiden. Die Form des Bogens beruht auf einem Halbkreis, an den sich ein Quadrat anschließt (Abb. a).

2 Mit Schneiderkreide auf der linken Seite des Stoffes und 6 cm von der Seitenkante entfernt mit Hilfe der Schablone die Bogenform einzeichnen. Die Schablone 12 mm unterhalb der unversäuberten Stoffkante anlegen und jeweils einen 5 cm breiten Zwischenraum lassen. Wichtig ist, daß die Oberkante im rechten Winkel zur Webkante geschnitten ist (siehe S. 201) und daß man die Schablonen genau anlegt.

### ANNÄHEN DES BESATZES

**1** Den Besatz zuschneiden. An der Unterkante einen 5 cm-Doppelsaum einschlagen und mit Maschine festnähen. Besatz und Vorhangstoff mit den Vorderseiten aufeinander legen; oben und unten mit Stecknadeln fixieren. In 2 cm Entfernung von der Oberkante beginnend, eine Linie entlang der Bögen markieren.

**2** Vorhangstoff und Besatz mit der Maschine entlang der Bogenmarkierungen aneinander nähen; dabei unten beginnen und mit 4 cm Abstand zur Außenkante arbeiten. Die Bögen 10 mm von der Naht entfernt ausschneiden (Abb. b) und Kerben für die Rundungen einschneiden (siehe S. 205).

b

**3** Auf beiden Seiten des Vorhangs einen 2 cm-Doppelsaum einbügeln und mit Staffierstich festnähen. An der unteren Kante einen 5 cm-Doppelsaum einschlagen, Diagonalecken einarbeiten und mit der Maschine oder Staffierstich festnähen. Auf die rechte Seite wenden und bügeln.

**4** Vorhangringe in der Mitte der Streifen zwischen den Bögen festnähen und über die Stange schieben.

---

### STOFFSCHLAUFEN

Wenn man den Vorhang mit Stoffschlaufen aufhängen möchte, folgt man der obigen Arbeitsanleitung, bis auf die folgenden Änderungen.

**1** Der Stofflänge weitere 10 cm hinzufügen (siehe Stoffmenge ermitteln).

**2** Beim Schneiden der Schablonen die Streifen zwischen den Bögen um 10 cm verlängern.

**3** Nun legt man 5 cm der Streifen um und näht sie an der Rückseite des gefütterten Vorhangs fest, so daß Schlaufen für die Stange entstehen.

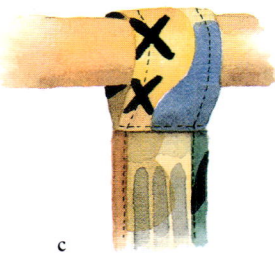

c

### BOGENKANTE MIT FALTEN

Der obigen (S. 120 f.) Arbeitsanleitung folgen und die unten genannten zusätzlichen Arbeitsschritte ausführen.

**1** Berechnen der Stoffmenge: Entscheiden, wieviele Bögen gewünscht werden (siehe Berechnen der Bogengröße) und die Anzahl der Bögen und Streifen mit 8 cm multiplizieren, um zu berechnen, wieviel Stoff die Falten benötigen. Diese Zahl zu der Breite der Hängestange addieren und 4 cm an jeder Seite zugeben.

**2** Für die Falten zwei vertikale, jeweils 5–10 mm von der Kante eines Bogens entfernte Linien markieren. Diese beiden mit der Rückseite nach innen aufeinanderlegen, so daß sie eine einfache Falte bilden, und entlang der Linie zusammennähen (für dreifache Falten siehe S. 115).

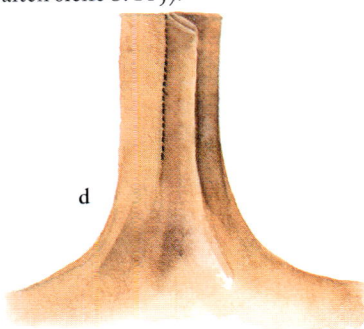

d

### GEFÜTTERTE VORHÄNGE MIT BOGENKANTE

**1** Stoffmenge wie auf Seite 120 zuzüglich 2 cm für beide Seiten, sowohl für Vorhang als auch Futterstoff; Vorhangendlänge zuzüglich 4 cm (je 2 cm für die Säume oben und unten).

**2** Die Bogengröße berechnen und, wie oben, eine Schablone herstellen. Die Stoffe rechts auf rechts aneinander mit Nadeln befestigen und die Bögen auf der linken Seite des Futters markieren. Das Futter entlang der Seiten und oben entlang der Bögen mit der Maschine am Vorhangstoff festnähen; auch an der Unterkante, in der Mitte jedoch eine Öffnung lassen.

**3** Die Bögen ausschneiden und Kurvenlinien einschneiden (siehe S. 205) und die Vorderseite nach außen wenden. Gut bügeln. Das offene Saumstück mit Staffierstich schließen. Die Vorhangringe wie oben annähen.

## Vorhang mit Kellerfalten

Kellerfalten geben der Vorhangoberkante einen klaren, glatten Abschluß. Sie werden ohne Vorhangband mit der Hand genäht und mit Tarlatan versteift. Dicke Stoffe, wie zum Beispiel schwere Wollgewebe und sperrige Quiltstoffe, sind dafür ungeeignet, da der gewählte Stoff leicht zu bügeln sein muß. Die folgende Arbeitsanleitung bezieht sich auf einen gefütterten Vorhang.

### STOFFMENGE ERMITTELN

Man benötigt die dreifache Menge der endgültigen Vorhangbreite. Die üblichen Stoffzugaben für Endrundungen und Seitennähte einplanen.

Zuerst bestimmt man die gewünschte Breite der einzelnen Falten – der flache, vorne liegende Teil. Dieses Maß multipliziert man mit drei. Dabei darauf achten, daß sich das Ergebnis genau durch die fertige Vorhangbreite teilen läßt. Im allgemeinen ist eine Kellerfalte 10 cm breit – in diesem Fall sollte die Vorhangbreite durch 30 cm teilbar sein. Wenn das nicht möglich ist, muß man entweder die Vorhangbreite oder die Faltenbreite verändern.

Für die Berechnung der Arbeitslänge siehe Seite 111 (Stoffmenge für den Vorhangstoff; Zuschneiden und Zusammennähen der Stoffbahnen für das Futter). Den Vorhang wie auf Seite 112 beschrieben anfertigen.

### KELLERFALTEN

1 Um die Position der Falten zu bestimmen, markiert man die Maße mit Stecknadeln an der Oberkante des

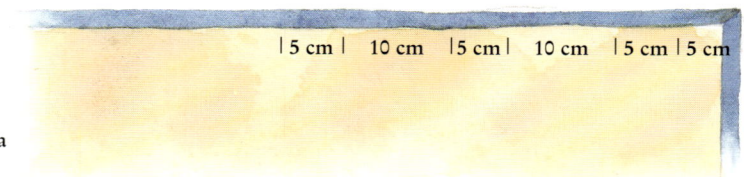

Vorhangstoffes. Angenommen die Falten sind 10 cm breit, steckt man die erste Nadel 5 cm von der Seitenkante entfernt und die nächste wiederum in einem Abstand von 5 cm. Danach setzt man die Nadeln abwechselnd in einem Abstand von 10 cm und 5 cm, bis an der anderen Seitenkante wieder zweimal 5 cm nebeneinanderliegen (Abb. a).

2 Nun die erste 5 cm-Markierung mit der 20 cm entfernt liegenden verbinden (Abb. a) und mit einer Nadel zusammenstecken. Man läßt 10 cm frei und wiederholt die Prozedur, um eine weitere Falte zu bilden. Über die ganze Vorhangbreite, wie beschrieben, Falten bilden, bis am anderen Ende 5 cm übrigbleiben.

3 Um die Falten zu fixieren, näht man mit der Maschine auf der linken

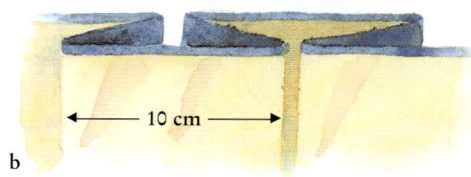

Seite des Stoffs eine 10 cm lange Naht nur entlang der vorderen Faltenlinie. Die Falten glattstreichen und mit Stecknadeln fixieren (Abb. b).

4 Um die Falten auf der Rückseite des Vorhangs zu fixieren, näht man sie mit Staffierstich durch Vorhangstoff und Futter fest. Annähbare Haken an der Vorhangrückseite befestigen (siehe S. 106) oder, wie bei Wiener Rollos, mit Klettband versehen (siehe S. 91, Befestigen des Kräuselbands, Schritt 3).

## Vorhang mit französischen Falten

Vorhänge mit französischen Falten wirken streng und imposant, besonders wenn die Falten innen mit einem kontrastierenden Stoff versehen sind. Das kann einfach ein eingelegtes Stück Stoff sein, das oberhalb des »Faltentrichters« sichtbar ist.

### HERSTELLEN DES VORHANGS

1 Den Vorhang wie einen Vorhang mit Fächerfalten arbeiten (siehe S. 114, bis Schritt 4) und Falten und Zwischenräume berechnen. Anstatt eine dreifache Falte zu legen, fixiert man eine einzelne Falte zu einer »Trichterform«.

2 Damit die Falten zylindrisch gerundet bleiben, legt man ein Stück Stoff oder Wattiermaterial oben in jede Rundung ein.

# GARDINEN

Die meisten Gardinen werden mit Hilfe eines Zugsaums gekräuselt (siehe S. 119) und an einer dünnen Stange oder einem Draht aufgehängt. Man kann sie auch mit einem leichten Nylongardinenband kräuseln und sie an einer eigenen Schiene, die sich hinter der Vorhangschiene befindet, befestigen.

Leichte Gardinenstoffe müssen besonders sorgsam ausgemessen und zugeschnitten werden (siehe S. 201). Sie liegen häufig 3 m breit, da sie meistens stark gekräuselt werden und man so keine Stoffbahnen aneinander nähen muß. Ist dies dennoch erforderlich, sollte man sie mit einer französischen Naht verbinden (siehe S. 204).

Achten Sie darauf, daß die Säume sauber gearbeitet sind – je nach Geschmack und Länge der Gardine sollten die Doppelsäume an den Seiten 12 mm breit sein und der Saum an der Unterkante entweder ein 5-cm-Doppelsaum oder ein 10 cm breiter einfacher Saum sein. Es reicht zwar aus, die Seitensäume beim Nähen einzuschlagen, aber es ist doch zu empfehlen, sie vor dem Nähen zu bügeln. Der untere Saum muß auf jeden Fall gebügelt werden, und ein in 10 cm Abstand von der Unterkante gezogener Faden ist oft hilfreich (siehe S. 201). Bügeln Sie die Säume nach dem Nähen gut. Die Seitensäume können mit der Maschine genäht werden, aber es muß ein langer, lose eingestellter Stich sein, damit der Stoff sich nicht kräuselt. Wenn sich die Kante aber verdreht, wie es bei steiferer Seide passieren kann, sollte man alle Säume mit Staffierstich von Hand nähen. Jeder wirklich zarte Stoff, wie zum Beispiel alte Spitze, muß mit der Hand verarbeitet werden. In den unteren Saum kann man, wenn nötig, Bleiband einlegen (siehe rechts).

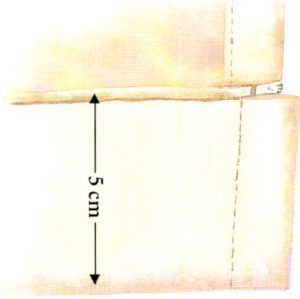

*In einigen Gardinenstoffen ist an der Unterkante bereits ein Bleiband eingenäht, so daß man nur die Oberkante verarbeiten muß. Man kann Bleibänder, die man in den Saum auf die gesamte Vorhanglänge einlegt, als Meterware kaufen. Sie müssen mit ein oder zwei Kettenstichen in regelmäßigen Abständen am unteren Saum befestigt werden (siehe S 202).*

*Das kleine Fenster ist mit einer hübschen Gardine aus lose gewebter Baumwolle mit Streifenstruktur verziert. Sie wurde mit Kräuselband am oberen Ende gerüscht und zum Ausgleich am unteren Ende mit einem Bleiband versehen.*

*Obwohl sie zweifellos die Wirkung der umgebenden Steinwand dämpft, hat die Gardine eine angenehm kühle Wirkung.*

# HALTEBÄNDER

Haltebänder dienen sowohl einem praktischen als auch dekorativen Zweck. Sie können Vorhänge fest zusammenhalten, so daß sie ein Höchstmaß an Licht einfallen lassen und strenge, gerade Falten bilden. Sie können sie aber auch locker fassen, so daß sie in weichem Schwung fallen, den oberen Teil des Fensters verdecken und einen dekorativen Rahmen bilden.

Einfache, mit der Hand gearbeitete Haltebänder bestehen meistens aus einem geraden, mit Buckram oder einem ähnlichen Gewebe verstärkten Stoffstreifen, an dessen Enden sich jeweils ein Ring befindet. Es gibt viele Form- und Stilvarianten dieser Grundform. So gibt es Haltebänder mit gerundeten Ecken, die von der Mitte aus kreisförmig ansteigen und sich nach oben verjüngen. Je breiter ein Halteband ist, um so mehr wird es zu einem eigenständigen dekorativen Element; je schmaler es ist, um so weniger unterbricht es den Faltenfluß des Vorhangs.

Man sollte mit Farben und dekorativen Möglichkeiten experimentieren. So kann man den Vorhangstoff in einer anderen Farbe zu einem Halteband verarbeiten, oder eine Farbe aus dem Vorhangmuster wählen. (Bei einem gemusterten Stoff muß man darauf achten, daß das ausgewählte Muster auch vorne zu sehen ist.)

Auch Zierränder bieten viele Möglichkeiten, wie zum Beispiel eine Paspel aus einem kontrastierenden Stoff an der Außenkante des Haltebandes. Wenn dieselbe Paspel an der Kante der Schabracke und der Seitenkante des Vorhangs entlangläuft, verbinden sich alle diese Elemente zu einer gestalterischen Einheit.

Haltebänder müssen nicht unbedingt aus Stoff bestehen. Alles, was man um einen Vorhang legen kann, ist geeignet, wie zum Beispiel ein feiner Messingbügel. Und ein Halteband muß nicht teuer sein, um hübsch auszusehen: Für leichte Vorhänge wie Tüllgardinen oder Spitze reicht auch schon ein einfaches Schmuckband.

Fertige Kordeln oder Haltebänder sind, meiner Meinung nach, oft die schönste Möglichkeit, einen Vorhang beiseite zu binden. Sie sind in Warenhäusern und Spezialgeschäften erhältlich, geben dem Arrangement ein luxuriöses Aussehen, halten den Vorhang fest und ermöglichen sanften Faltenwurf im oberen Teil.

*STOFFMENGE ERMITTELN*

Um die benötigte Stoffmenge für ein Halteband zu berechnen, hält man ein Maßband in der gewünschten Höhe lose um den hängenden Vorhang. Man gibt 5 cm Stoff für die Ringe hinzu. Beim Zurückziehen des Vorhangs markiert man auch gleichzeitig die Höhe des Haltehakens, der sich hinter der Außenkante des Vorhangs befinden sollte.

Die Breite des Haltebandes richtet sich nach der Vorhangproportion und der Form des Bandes selbst, aber im allgemeinen beträgt die Breite 10 cm zuzüglich rundum 3 cm für den Saum.

Für jedes Halteband benötigt man Stoff für Vorder- und Rückseite; man kann entweder denselben Stoff für beide wählen oder hinten Futterstoff verwenden.

*Es gibt viele Arten von Haltebändern, wie die Fotos unten bereits demonstrieren. Links wurde aus drei gepolsterten Stoffbändern (ein Stoff ist der gleiche wie der Vorhangstoff) ein dickes Zopfband geflochten. In der Mitte wird der Vorhang mit einer einfachen Zierkordel, passend zur Vorhangfarbe, elegant zurückgehalten. Rechts ist der Vorhang in eine wie ein zarter Arm wirkende Messinghalterung gelegt.*

## Gerades Halteband

Die folgende Arbeitsanleitung bezieht sich auf ein gerades, paspeliertes Halteband mit Zwischenfutter und Buckramverstärkung. Bei einem Halteband ohne Paspelierung läßt man die Schritte 4 bis 7 aus. Ich beschreibe im weiteren auch wie man eine Schablone für ein geschwungenes Halteband herstellt.

### HERSTELLEN EINES HALTEBANDES

**1** Den Buckram auf die endgültige Länge und Breite des Haltebandes zuschneiden. Bei gerundeten Ecken kann man eine Nähgarnrolle als Schablone verwenden; darauf achten, daß alle Ecken gleich sind. Den Buckram auf das Stück Zwischenfutter legen.

**2** Das Zwischenfutter um den Buckram herumfalten und überschüssigen Stoff an den Ecken abschneiden. Buckram zum Befestigen befeuchten (Abb. a) oder sich bei anderen Verstärkungen an die Herstelleranweisung halten.

a

**3** Buckram und Zwischenfutter auf die Rückseite des Hauptstoffes legen, dessen Ränder am Zwischenfutter mit Heftstich befestigen (Abb. b) und Diagonalecken einarbeiten (siehe S. 203).

b

**4** Zum Paspelieren 2 bis 3 cm breite Stoffstreifen zuschneiden, die in der Länge um die Außenkante des Haltebandes herumreichen, zuzüglich 5 cm Saumzugabe. (Möglicherweise müssen mehrere Streifen aneinandergenäht werden, damit man auf die erforderliche Länge kommt.)

**5** Die Paspelkordel mit Paspelfuß oder einfachem Reißverschlußfuß mit der Maschine einnähen (Abb. c).

c

**6** Das Halteband mit der Vorderseite nach oben auf das Paspelband legen. Die Paspel mit Staffierstich 12 mm von der unversäuberten Kante der Paspel und so nahe wie möglich an der Paspelkordel vorne am Halteband festnähen (Abb. d). Die unversäuberte Stoffkante der Paspel muß sich hinter dem Halteband befinden.

d

**7** Die Paspel um das ganze Halteband herum annähen und da, wo es erforderlich ist, Kurveneinschnitte anbringen. Die zwei Paspelenden miteinander verbinden, indem man ein offenes Ende in das andere, nach innen eingeschlagene Ende steckt und sauber vernäht (Abb. e). Die Paspelverbindung sollte von vorne nicht sichtbar sein.

e

**8** Stoff oder Futter mit Staffierstich an der Rückseite des Haltebandes festnähen, wobei man beim Nähen die Säume einschlägt (Abb. f).

f

**9** Jeweils einen Ring hinten an der Unterseite des Haltebandes mit Knopflochstich annähen. Der Ring an der vorderen Hälfte des Haltebandes sollte nicht zu sehen sein; der Ring an der hinteren Hälfte sollte zur Hälfte über die Kante des Haltebandes überstehen (Abb. g).

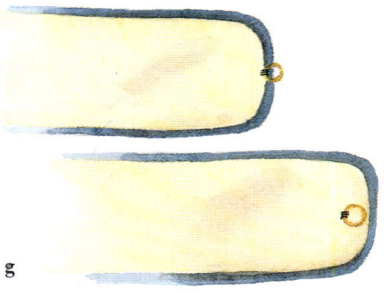

g

### GESCHWUNGENES HALTEBAND

Die Länge des fertigen Haltebandes und die breiteste Stelle berechnen (siehe Stoffmenge ermitteln, gegenüberliegende Seite). Aus einem gefalteten Stück Papier eine Schablone so zuschneiden, daß die beiden Hälften identisch sind. Von der Mitte sollten Ober- und Unterkante zu den Enden hin eine geschwungene Kurve bilden und sich einander annähern. Die Schablone um den Vorhang legen, um zu kontrollieren, ob sie groß genug ist.

Die Schablone auf Stoff und Futter legen, zweimal ausschneiden (zuzüglich rundum 3 cm Saumzugabe) und der Arbeitsanleitung für ein glattes Halteband folgen. (Anstatt Diagonalecken einzuarbeiten, sorgt man durch Einschnitte an den Kanten dafür, daß der Stoff der Kurve folgt.)

## Gepolstertes Halteband

Gepolsterte Haltebänder geben dem Vorhangarrangement zusätzliche Struktur und eine weitere dreidimensionale Note. Es bleibt ganz Ihnen überlassen, wie rund oder flach sie sein sollen. Je weicher ein Halteband ist, desto flexibler ist es.

Anstatt nur einen einzigen Stoff zu verarbeiten, könnte man eine gestreifte »Röhre« herstellen. Dazu braucht man nur verschiedenfarbige Stoffstreifen bis zur gewünschten Länge aneinander zu nähen. (Für Anregungen siehe aneinandergenähte Stoffe, S. 33.)

*Gesteifte und geformte Bänder mit purpurfarbenem Besatz dienen als beeindruckende Halterung dieser schweren, auf dem Boden aufbauschenden Vorhänge. Sie passen gut zu dem ohnehin recht formellen Interieur. Die Bogenform der Bänder wird durch aufgesetzte Kanten aus demselben bedruckten Stoff betont, der auch als Längskante der Vorhänge verwendet wurde.*

### STOFFMENGE ERMITTELN
Die endgültige Länge des Haltebandes berechnen (siehe S. 124, Stoffmenge ermitteln). Die Breite des Stoffes richtet sich danach, wie groß die Röhre sein soll. Sie ergibt sich aus deren Umfang plus 4 cm Nahtzugabe. Das Zwischenfutter sollte etwa genau so groß sein wie der Stoff – je mehr Zwischenfutter man verarbeitet, um so dicker wird die Röhre, und um so mehr Stoff wird benötigt.

### HERSTELLEN DES HALTEBANDES

1 Stoff und Zwischenfutter miteinander zusammenrollen – der Stoff befindet sich auf der Außenseite – und mit Staffierstich zusammennähen (Abb. a).

2 Die Enden nach innen umschlagen und mit Staffierstich befestigen (Abb. b).

3 Die Ringe am Ende der Rolle an der gesäumten Innenseite annähen (Abb. c – siehe S. 125, Schritt 9).

## Geflochtenes Halteband

Wenn man ein geflochtenes Halteband herstellen möchte, das nicht flach, sondern gepolstert ist, folgt man den Anleitungen zur Herstellung eines gepolsterten Haltebandes, Schritt 1, und stellt drei Rollen her. Wie man diese zusammenflechtet und an den Enden sichert, steht in der folgenden Arbeitsanleitung, Schritt 3 und 4, die sich auf ein flaches geflochtenes Halteband beziehen.

### STOFFMENGE ERMITTELN
Die endgültige Länge des Haltebandes berechnen (siehe S. 124, Stoffmenge ermitteln). Alle drei Stoffstreifen auf die gewünschte Länge zuschneiden, zuzüglich 4 cm Saumzugabe. Soll die endgültige Breite jedes Streifens zum Beispiel 2 cm betragen, ist die Arbeitsbreite 5 cm zuzüglich 1 cm Nahtzugabe. Man kann diese Maße je nach gewünschtem Stil variieren.

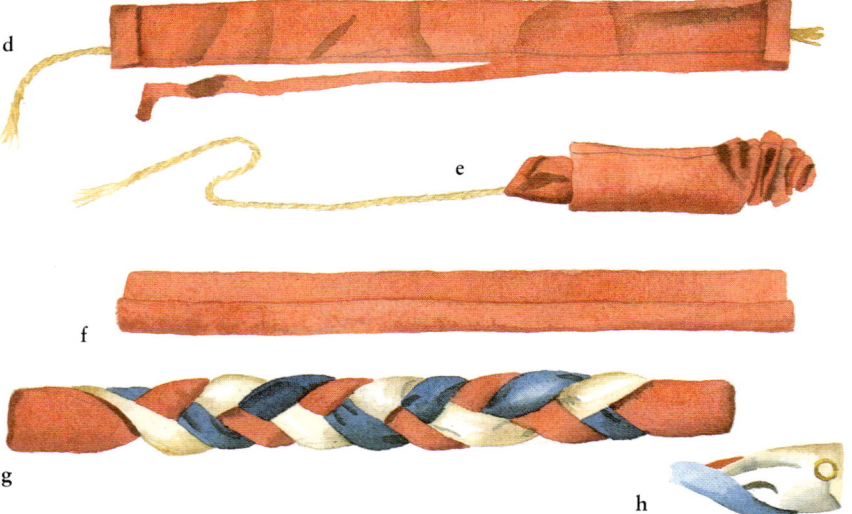

### HERSTELLEN DES HALTEBANDES

1 Jeden Stoffstreifen der Länge nach mit der rechten Seite nach innen in der Mitte falten. Zum schnellen Nähen und Herumdrehen (Abb. d und e – siehe S. 204).

2 Die drei Stoffstreifen mit der Naht in der Mitte flachbügeln (Abb. f).

3 Ein Ende jedes Streifens mit Staffierstich schließen und die drei Enden zusammenhalten. Mit einem schweren Gegenstand beschweren, während Sie die Streifen zusammenflechten (Abb. g).

4 Die anderen drei Enden zusammennähen und die Säume mit Staffierstich schließen. Die Stoffkanten umschlagen und Ringe an den Enden annähen (Abb. h – siehe S. 125, Schritt 9).

# SCHABRACKEN UND QUERBEHÄNGE

Man sollte Schabracken und Querbehänge nicht nur als Abdeckungen für Vorhangschienen oder Stangen abtun. Ihr etwas altmodisches Image hat sich heutzutage gewandelt: moderne Versionen mit schönen Formen und geschickt gewählten Stoffen können ein sonst gewöhnliches Vorhangarrangement völlig verändern.

Schabracken bestehen meist aus Sperrholz oder Buckram, die in der gewünschten Form zugeschnitten und mit Stoff überzogen werden. Der Stoff wird über die Schabracke gespannt, die dann an einem Holzbrett oberhalb der Vorhangaufhängung befestigt wird.

Wegen des Buckrammaterials müssen Schabracken dampfgereinigt werden. Man kann sie natürlich auch ganz aus Holz herstellen, das passend zum Raum bemalt ist.

Die untere Kante einer Schabracke kann alle möglichen Formen haben. Ein dekorativer Abschluß kann die allgemeine Wirkung des Vorhangs verstärken und die Gesamtform betonen. Es gibt eine große Anzahl zusätzlicher Verzierungen: Eine Kante aus eingearbeiteten oder aufgesetzten andersfarbigen Streifen wirkt am unteren Rand einer einfachen Schabracke am besten.

Man kann auch geflochtene Borten oder Fransen mit einer gebogenen Nadel in Staffierstichen an die fertige Schabracke annähen oder sie, bevor man den Stoff aufzieht, mit der Maschine annähen, je nachdem, wie dick und kompliziert die Borte ist – manche eignen sich jedoch überhaupt nicht für das Annähen mit der Maschine.

Querbehänge sind weicher als Schabracken; sie sind im allgemeinen gebauscht oder in Falten gelegt und gleichen eher kurzen Vorhängen. Ihre Form ergibt sich im allgemeinen durch die Wahl des Vorhangbandes. Man kann sie entweder an einem Holzbrett oder einer speziellen Querbehangschiene befestigen.

Querbehänge können ebenso wie die steiferen Schabracken durch Zuschnitt, Form und andere Dinge ein interessanteres Aussehen bekommen. Der Faltenwurf muß gleichmäßig über die gesamte Breite verteilt sein. Bei jeder Gestaltung sollte man darauf achten, daß sie sowohl zur Proportion des Vorhangs und zum Stil des Fensters als auch zur Architektur des Raumes paßt.

*Die Schabracke rechts ist ein gutes Beispiel dafür, wie sich eine Form ganz natürlich aus einem Stoffmuster ergeben kann. Der Stoff wurde um 90 Grad gedreht (so daß die Länge zur Breite wurde), und das Muster des Baumwolldrucks wurde zur Schablone für die Schabracke – eine einfache, aber sehr effektive Methode.*

*Links sind zwei Schabrackenformen zu sehen, die sich in Stil und Form stark voneinander unterscheiden und einen Eindruck von den vielfältigen Gestaltungsmöglichkeiten bei Schabracken vermitteln.*

## Verstärkte Stoffschabracke

Die nachfolgenden Arbeitsanleitungen beziehen sich auf eine glatte, mit Buckram und Zwischenfutter verstärkte Schabracke. Diese wird an einem Holzbrett befestigt (siehe gegenüberliegende Seite) und an der Wand oder dem Fensterrahmen oberhalb der Vorhänge angebracht (siehe S. 73). Es wird auch eine geformte Variante beschrieben. Schabracken können dramatisch oder zurückhaltend wirken, je nachdem, ob der gewählte Stoff mit dem Vorhang eine Einheit oder einen Kontrast bildet.

### MATERIALIEN
- Stoff
- Futter und Zwischenfutter in der Menge wie der Hauptstoff
- Buckram oder eine andere Verstärkung in der Endgröße der Schabracke
- Klettband

### STOFFMENGE ERMITTELN

Die Schabrackenlänge sollte zur Proportion der Vorhanglänge passen und muß wenigstens den Schienenmechanismus und die Fensterlaibung verdecken. Als Grundregel gilt, daß ein Achtel der gesamten Vorhanglänge ein gutes Schabrackenmaß ist, zuzüglich 10 cm Zugabe zur endgültigen Länge.

Die benötigte Stoffmenge berechnen, indem man zur gewünschten Breite der Schabracke (inklusive Endrundung, außer wenn die Schabracke in der Laibung sitzt und keine Endrundung hat) insgesamt 8 cm Nahtzugabe für die beiden Seiten addiert. Stoff, Futter, Zwischenfutter und Buckram auf die richtige Größe zurechtschneiden.

a

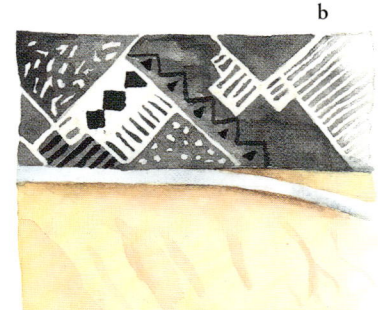

b

**4** Den Buckram mit der Zwischenfutterseite gegen die linke Seite des Hauptstoffes zwischen Stoff und Futter legen und darauf achten, daß der Stoff auf der Vorderseite glatt und gerade liegt (Abb. c).

**5** Die Schabracke flach auf einen Tisch legen, den Stoff um die Buckramunterkante ziehen und am

### HERSTELLEN DER SCHABRACKE

**1** Buckram mit Zwischenfutter hinterlegen (siehe S. 125, Herstellen des Haltebandes, Schritte 1–2).

**2** Wenn nötig, Stoff- und Futterstoffbahnen aneinandernähen (siehe S. 111). Darauf achten, daß vorhandene Muster gleichmäßig auf der Schabracke verteilt sind und daß der Musterrapport in der Mitte sitzt. Bei mehreren Stoffbahnen eine Bahn in der Mitte plazieren und den restlichen Stoff rechts und links ansetzen. Nähte auseinanderbügeln.

**3** Stoff und Futter rechts auf rechts mit der Maschine zusammennähen (Abb. a). Die rechte Seite nach außen kehren und ein Klettband auf der rechten Seite des Futterstoffes direkt unterhalb der Nahtlinie anbringen (Abb. b).

c

d

Zwischenfutter anheften (Abb. c). Dann den Stoff um die Seiten des Buckrams falten und mit Diagonalecken versehen (siehe S. 203). Die Ecken der Endrundungen werden bei einer verstärkten Schabracke vorgefaltet (Abb. d).

**6** Die Futtersäume einschlagen und mit Staffierstich durch das Zwischenfutter an der gesamten Stoffkante festnähen. Dabei darauf achten, daß das Klettband oben an der Innenseite der Schabracke gerade liegt.

## Geformte Schabracke

Diese verstärkte Stoffschabracke wird mit Hilfe einer Papierschablone in die richtige Form gebracht. Nachdem man die Stoffmenge, wie beschrieben, berechnet hat (siehe gegenüberliegende Seite), folgt man der unten angeführten Arbeitsanleitung.

### FORMEN MIT SCHABLONE

**1** Eine Papierschablone mit der gewünschten Form herstellen. Dabei darauf achten, daß die Schabrackenbreite durch die Breite eines vollständigen Mustersatzes teilbar ist. Wenn man zum Beispiel Girlandenformen wählt, muß man an die Endrundungen denken und so planen, daß sich an den Ecken der Schabracke jeweils eine volle Girlande befindet (siehe S. 201 zur Arbeitsanleitung, wie man perfekte Rundungen erhält).

**2** Die Schablone mit Nadeln auf dem Stoff befestigen; dabei darauf achten, daß das Muster nach dem Ausschneiden richtig positioniert ist.

**3** Stoff, Futter und Zwischenfutter sorgfältig zuschneiden und Eckrundungen sowie 4 cm Nahtzugabe einkalkulieren. Den Buckram entlang der Schablone ausschneiden und Material für Eckrundungen zugeben.

**4** Die Schabracke, wie links beschrieben, herstellen. Beim Anheften an den Buckram (Schritt 5) den Stoff in den Kurven einschneiden (siehe S. 205), damit er sich beim Umlegen besser der Form anpaßt.

## Befestigen der Schabracke an einem Holzbrett

Die Schabracke muß an einem Holzbrett befestigt werden, das sich nicht verzieht, zum Beispiel Sperrholz. In welcher Höhe oberhalb des Fensters man die Schabracke anbringen will, hängt von der Höhe der Schiene ab oder ob es Gesimse oder ähnliches gibt – im allgemeinen befestigt man sie in einer Entfernung von 5 bis 8 cm. Das Brett befestigt man mit mehreren 30 bis 40 cm voneinander entfernten Trägerwinkeln an der Wand.

Die verstärkte Stoffschabracke montiert man mit einem Klettband an der Holzbrettkante, und an den Enden der Schabracke befestigt man jeweils einen kleinen Haken, der in eine kleine Schrauböse in der Wand eingehängt wird.

> **MATERIALIEN**
> - auf Maß geschnittenes Brett
> - Schabrackenstoff zum Überziehen des Brettes
> - Klettband in der Länge der Schabracke (einschließlich Endrundungen)
> - 2 Vorhanghaken
> - 2 Schraubösen

### BRETTGRÖSSE ERMITTELN
Ein etwa 12 bis 25 mm dickes Holzbrett sollte im allgemeinen 12 bis 18 cm breit sein, so daß es weit genug über die Vorhangschiene heraussteht und die Vorhänge im aufgezogenen Zustand nicht beengt. Das Brett sollte so lang sein wie die Vorhangschiene, zuzüglich 5 cm (2,5 cm an jedem Ende).

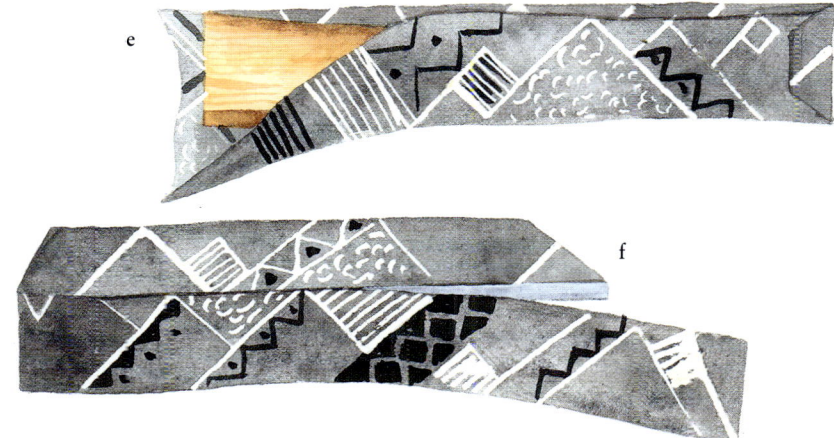

### ANBRINGEN DER SCHABRACKE

**1** Stoff auf der Unterseite des Holzbretts mit einem Tacker befestigen (siehe S. 73) oder festkleben (Abb. e).

**2** Klettband (das Gegenstück zu dem der Schabracke) entlang der Kante des Bretts mit 12 mm-Tackerklammern befestigen und die Schabracke ansetzen (Abb. f).

**3** Um die verstärkte Schabracke an beiden Enden gut zu befestigen, bringt man eine kleine Schrauböse an der Wand unterhalb der Brettkante an. Dann näht man einen Vorhanghaken an. Die Schabracke bis zur Wand um die Enden des Brettes herumführen und den Haken in die Wandöse einhängen.

Manchmal sieht es besser aus, das Ende des Schabrackenstoffs hinter dem Brett zu befestigen, so daß der Stoff an der Wand eine saubere Kante bildet. In diesem Fall sollte die verstärkte Stoffschabracke 4 cm breiter sein.

## Querbehänge

Bei einem Querbehang muß man sich zunächst einmal für eine Oberkantengestaltung entscheiden. Geeignet sind Kräuselfalten (siehe S. 110), Fächerfalten (siehe S. 114), Kellerfalten (siehe S. 122) und Zugsaumrüschen (siehe S. 119). Die nachfolgenden Arbeitsanleitungen beschreiben in vereinfachter Form, wie man einen Querbehang herstellt: Detaillierte Anweisungen für alle Arbeitsschritte finden sich bei der Beschreibung der Herstellung von Vorhängen mit der von Ihnen gewünschten Gestaltung der Oberkante.

Die meisten Querbehänge sind entweder an einem Holzbrett oder einer speziellen Querbehangschiene befestigt, die mit Haken an der Hauptvorhangschiene angebracht wird. Ein Querbehang mit Zugsaum wird an einer Metallschiene, die, den Anforderungen entsprechend, vorher gebogen wird, aufgehangen. Für dieses schwierige Verfahren sollte man allerdings einen Fachmann zu Rate ziehen. Zum Befestigen des Brettes an der Wand, siehe Seite 73.

*MATERIALIEN*
- Stoff
- Futter und Zwischenfutter (wenn gewünscht) in der gleichen Größe wie der Stoff
- Klettband in der Endlänge des Querbehangs.

### STOFFMENGE ERMITTELN

Als Richtlinie für die Querbehanglänge nimmt man im allgemeinen ein Fünftel oder ein Sechstel der fertigen Vorhanglänge. Einen einfachen 2 cm-Saum am unteren Ende und einen 5 cm-Einschlag an der Oberkante rechnet man hinzu.

Die Breite des Stoffes berechnen, indem die Länge der Stange (zuzüglich Endrundungen) mit der gewünschten Stoffülle multipliziert wird. Die Stoffülle hängt von der Falten- oder Kräuselart ab (siehe S. 108–122).

Das Futter wird auf die gleiche Größe wie der Stoff zugeschnitten. Zwischenfutter ist nicht nötig, aber es gibt den Querbehängen ein weicheres Aussehen; bei Fächerfalten oder anderen strengeren Faltenarten sollte man Zwischenfutter verwenden.

### ANBRINGEN DES QUERBEHANGS

Wenn man einen Querbehang an einem Schabrackenbrett befestigt, hängt die Art der Befestigung von der Gestaltung der Stoffoberkante ab.

Bei einem Zugsaum wird die Stange durch den Stoff geführt. Bei anderen Arten befestigt man ein Klettband wie bei einem Wiener Rollo (siehe S. 91, Befestigen des Kräuselbandes, Schritt 3). Das Klettbandgegenstück auf der Kante des Holzbrettes befestigen und den Querbehang daranhängen.

Montiert man den Querbehang an eine Spezialstange oder -schiene, befestigt man an der Rückseite der Stoffoberkante Haken, die wie gewöhnlich in die Schiene eingreifen. Zur Befestigung der Schiene an einer Wand siehe Seite 109.

### HERSTELLEN DES QUERBEHANGS

**1** Stoff- und Futterbahnen aneinandernähen (siehe S. 111). Die Nähte auseinanderbügeln. Gegebenenfalls das Zwischenfutter anheften, bevor man das Futter annäht (siehe S. 112).

**2** Stoff und Futter mit den rechten Seiten aufeinander unten und an den Seiten zusammennähen. Zuerst mit der Maschine an der Unterkante, 2 cm von der einen Seite entfernt, beginnen und an der anderen Seite in einem Abstand von ebenfalls 2 cm enden (Abb. a). Dann die Unterkante anheben und die Nahtzugaben umschlagen wie für Diagonalecken (Abb. b).

**3** Die Seitennähte steppen, dabei unten an den Ecken jeweils 2 cm freilassen, die erst nach dem Wenden und Bügeln mit Staffierstich geschlossen werden (Abb. c). Den Querbehang ganz bügeln.

**4** Die endgültige Querbehanglänge von unten her messen und oben mit Stecknadeln markieren; überschüssigen Stoff umbügeln und die Oberkante kräuseln oder in Falten legen.

a

b

c

*Hier wurde die Form des Querbehangs genutzt, um die inszenierte, theatralische Wirkung des Arrangements zu betonen. Das Fenster wirkt »kostümiert«. Helle Gardinen mit einer an den Längs- und Querkanten aufgesetzten Litze werden von einem hellroten Querbehang bekrönt. Zwischen den sanften Bögen seines oberen Abschlusses sind Haken angenäht, die in die Ringe der Gardinenstange eingehängt werden. Die Bogenform taucht sowohl bei der in regelmäßigen Schlaufen herabhängenden Kordel als auch bei der Unterkante des Querbehangs – hier bedingt durch die Fülle des Stoffs – wieder auf. Die Messingrosette und die Stange mit den speerförmigen Abschlußstücken bestärken die formale Wirkung.*

# LOSE DRAPIERTE VORHÄNGE

Lose drapierte Vorhänge wirken weniger streng und formell als Querbehänge und Schabracken, und sie sind einfacher herzustellen. Wenn man lose drapierte Stoffe mit auf- und zuziehbaren Vorhängen kombiniert, muß man sie an einer separaten Stange befestigen. Bildet ein solches Stoffarrangement die einzige Fensterverzierung, führt man den Stoff einfach vom Boden nach oben zur Stange über die Breite des Fensters und an der anderen Seite wieder zum Boden.

Es gibt eine Reihe von Variationsmöglichkeiten. Drapierte Stoffe können girlandenförmig oder wie eine Schlange symmetrisch oder asymmetrisch um die Stange gelegt werden, oder ein in der Mitte über die Stange geworfenes Stück Stoff kann an den Seiten so zurückgebunden werden, daß es wie ein Vorhangpaar wirkt.

### STOFFMENGE ERMITTELN

Wenn der drapierte Stoff zum Beispiel an einer Stange, die sich über der Vorhangschiene befindet, befestigt werden soll, bestimmt man zuerst die Länge der Seitenbehänge. Bei einem Schiebefenster sollten die Seitenteile etwa auf halber Fensterlänge enden.

Bei einer ganzen Girlande in der Mitte des Fensters addiert man zu der Länge der Seitenteile die endgültige Vorhangbreite zuzüglich 1 m. So erhält man die gewünschte Länge aus einer Stoffbahn; normalerweise sind Stoffbahnen breit genug für diesen Zweck, soll sich der Stoff um die Stange winden, rechnet man die eineinhalbfache Stoffmenge der

endgültigen Vorhangbreite zu den zwei Seitenteilen hinzu.

Drapierte Stoffe müssen nicht unbedingt gefüttert sein, aber zu gefütterten Vorhängen paßt es besser. Farbige oder kontrastierende Futter (siehe S. 63) können hier besonders wirkungsvoll eingesetzt werden. Man kann den Stoff entlang der Stange so drapieren, daß der kontrastierende Futterstoff immer wieder zu sehen ist, und auch die herabhängenden Partien lassen sich so anordnen. Wenn man auf ein Futter verzichtet, wäre es denkbar, einen stark texturierten Stoff zu verwenden, dessen Rückseite deutlich anders aussieht als die Vorderseite.

### LOSE DRAPIEREN

1 Stoff und Futter mit den rechten Seiten aufeinander an allen Seiten, bis auf eine kleine Stelle zum Umkehren des Stoffes, zusammennähen. Den nach außen gekehrten Stoff bügeln und die offene Nahtstelle mit Staffierstich schließen.

2 Je nach Geschmack, die Stoffbahn um die Haltestange wickeln. Falls nötig, kann man sie an der Stange mit Heftzwecken befestigen, bei normaler Beanspruchung sollte sie aber auch so an ihrem Platz bleiben.

*Das Vorhangarrangement rechts ist ein Beispiel für »architektonische« Stoffdraperien, die wie zufällig ausgeführt wirken aber stilistisch genau geplant sind.*

*In diesem Fall wurden große Mengen Kattun verwendet, und zwar sowohl für die Vorhänge als auch für den davor angeordneten Querbehang, der an den*

*Kanten so verknotet wurde, daß er die Form einer Girlande annahm. Die Falten wurden informell arrangiert und dann festgeheftet. Das Resultat füllt die Fensternische und bildet einen beeindruckenden Blickfang. Dennoch paßt es sich, mit Hilfe der rein funktionalen Faltrollos, gut in das ansonsten schlicht gehaltene Interieur ein.*

# QUER- UND SEITENBEHÄNGE

Auf den folgenden Seiten wird beschrieben, wie man ein gefüttertes Quer- und Seitenbehangarrangement anfertigt. Die dazu nötigen Näharbeiten sind nicht schwierig; das Können besteht in der richtigen Berechnung und dem genauen Zuschneiden des Stoffes. Als Richtlinie für die endgültige Länge der Seitenteile nimmt man im allgemeinen ein Sechstel oder ein Achtel der Fensterhöhe an (oder für je 30 cm Girlandenbreite sollte man 50 cm Länge rechnen).

Meine Gestaltungsmethode ist sehr variabel: Indem man die zugrundeliegende Schablone oder die Breite der Falten verändert, erhält man unterschiedliche Tiefen der Girlanden und unterschiedliche Fülle der Stoffbahnen.

Eine einzelne Girlande wird so zugeschnitten und genäht, daß sie wie ein Halbkreis fällt. Der Stoff wird diagonal geschnitten, so daß sich die Falten ganz natürlich bilden. Die langen Seiten des gefütterten Stoffes müssen sich auf beiden Seiten von der Mitte des Fensters aus über die ganze Breite in Falten legen.

Seitenbehänge werden gesondert hergestellt (siehe S. 139). Der Querbehang und die Seitenbehänge werden dann an einem Schabrackenbrett befestigt (siehe S. 140). Man sollte einmal Seitenbehänge mit farbigem oder kontrastierendem Futter ausprobieren (siehe S. 63). Weiche, schön fallende Stoffe wie Seide oder Baumwollsatin können zum Beispiel mit einem Zwischenfutter verstärkt werden. Andere, weniger fließend fallende Stoffe – steife Baumwolle oder schwere Samte – werden nicht zwischengefüttert, da sie sonst nicht mehr gut zu drapieren sind.

*Die maßgeschneiderten Seiten- und Querbehänge rechts sollen dem Raum ein formelles Flair geben. Ein Paar ungemusterte Vorhänge aus Baumwollchintz ist eingerahmt mit einem Querbehang aus drei Stoffgirlanden und halblangen Seitenbehängen, die mit dunkelblauem Stoff gefüttert sind, der auch als Einfassung der Haltebänder und Girlanden dient. Das Arrangement ist sowohl schön als auch praktisch, und es betont die Form des Fensters und den Stil des Raumes.*

*Das unten links abgebildete Vorhangarrangement besteht (wie auf den folgenden Seiten beschrieben) aus drei Teilen aus Baumwolljacquard. Obwohl es kunstvoll drapiert ist, wirkt es dennoch stilvoll und klassisch.*

*Die Fensterdekoration unten rechts lebt mehr von der raffiniert asymmetrischen Form. Die Haltestange und das Halteband dienen ebenfalls als dekorative Elemente und der schwere, glänzende Baumwollstoff ist in Falten gelegt, die den luxuriösen Gesamteindruck betonen.*

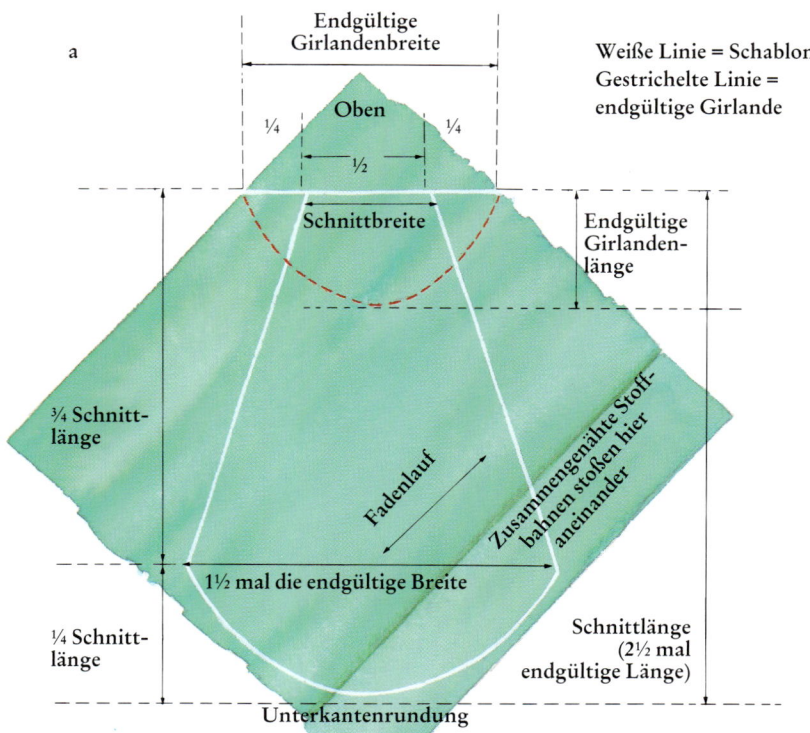

### STOFFMENGE ERMITTELN

Der Hauptstoff für die Girlande wird diagonal zugeschnitten. Benötigt wird die eineinhalbfache Girlandenbreite (die Länge der Vorhangschiene zuzüglich 2 cm) und die zweieinhalbfache Stoffmenge der endgültigen Girlandenlänge zuzüglich der üblichen Saumzugaben. Die Girlande, wie auf Abbildung a zu sehen ist, ausmessen, wobei alle nötigen Ansatznähte in die untere Ecke gelegt werden sollten.

### ZUSCHNEIDEN

**1** Den Futterstoff mit der linken Seite nach oben auf eine flache Unterlage legen, die Maße mit Schneiderkreide aufzeichnen und zuschneiden.

**2** Den zugeschnittenen Futterstoff als Schablone benutzen und diagonal auf dem Hauptstoff plazieren. Mit Nadeln feststecken und sorgfältig ausschneiden.

### HERSTELLEN DES QUERBEHANGS

**1** Die Schablone entfernen. Einen 12 mm-Saum rundum einbügeln und mit Hexenstich befestigen.

**2** Futter und Oberstoff mit den linken Seiten aufeinander legen und mit Staffierstich entlang der unteren runden Kante (die einzige, die an der fertigen Girlande sichtbar ist) zusammennähen; dabei den Futterstoff einschlagen. Die restlichen Kanten mit Heftstich offen am Hauptstoff befestigen (Abb. b).

**3** Am besten läßt man den Stoff über eine Tischkante hängen. Auf die Kante der Arbeitsfläche ein Stück Stoff legen, das mit Stecknadeln an die Oberkante des Girlandenstoffes angeheftet wird. Auf der Arbeitsfläche die Mitte des Stoffes und die fertige Länge der Girlande markieren.

**4** Man arbeitet nun von außen nach innen und legt die lange Stoffseite bis zu einer Seite der Mitte in grobe Falten (Abb. c). Die am nächsten zur Mitte liegende Falte sollte über die Oberkante der Girlande hinausgehen. Denselben Vorgang auf der anderen Seite wiederholen. Man kann die Falten, je nach Wunsch, so legen, daß sie die Oberkante der Girlande ganz erfassen oder diese freilassen. Als Richtlinie für die Falten gilt ein Maß von 8 bis 10 cm; allen überschüssigen Stoff auf die Faltentiefen verteilen.

**5** Wenn alle Falten gelegt sind, diese mit Stecknadeln feststecken und die Falten entlang der Oberkante mit der Maschine festnähen (Abb. d).

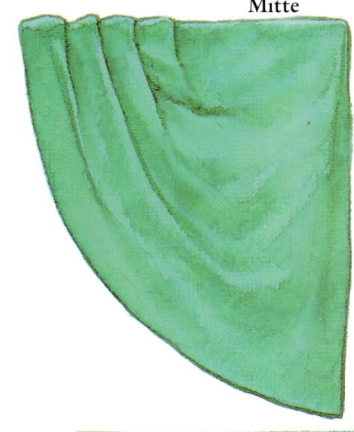

## Seitenbehänge mit parallelen Falten

Obwohl Seitenbehänge so aussehen, als seien sie fester Bestandteil des Querbehangs, werden sie gesondert hergestellt. Sie werden am Schabrackenbrett so befestigt, daß sie vor dem Querbehang liegen. Seitenbehänge sorgen für ausgewogene Proportionen, indem sie auf jeder Seite des Fensters ein Gegengewicht zum Querbehang bilden. Sie können bei aufwendigeren Arrangements aber auch zwischen verschiedenen Querbehängen eingesetzt werden.

Im folgenden wird beschrieben, wie man den rechten Teil eines Seitenbehangs herstellt. Für die linke Seite schneidet man die Schablone seitenverkehrt.

### STOFFMENGE ERMITTELN

Zuerst entscheidet man, welche endgültige Länge – von der Oberkante bis zur unteren Spitze – die Seitenbehänge haben sollen. Im allgemeinen sind sie halb so lang wie das gesamte Fenster, aber sie können auch bis zum Boden reichen. Die Länge der kurzen vertikalen Kante ist Geschmackssache. Meist beträgt sie etwa 15 cm.

Um die Breite des Stoffes zu berechnen (Abb. e), entscheidet man zuerst, wie viele Falten man legen möchte (für gewöhnlich vier) und verdoppelt diese Anzahl. Dann multipliziert man diese Zahl mit der Breite jeder Falte, die identisch sein

sollte mit dem Seitenmaß des Holzbrettes (weil die Oberkante des Seitenbehangs bis zur Wand reicht – in den meisten Fällen 10 cm). Dieses Maß ist die obere Zuschnittbreite des Seitenbehangs.

Nach diesen Maßen schneidet man aus dem Futterstoff eine Schablone, die etwa die Form eines rechtwinkligen Dreiecks hat, dem eine Ecke abgeschnitten wurde.

Wenn der Stoff gemustert ist, muß man die doppelte Stoffmenge für ein Paar Seitenbehänge rechnen. Bei ungemustertem Stoff benötigt man oft nur einmal die Länge, da man die Dreieckformen umgedreht aneinanderlegen kann.

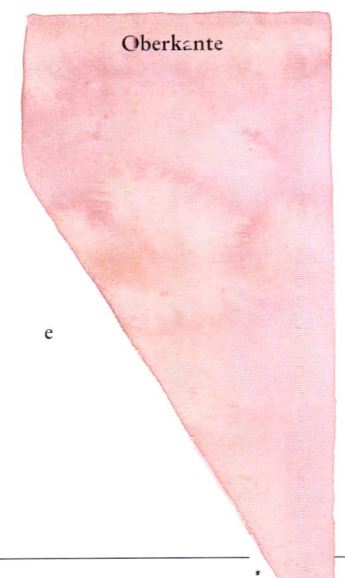

### HERSTELLEN DES SEITENBEHANGS

1 Den Stoff entsprechend der Futterstoffschablone zuschneiden. Entlang der diagonalen Stoffkante eine Paspel einsetzen (siehe S. 125).

2 Mit den rechten Seiten aufeinander, Stoff und Futter mit Nadeln feststecken und mit der Maschine die unteren drei Seiten steppen (Abb. f). Die Nahtzugaben beischneiden, den Stoff nach rechts drehen, sorgfältig bügeln und die Oberkante mit Heftstich reihen (Abb. g).

3 Die Faltenbreite entlang der Oberkante mit Nadeln und auch entlang den jeweilig entsprechenden Punkten an der unteren Diagonalkante markieren. Mit der rechten Stoffseite nach oben die Falten, an der kurzen Seite beginnend, einschlagen (Abb. h).

4 Nachdem die Falten gelegt sind, die Oberkante wie bei der Girlande absteppen (Abb. i – siehe S. 140).

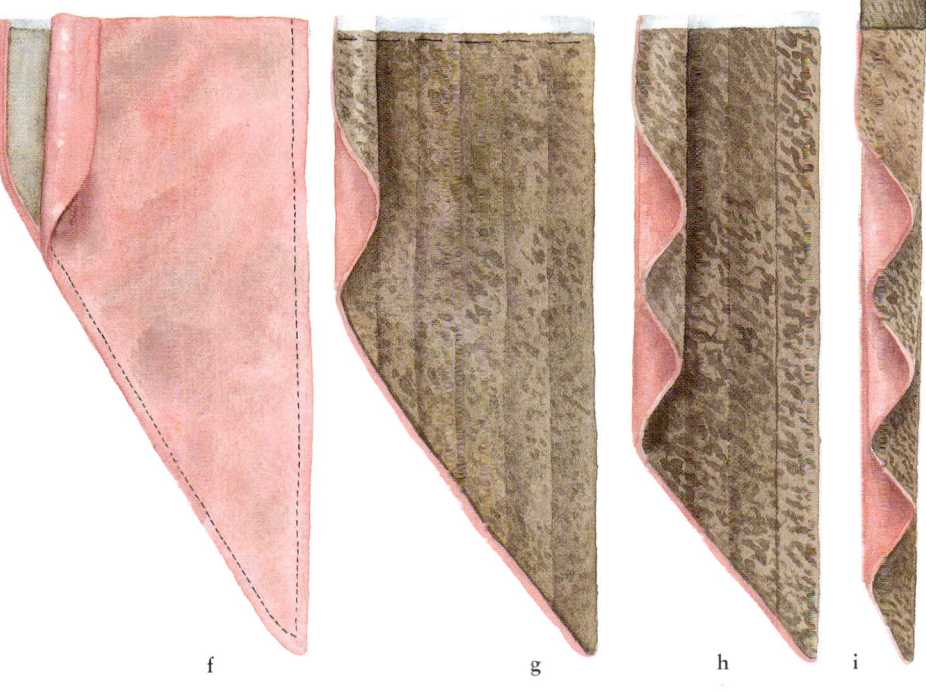

## Anbringen des Quer- und Seitenbehangs

Die endgültige Breite einer einzelnen Girlande entspricht der Länge der Vorhangschiene zuzüglich 2 cm an beiden Enden. Man schneidet ein Brett von 10 × 2,5 cm
(bzw. mit den Maßen, die erforderlich sind, um die Girlande frei hängen zu lassen)
auf die gewünschte Länge zu. Schließlich wird für den Bezug ein passender Stoff
zugeschnitten und am Brett mit Tackerklammern oder Heftzwecken befestigt.

### HERSTELLEN DER EINFASSUNG

Man schneidet ein Stück Stoff in der
Breite der Girlande und der doppelten
Tiefe des Brettes. Mit der Maschine
näht man diesen Streifen entlang der
Oberkante der Girlande an, wobei die
Stoffe mit den rechten Seiten aufeinan-
derliegen (siehe S. 205).

Den Einfassungsstoff umschlagen
und an der Futterseite der Faltenkante
mit Staffierstich annähen. Die Oberkante der Seitenbehänge ebenso einfassen
und die Seitenbehangeinfassung an die
Kante des Schabrackenbrettes legen.

### BEFESTIGEN DER EINFASSUNG

Die Seitenbehänge nach oben schlagen
und die eingefaßten Oberkanten an den
Ecken des Schabrackenbrettes mit
Heftzwecken befestigen. Dabei die
Seitenbehänge um die Ecken des Bretts
herumführen. Die Heftzwecken werden
von der Einfassung verdeckt. Die Girlande ebenfalls nach oben umschlagen
und befestigen, bevor man diese und
die Seitenbehänge nach unten fallen
läßt. Das Holzbrett mit Winkelhaken
an der Wand oder dem Fensterrahmen
befestigen (siehe S. 73).

Elegante Girlanden und Seitenbehänge,
kombiniert mit langen, auf dem Boden
aufbauschenden Vorhängen machen dieses
Erkerfenster zum Blickfang des Raumes.
Obwohl Girlanden sich meist nicht für
französische Fenster eignen, können sie hier
verwendet werden, weil der obere Teil der
Fenster unbeweglich ist. Die Girlanden
wurden zwar ungleichmäßig und scheinbar
zufällig drapiert, jedoch hat das Arrangement
eine unauffällige Eleganz, die gut zu dem
gesamten Interieur paßt. Aufgenähte
Fransenborten bilden für Girlanden und
Seitenbehänge eine klar definierte, attraktive
Umrandung.

# Betten und Bettbezüge

## Die Wahl des Stils
Bettgestaltung · Baldachine und Himmelbetten

## Bettdecken und Bettwäsche
Bettüberwürfe · Maßgeschneiderte Tagesdecken
Volants · Bettbezüge · Kissenbezüge
Nackenrollen

# Die Wahl des Stils

Schlafzimmer eignen sich hervorragend, um sie mit großen Stoffmengen zu verschönern. Schon durch die Größe des Bettes wird der Stoff zu einem wichtigen Raumelement. Ein bodenlanger Bettüberwurf – oder auch ein einfacher Bettbezug – stellen eine beachtliche Stofffläche dar. Und wenn Sie sich für eine dekorative Himmelbettvariante entscheiden, die die historische Bedeutung des Prunkbettes widerspiegelt, sind die Möglichkeiten des Schlafzimmers voll ausgeschöpft.

Betten haben jahrhundertelang zu den repräsentativen Einrichtungsgegenständen eines Hauses gehört, und das Bett kann noch heute das größte Möbelstück eines Haushaltes sein. Stoffe, die ein Himmelbett rundum umgaben, dienten ursprünglich dazu, Zugluft abzuhalten, aber von etwa 1600 an wurden Bettvorhänge zunehmend zu dekorativen Elementen. Erfahrene Dekorateure kombinierten üppige Draperien mit raffinierten Verzierungen und verwandelten die Betten für die, die es sich leisten konnten, in extravagante Statussymbole. Im 19. Jahrhundert übernahmen aufstrebende und modebewußte bürgerliche Haushalte diese Statussymbole in gemilderter Form und behängten ihre damals üblichen Zelt- oder Himmelbetten mit 40 oder 50 m Stoff.

In Stilkundebüchern jener Zeit findet man – ganz wie in heutigen Einrichtungsbüchern und -zeitschriften – vor allem Beispiele pompöser Bettgestaltungen. Früher hatten nur die wohlhabendsten Leute reich mit Draperien verzierte Betten, heute aber ist es mehr eine Frage des persönlichen Geschmacks, ob man ein üppig dekoriertes Bett oder eine schlichtere Lösung wählt. Obwohl ich weder den überladenen Rüschenstil, noch das bewußt inszenierte Aussehen einiger Stile mag, die sich aus Vorbildern der Vergangenheit herleiten, bieten Bettgestaltungen zweifellos unwiderstehliche Möglichkeiten, schöne Stoffe attraktiv zur Geltung zu bringen.

## Die Wahl des richtigen Stoffes

Vorhang- und Gardinenstoffe sollen sowohl schön als auch praktisch sein: Das Licht fällt durch die Webstruktur und beleuchtet die Konturen der Falten und Drapierungen. Bei einer Bettdecke muß der Stoff vor allem schön anzusehen sein, bei Bettzeug sollte er sich außerdem warm und angenehm anfühlen. Eine dicke, duftige Daunendecke verspricht ebensoviel Behaglichkeit wie verschiedene Lagen dünner Bettdecken und glattes Leinen.

Es ist wichtig, Schlafzimmer nach den eigenen Bedürfnissen zu gestalten: Sie sollten sowohl tagsüber als auch nachts attraktiv aussehen. Dekorativer Einsatz von Stoff kann den architektonischen Charakter eines Raumes ergänzen und verändern oder ein angemessen luxuriöses Umfeld für Ihr Bett schaffen.

*Das imposante Himmelbett droht, dieses kleine Schlafzimmer völlig zu beherrschen. Aber mit der Reduzierung der Farbpalette auf Blau und Weiß wurde das möglicherweise düstere Interieur geschickt verändert, und die Farbe verbindet auch die verschiedenen Blumenmuster auf dem Bett und an der Wand harmonisch miteinander. Die Verzierung der Bettdecke ist raffiniert: Alter Stoff wurde von Hand fein bestickt. (Man beachte, wie gut auch die linke Seite der Decke aussieht, ebenso die durchbrochene Stickerei der eingesetzten Kante.)*

Stoffgirlanden können hinter einem Bett einen interessanten Rahmen ergeben, während glatte oder gerüschte Stoffbahnen, die an der Wand am Bett hängen, schalldämpfend wirken. In einem großen Raum schafft ein stofflicher Rahmen für ein Bett ein »Zimmer im Zimmer«, während umgekehrt in einem kleinen Raum der Stoffbezug von Wänden und Decken diesen als eine Erweiterung des Bettes erscheinen läßt.

Um verschiedene Zeitstile wieder aufleben zu lassen, eignen sich viele Arten von Stoffdrapierungen und Geweben – angefangen von Himmelbetten im Empirestil mit Bekrönung und schweren Falten bis hin zu Arrangements der Jahrhundertwende mit »Moskitonetzen« aus durchsichtigem Musselin. Man kann den Stoff aber auch dazu verwenden, eine bestimmte Atmosphäre zu schaffen: Abgeschiedenheit, Geräumigkeit oder was immer an nichtfaßlichen Qualitäten Ihnen wichtig ist. Andererseits kann ein Schlafzimmer auch einfach wie ein Wohnzimmer gestaltet werden, in dem das Bett nur ein weiteres Möbelstück ist.

Die Gestaltung eines Bettes läßt sich in zwei Hauptbereiche unterteilen: die vorrangig dekorativen Elemente, wie Volants oder Stoffarrangements um das Bett herum und die praktischeren Aspekte, die aber nicht minder wichtig sind, nämlich das Bettzeug, Kopfkissen, Laken und Decken. Auf den folgenden Seiten beschreibe ich verschiedene Bettgestaltungstypen, aber das Hauptaugenmerk ist darauf gerichtet, wie man Decken und Bettzeug herstellt (siehe S. 162–172). Viele der in diesem Kapitel gezeigten Stoffhängungen sind Varianten der Vorhänge, deren Herstellung auf den Seiten 108 bis 123 detailliert beschrieben wird.

Bei dem Himmelbett rechts wurden Bahnen alter Spitze liebevoll um Rahmen und Pfosten drapiert. Sie wirkt gegenüber den gedeckten Farben des Raumes – das lederne Sofa, der abgelaufene Teppich, die hölzerne Trittleiter und der liebevoll am Kopfende drapierte alte Stoff – hell und leuchtend. Der gestärkte weiße Bettüberwurf hebt sich in der gleichen Weise vom Hintergrund ab und erzeugt durch seine Undurchsichtigkeit einen massiven Eindruck, der in interessantem Kontrast zur Zartheit der Spitze steht.

Auf den ersten Blick wirkt das Bett in dem unten gezeigten Raum sehr unauffällig. Aber die Gestaltung wurde sorgfältig geplant: Der symmetrische Aufbau des Gesamtarrangements richtet sich nach dem Bett, das einem Himmelbett mit abgeschnittenen Pfosten ähnelt. Obwohl schlicht gehalten, wirkt die Baumwolldecke sehr einladend. Aufgesteppte Quadrate wiederholen das Muster des Bodenbelags, und an den Seiten ist sie geschlitzt, damit sie sich eng um die Bettpfosten legen läßt. Dies verstärkt den Eindruck von Gemütlichkeit, den die dicke Steppdecke und die prall gefüllten Kissen erzeugen.

# BETTGESTALTUNG

Die einfachste Form der Bettgestaltung besteht aus einem rechteckigen Stück Stoff, das über das Bett gelegt wird. Der Stoff paßt sich der Form an, fällt vielleicht an den Kanten bis auf den Boden oder wird säuberlich unter der Matratze eingeschlagen. So läßt sich mit optisch und finanziell sparsamem Einsatz von Mitteln ein gutes Ergebnis erzielen: Denken sie etwa an preiswerten Drillich, der sich auf einem einfachen Juteteppich aufbauscht. Bei besonderen »Stoffarten«, wie zum Beispiel alten Quilts oder Kelims, bleibt die Wirkung ganz dem Material überlassen. Bettbezüge und wattierte Bettdecken lassen die eckigen Formen des Bettes runder erscheinen.

Die Gestaltung eines Schlafzimmers ist, gleichgültig ob einfach oder kunstvoll, oft bewußt darauf angelegt, nicht dazugehörende Elemente auszuschließen. So liegt der auffallenden Einfachheit eines japanischen Schlafzimmers eine ganze Philosophie zugrunde. Es erfordert außerdem Disziplin, darauf zu achten, daß die persönlichen Alltagsdinge nicht die klaren, ungebrochenen Linien und glatten Oberflächen stören.

Die üblichste Bettform ist die Polsterliege, aber auch raffinierte Bettformen können einfach gestaltet werden. Der Landhauslook, der sich ergibt, wenn man eine Quiltdecke mit einem traditionellen Messingbett kombiniert, erlaubt dem Betrachter, das Können des Quiltmachers ohne weitere Ablenkungen zu bewundern. Ein Bett im Empirestil dagegen sollte einen einfachen Bettbezug haben, den man um die Matratze schlägt, so daß der polierte Holzrahmen voll zur Geltung kommen kann.

*Zwei einfache, gestärkte, weiße Bettücher bilden die einzigen Decken für dieses Bett. Nichts lenkt von den geschwungenen Linien und dem Flechtwerk am Kopf- und Fußende des Bettes ab. Aus dem gleichen Grund gibt es in dem gesamten Raum keine Farbe, die mit dem sanften Glanz des Holzes konkurrieren könnte. Das durch den geflochtenen Paravent sanft gefilterte Licht trägt zur entspannten, jedoch auch etwas melancholischen Atmosphäre bei.*

Die einfachsten Bettdecken sind Überwürfe (siehe S. 162–163) und Bezüge (siehe S. 168). Maßgeschneiderte Tagesdecken (siehe S. 164–165) können aus einem ungemusterten oder gestreiften, vielleicht mit einer Paspel verzierten Stoff gearbeitet werden, so daß die klare Form des Bettes betont wird, oder so kunstvoll gestaltet werden, daß das Bett zum Blickfang des Raumes wird. Gemusterte Stoffe, kontrastierende Paspeln, Ränder, Borten und Accessoires wie maßgeschneiderte Nackenrollen können einem Bett ein elegantes Flair geben, das besonders zu klassischen Bettformen aber auch einfachen Polsterliegen paßt. Noch dekorativer wirken Tagesdecken, wenn man sie mit Falten und Rüschen umgibt.

Im allgemeinen verwendet man für die Bettgestaltung gewöhnliche Dekorationsstoffe, oft kräftig gemusterten Chintz, aber auch weniger konventionelle Stoffe mit unterschiedlichen Texturen und Gewichten können äußerst effektvoll sein. Denkbar wäre etwa, einen steifen Drillich mit einer kontrastierenden Kante zu versehen oder ein einfaches Segeltuch ganz zu bemalen.

Der spezifische Charakter eines Bettes bildet den offensichtlichen Ausgangspunkt für die Stoffgestaltung. Himmelbetten geben oft vor, wie der Stoff vom Rahmen hängt, obwohl man immer auch unerwartete Lösungen entwickeln kann – wie zum Beispiel fließende Seide statt dickem Samt zu wählen. Die verzierten Fuß- und Kopfenden eines Empirebettes sind zu kunstvoll, als daß man sie mit komplizierten Falten verdecken sollte, obwohl sie auch eine ideale Stütze für die Seiten eines einfachen, von einem Wandpfosten herabhängenden Baldachins sind (siehe S. 152). Man könnte eine eigene Variante dieses altehrwürdigen Stiles kreieren, indem man Batist oder Käseleinen statt des üblichen Brokats verwendet. Bei einfacheren Betten oder sogar Liegen kann man ähnliche

*Das einfache Bett in dem unten gezeigten Raum wirkt elegant und gemütlich. Auf zwei Futons befinden sich eine Steppdecke, zwei Nackenrollen und ein Kissen. Das einzige dekorative Element ist die Troddel am Kopfkissen. Der Gebrauch der Farbe ist angenehm – Nackenrollen und Kissen greifen genau den Ton des Gitters an der Wand auf.*

Effekte erzielen, indem man den Stoff ohne den Aufwand von Rahmen und Baldachin an Schienen oder Stangen anbringt, die an der Wand befestigt sind.

Die meisten Räume bieten nur wenig Möglichkeiten, ein großes Möbelstück wie ein Bett aufzustellen, und dekorative Himmelbettkonstruktionen und Wandverkleidungen legen den Bettplatz noch mehr fest.

Andererseits können architektonische Gegebenheiten den Ausgangspunkt für eine Gestaltung mit Stoff bieten – so kann ein vorstehender Kamin in einen Halbbaldachin verwandelt oder ein Himmel an eine Bilderleiste angeheftet werden. Stoff läßt sich auch hervorragend dazu einsetzen, den Blick von wenig attraktiven Raumecken abzulenken.

Ich kenne einen Raum, bei dem das Bett von zwei ungleich großen Türen eingerahmt wird; sie sind passend zur Wand lackiert und ein Stoffbaldachin über dem Bett lenkt mit seiner ausgeprägten Dreiecksform von der Unregelmäßigkeit ab.

Stoffe, die zur Bettgestaltung verwendet werden, finden oft ihre Ergänzung in Stoffen an den Fenstern. Mir gefällt es, wenn man das dezent macht, indem man zum Beispiel ein Vorhangdetail oder einen Besatz in größeren Mengen für die Bettdecke verwendet oder umgekehrt.

Ich ziehe diese offenere Gestaltung einer deutlicheren Abstimmung von Raumdetails aufeinander vor. Man könnte auch einen »Basareffekt« erzielen, indem man einzelne Bahnen verschiedener Stoffe, die irgendwelche Gemeinsamkeiten haben, zusammenstellt, ohne sie aneinander zu nähen, oder sie mit Kanten voneinander absetzt.

Ich finde es aufregender, durch Kontraste eine wohlabgewogene Spannung zwischen den verschiedenen Stoffen eines kunstvollen Arrangements zu erzeugen, als allzu vorhersagbare Kombinationen vorzunehmen. Andererseits muß es irgendeine Art der Gemeinsamkeit zwischen den einzelnen Stoffelementen in einem Raum geben – sonst »erschlagen« sie einander oder heben sich in ihrer Wirkung auf.

*Das Imposante eines Himmelbetts, wie das auf der gegenüberliegenden Seite abgebildete, kann durch die Wahl der Dekoration noch betont werden. Hier hat man sich für einen glänzenden Baumwollstoff mit sanften Blumenmustern entschieden und die Form der Draperien und Bettdecke durch einen einfarbigen Einfassungsrand betont.*

*Besonders dekorativ wirkt diese Kante an der maßgeschneiderten, mit aufgesteppten Rauten versehenen Bettdecke, die an den Pfosten geschlitzt ist.*

*Die Quetschfalten des Querbehangs tauchen im Futter am Kopfende wieder auf, und zwei gefütterte Vorhänge sind mit Ringen an Stangen auf beiden Seiten des Betts angebracht. Doppelte Seitenbehänge an allen vier Ecken und doppelte Girlanden auf drei Seiten sind so angebracht, daß die Bemalung des Bettrahmens sichtbar bleibt.*

*Wo Farbe und Muster in einem Stoff vorkommen, erhält die Umgebung automatisch ein formelleres Gepräge. In dem gemütlichen Raum links wird der geblümte Stoff von Querbehang und umgeschlagener Tagesdecke auch für Kissen und Nackenrolle und sogar als Bezug für die gepolsterten Fuß- und Kopfteile verwendet. Die Nackenrollen dienen traditionsgemäß als Kissenstütze.*

# BALDACHINE UND HIMMELBETTEN

Eine Einrahmung aus dekorativen Girlanden und Seitenbehängen bietet ein breites Feld, um sich an großen Mengen Stoff zu erfreuen. Baldachine über einem Bett bilden ein dreidimensionales Dreieck oder Rechteck, das man von innen bzw. unten ebenso wie von außen betrachten kann. Sie eignen sich deshalb besonders für kontrastierende Futterstoffe (siehe S. 63) oder auch für Experimente mit transparenten Stoffen.

Die meisten Bettvorhänge dienen keinem praktischen Zweck. Wenn man sich vor Zugluft schützen muß oder in einem Stoffzelt schlafen möchte, kann man ein Himmelbett mit Vorhängen versehen, die sich auf- und zuziehen lassen; ansonsten ist es ausreichend und stoffsparend, Gardinenschals zu verwenden. Der Stoff muß nicht besonders strapazierfähig und lichtbeständig sein. Man kann einen alten, teilweise abgetragenen Stoff, an dem das Herz hängt, als Kante an einem robusteren Stoff verwenden (siehe S. 35). Es gibt viele Möglichkeiten, dekorative Kanten und Ränder einzusetzen (siehe S. 28). Auch Fransen können hier wunderbar zur Geltung kommen.

In der Geschichte findet man viele Anregungen für die heute wieder gefragten Baldachine, ebenso wie für Nachbauten von Halbbaldachinen, Zelt- und Himmelbetten. Wenn man sich nicht besonders für geschichtliche Genauigkeit interessiert und einen Raum in den passenden Proportionen besitzt, sollte man sich nicht zu eng an die alten Gestaltungen halten. Man sollte sich statt dessen mit dem Faltenwurf des Stoffes befassen, wie weich oder steif er war, und dann seine persönliche Version kreieren.

Einfachere Baldachine, die zu den meisten modernen Wohnungen passen, verwenden nur eine oder zwei Farben. Noch besser ist es, wenn man sich auf die Stofftextur konzentriert. Bei einem leichten, ungefütterten Stoff, der sich angenehm anfühlen soll, ist eine lose gewebte Bourretteseide oder weißes Leinen mit einer interessanten, groben Oberfläche oder feiner Schirting geeignet. Wählt man einen weißen und leicht durchsichtigen Baldachinstoff, so wirkt das Zimmer auch weiterhin geräumig: Wenn man eine massiver aussehende Form möchte, sollte man einen dieser leichten Stoffe als Futter für einen schwereren und gröberen Stoff verwenden. Bei einem einfachen Baldachin, der in Dreiecksform von einer waagerechten Stange herabhängt, ist dies besonders attraktiv.

*Der wenige Platz in dem kleinen Raum (etwa 4 × 4 m) auf der gegenüberliegenden Seite wurde geschickt genutzt. Das Bett steht auf einem weiß lackierten Sockel. Damit kontrastieren die schweren Vorhänge aus alten Kelimteppichen, die das Bett in zugezogenem Zustand ganz abschotten. Die Freude des Besitzers an Texturen ist unübersehbar – das zeigt sich nicht nur an den schönen Kelimmustern, sondern auch an der auf dem Bett liegenden Decke und den Kissen, dem Boden, der kunstvollen Schnitzereien des Stuhls und der sehr persönlichen Auswahl von Sammlerobjekten und Skulpturen.*

*Baldachinaufhängungen können ganz einfach sein. Für eine »Überdachung« im Empire-Stil (Abb. a) schraubt man eine 50 bis 60 cm lange Stange in eine Wandhalterung (siehe S. 102). Man kann den Stoff einfach über die Stange drapieren oder durch einen Zugsaum darüberschieben (siehe S. 119).*

*Bei komplizierteren Draperien (Abb. b) kann man zwei Stangen von der gleichen Länge wie die Bettbreite entweder an der Wand oder der Decke montieren. Bei hölzernen Stangen kann man den Stoff mit Tackerklammern sichern. Wie hoch die Stangen über dem Bett angebracht werden sollten, hängt von der Architektur und den Proportionen des Raums ab, aber im allgemeinen befestigt man sie etwa 30 cm unterhalb der Decke.*

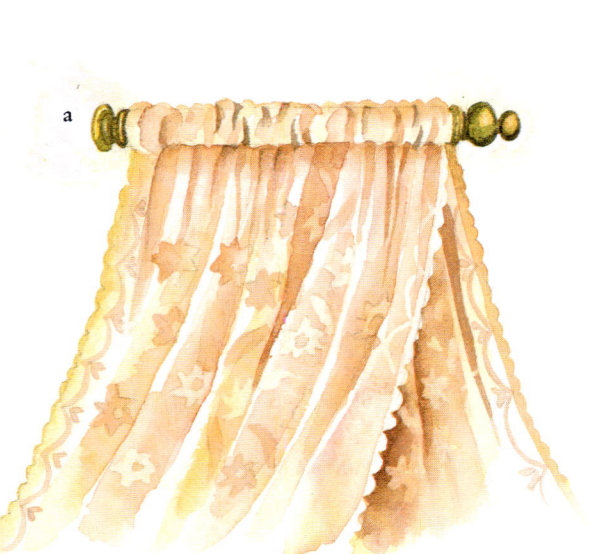

Meiner Meinung nach erzeugen kühle, klare Farben, besonders Weiß- und Grauschattierungen eine Atmosphäre, die sich von dem traditionellen »Schlafzimmerstil« unterscheidet. Segeltuch bildet bei einfachen Baldachinen und »Zeltdächern« wunderbar geformte Falten. Bei feineren Drapierungen kann man dicken Musselin für weiche und Popelin für steifere Falten verwenden.

Wenn man dramatische oder üppige Effekte erzielen will, bietet sich Seidentaft in leuchtenden Edelsteinfarben an, der im Licht funkelt, oder karierte Stoffe mit Moiréoberfläche in satten, tiefen Farben. Beide eignen sich für ausgefallene Gestaltungen, die auch zu üppigen Vorhangarrangements (siehe S. 52–53) und zu hochglanzpolierten Holzgestellen passen. Man kann auch Stoffe in gewöhnlicher Stoffbreite verwenden: farbige Changeantseide gibt es zu erschwinglichen Preisen, und auch auf Märkten findet man häufig exotische Materialien.

*Der Raum wurde um das schöne Holzbett mit seiner bunten Patchworkdecke herum gestaltet. Der kühle Grünton im Patchworkmuster wird vom Teppich, der Tapete, der Holzbemalung und den sparsamen Vorhängen aufgegriffen.*

*Der Baldachin betont die Wichtigkeit des Bettes und läßt den Raum optisch höher erscheinen. Er besteht aus zwei Stoffen, leichtem Organza und einem ebenfalls grünen, schweren Baumwollgewebe. Die beiden sind nicht zusammengenäht, sondern einfach über eine in der Wand befestigte Stange gelegt.*

Denken Sie aber immer daran, daß üppige Stoffarrangements in Maßstab, Stil und Struktur zur Möblierung des Raumes passen müssen. Großartige Effekte benötigen Platz um sich herum – Räume mit großzügigen Proportionen und, wenn möglich, gediegene Möbel, die dem Arrangement Gewicht verleihen. Einfachere Effekte mit preiswerten Materialien und simplen Haltevorrichtungen sind weniger anspruchsvoll.

## Gestaltungsdetails

Die traditionellen Stoffgestaltungen um Himmelbetten und Baldachinbetten – Vorhänge, die an Schienen oder Stangen bewegt werden, Girlanden, Schabraken und Querbehänge, Haltebänder usw. – benötigen dieselben Halterungen und Gestaltungstechniken wie Fenstervorhänge. Für die Entscheidungen, die man beim Gestalten eines Vorhangs an der Wand an einem Bettende treffen muß, gelten die gleichen Überlegungen: Soll man den Vorhang von der Decke über die ganze Höhe herunterhängen lassen oder einen etwas engeren Bereich wählen und mit Girlanden eine Art Einrahmung schaffen? Man nimmt die Art der Oberkantengestaltung, die zur Struktur und Verarbeitung des gewünschten Stoffes paßt (siehe S. 108–123).

Bedenken Sie, daß um das Bett herum angeordnete Stoffe von beiden Seiten sichtbar sind. Entweder kann man einen wählen, der von beiden Seiten gleich

*Die Gestaltung dieses Raumes ist zwar traditionell, aber sie würde ebensogut (anders als bei dem links gezeigten Beispiel) zu einem modernen Raum passen. Auch hier sorgt vor allen Dingen die Verwendung von Stoff am Kopfende für die besondere Atmosphäre des Raumes.*

*Der an Wand und Decke befestigte Halbbaldachin bekrönt das ansonsten einfache, weiß gehaltene Bett. Das ungemusterte Bettzeug und die Decke aus weißem Moiré zeigen das Steppmuster, ohne von dem raffiniert gestalteten Kopfende abzulenken. Unterstützt durch die Bett- und Fenstervorhänge aus dem gleichen Stoff, strahlt der Raum Wärme und Gemütlichkeit aus.*

ist, oder man macht das beste aus der Notwendigkeit, ein Futter verwenden zu müssen (siehe S. 100). Aus dem gleichen Grund sollte man Gardinenbänder vermeiden (siehe S. 106), da sie von innen zu sehen sind.

Wenn man einen Baldachin über dem Bett plant, sollte man sich von einem Fachmann beraten lassen, ob die Stangen oder anderen Aufhängungsmaterialien, die in der Decke oder der Wand angebracht werden sollen, stabil genug sind, das Stoffgewicht zu tragen. Oft muß man einen Entwurf derartigen praktischen Gegebenheiten anpassen.

## Wandbaldachine

Die einfachsten Baldachine bestehen aus einer, in Form eines umgekehrten V von einer waagerechten Stange herabhängenden Stoffbahn. Diese kann auf beiden Seiten mit einem geeigneten Halteband (siehe S. 124) zurückgebunden werden; meistens liegt der Stoff jedoch auf dem Bettrahmen auf, so daß er nicht so schwer herabhängt. Klassisch ist die Kombination dieses Baldachins mit einem Empirebett, das längs an der Wand steht. Der Stoff liegt auf dem Kopf- und Fußende des Bettgestells auf, wird dadurch »erleichtert« und läßt sich wunderbar drapieren.

Die Stoffbreite entscheidet oft über die Länge der Stange und somit über die Tiefe des Baldachins. Das Futter kann festgenäht oder gesondert gearbeitet werden. Der gleiche Stoff wird oft benutzt, um den V-förmigen Bereich an der Wand zu verdecken, womöglich an der Spitze gekräuselt oder in Falten gelegt und nach unten fächerförmig ausstrahlend.

Verzierte Haltebänder, Borten, Kanten, Quasten, Rosetten und andere dekorative Elemente können hinzugefügt werden, um das klassizistische oder exotischen Flair zu betonen. Der Zugsaum, durch den man die Stange führt, kann eine kontrastierende Kante zeigen, die zusätzliche Höhe »schafft«.

## Halbbaldachine

Die Haltevorrichtung eines traditionellen Halbbaldachins ist meist die Fortführung des Kopfendes eines Betts. Vorhänge an beiden Seite bilden einen flachen, dreidimensionalen Raum, den man mit kontrastierendem Futter, das auch entlang des Querbehangs läuft, betonen kann.

Um einen Halbbaldachin zu schaffen, könnte man ein vorspringendes Brett mit Winkeln an der Wand montieren (das von den beiden Seitenbahnen verdeckt wird). Man kann ein Gerüst aus Vorhangschienen – oder -stangen auch an eine stabile Decke montieren.

Halbbaldachine wirken schnell ein wenig folkloristisch. Wenn man aber dicken, festen Stoff, wie zum Beispiel Segeltuch verwendet, kann der Effekt deutlich anders sein; auch glänzende Baumwollstoffe mit feinen Streifen bieten eine interessante, leichtgewichtige Alternative. Eine andere Möglichkeit besteht darin, lose drapierte Stoffe um eine Stange zu wickeln (siehe S. 134).

*Auch ein ungemusterter, preiswerter Stoff wie diese Fallschirmseide kann, wenn man ihn üppig und phantasievoll einsetzt, wunderschön aussehen.*

*Das ganz gewöhnliche Bett rechts hat einen gestreiften Baumwollbezug, und die rotumrandeten Kissen sind hübsche Farbflecken. Klemmstangen, die normalerweise* *als Halterung für Scheinwerfer dienen, bilden eine moderne Himmelbettversion, über die große Mengen von Fallschirmseide drapiert wurden. Der Stoff ist einfach über die Stangen gehängt und an den Pfosten verknotet. So wirkt das ganze Arrangement – trotz der genauen Planung – erfrischend spontan.*

## Himmelbett

Das Himmelbett ist das extremste Beispiel für ein ganz mit Stoff verkleidetes Bett, dessen Holzrahmen einen Volanthimmel und vier vertikale Stoffwände trägt. Die Stoffe und ihre Anordnung waren das, was die Menschen bei diesen alten Betten am meisten bewunderten: der Holzrahmen war oft ganz verdeckt und schimmerte nur an wenigen Stellen durch die üppige Stoffdekoration. Völlig mit Stoff verzierte Himmelbetten sind meistens Museumsstücke, und die meisten Menschen ziehen heute unverkleidete Bettrahmen vor. Ein schönes Holzgestell kann allerdings auch gut zur Geltung kommen, wenn Stoffgirlanden seine strengen Formen abmildern, ähnlich wie die Spitzenvorhänge auf Seite 145.

## Alternative Gestaltungsmöglichkeiten

Auch mit an der Decke angebrachten Gardinenstangen kann man einen Baldachinhimmel herstellen. Girlanden oder Stoffbahnen lassen sich von der Mitte der Decke aus um das Bett herum drapieren, als sollte ein unsichtbarer Würfel beschrieben werden. In einem Alkoven oder in einem kleinen Raum zum Beispiel können die Stoffbahnen fast an den Wänden anliegen. Ein historischer Vorgänger dieses Bettyps war das Schrankbett, das über getäfelte Fuß- und Kopfenden verfügte und an der Einstiegsseite einen Vorhang hatte. Es stand längs zur Wand und war oft darin integriert. Ein Bett, das einen eignenen Innenraum bildet, eignet sich besonders gut für Stoffarrangements – wie zum Beispiel Draperien aus weichem irischen Leinen, cremefarbenem Musselin oder gestreiftem, markisenartigen Leinen. Besonders Kinder haben eine Vorliebe für solche »Räume«, in denen sie sich verstecken und unbeobachtet miteinander spielen können, und auch Etagenbetten lassen sich so ausstatten, daß sie einen Raum-im-Raum-Eindruck erzeugen.

*In dem Raum rechts sorgt der stark gemusterte Stoff für die besondere Atmosphäre, auch ohne die Unterstützung durch ein ausgefallenes Himmelbett. Die Reduktion der Farbpalette auf zwei Töne sorgt dafür, daß das komplizierte Muster nicht zu unruhig wirkt und die Stärken des Stoffes betont werden.*

*Die Bettdecke ist unter der Matratze eingeschlagen, damit die Schublade im Bettkasten zugänglich bleibt und das Bett am Tag als Couch genutzt werden kann. Die gedämpften Farben von Wand, Holz und Teppich unterstützen den Gesamteindruck, obwohl letzterer ein weiteres kompliziertes Muster einführt. Die Form von Seitenbehang und Girlande am Fenster bietet einen abschließenden Blickfang.*

*Das Bett aus massiver Eiche links beherrscht den Raum; allerdings findet die komplizierte Schnitzerei an Kopfteil und Rahmen in den kunstvollen Mustern von Bettdecke, Kissen und Nackenrolle durchaus ihre Entsprechung.*

*Das Mittelstück des Überwurfs stammt, ebenso wie die Kreismotive auf den Kissen, aus einer original türkischen Goldstickerei, während die angenähten Seitenteile aus selbstgefärbtem schwarzem Samt bestehen. Schwerer schwarzer Wollstoff dient als Unterstoff von Kissen und Nackenrolle, Borten und Troddeln kommen hinzu. Trotz des eher pompösen Erscheinungsbilds wirkt das Bett aber nicht ungemütlich.*

# Bettdecken
# und Bettwäsche

Das Bett gibt Stoffen einen spezifischen Rahmen. Um seine Möglichkeiten herauszufinden, kann man es in verschiedene Bereiche gliedern – das Rechteck der Matratze, die vertikalen Formen der Kopf- und Fußteile und den das Bett umgebenden Raum.

Futons, Polsterliegen und einfache Betten mit niedrigen Holzrahmen sind flache Kuben, die man ganz nach eigenem Geschmack schlicht oder aufwendig gestalten kann. Bei anderen Stilen wird der Bettcharakter stärker betont – durch kunstvolle Kopfteile und schmuckvolle Bettgestelle aus Holz oder Metall. Die ausgeprägteste Bettform haben diejenigen, bei denen aus dem Kopfteil ein Halbbaldachin hervorgeht oder bei denen Kopf- und Fußende mit einem Himmel verbunden sind.

### Einfache Betten

Die rechteckige Kubusform der einfachen Betten bietet viele Gestaltungsmöglichkeiten. Polsterliegen können mit einem Überwurf oder einer maßgeschneiderten Tagesdecke ganz überzogen werden. Wenn man eine Bettdecke ohne Überwurf vorzieht, sollte der Bettrahmen (und der Stauraum darunter) mit einer Verkleidung oder einem Volant verdeckt werden. Ein Überwurf kann an allen vier Seiten bis zum Boden reichen, obwohl das bei der Seite, mit der eine Liege möglicherweise beständig zur Wand steht, nicht nötig ist.

Polsterliegen, die man während des Tages als Sitzgelegenheit nutzt, benötigen nur ein Minimum an Verzierungen – vielleicht reicht schon eine kontrastierende Paspel. Ein maßgeschneiderter Volant und eine Überwurfdecke, die unter die Matratze eingeschlagen wird, sollten aus einem robusten Stoff bestehen: Grauer Flanell ist schön und pflegeleicht.

Futons werden oft tagsüber als Sofa verwendet. Man sollte sich auf ein Laken, einen Bettbezug und ein oder zwei Kissen oder Nackenrollen beschränken und darauf achten, daß sie miteinander ein harmonisches Ganzes bilden. Klare Streifen und Farben passen gut zur Einfachheit des Futonstils: Selbstgemalte Streifen auf einem unauffälligen Baumwollstoff können attraktiv und sehr individuell wirken.

### Betten mit Rahmen

Abgesehen von einfachen, stoffbezogenen Kopfteilen, verbindet ein Rahmen ein Bett fast immer mit einem bestimmten Stil und bringt ein weiteres Material außer Stoff ins Spiel. Die Gestaltung des Bezugs und die Stoffauswahl sollten nicht konfus wirken, sondern die dekorativen Qualitäten des Rahmens betonen. Bei den traditionellen Bettgestellen aus Messing, Eisen oder poliertem Hartholz ist es meiner Meinung nach wichtig, passende Textilien aus Naturfasern zu wählen: Geeignet sind Drillichstoffe mit weißen oder schwarzen Paspeln und gestreifter Popelinschirting, aber eigentlich eignet sich nichts besser als weiße, leicht gestärkte Baumwolle.

*Dieses kostbare Bett kommt mit Überwurf und Kissenbezug aus seidiger weicher Baumwolle voll zur Geltung. Das Kräuseln des Stoffes über die gesamte Decke würde normalerweise als Nähfehler betrachtet, hier aber wirkt es sehr attraktiv. Das einfache Gittermuster aus Stepp-* *nähten, die von Stoffblumen unterbrochen sind, wirkt erstaunlich zurückhaltend obwohl der Stoff in den gleichfarbigen Wiener Rollos ein Gegenstück findet. Der Bettüberwurf ist zwar sehr dekorativ, lenkt jedoch in keiner Weise von der Form des Bettes ab.*

In dem Raum links bestimmen Stoffbahnen die Atmosphäre, die von einem an der Decke befestigten Halbbaldachin in sanftem Schwung zu den verzierten Bettpfosten verlaufen und diese umschlingen. Allerdings spielt auch die Überwurfdecke eine wichtige unterstützende Rolle, obwohl sie auf den ersten Blick weniger ins Auge springt. Einfaches weißes Leinen mit einer zarten Einfassung an den Kanten und die Fläche, die es einnimmt, spiegeln und verstärken das Gefühl von Frische, Kühle und Klarheit, das der Raum ausstrahlt.

Im Gegensatz dazu ist das moderne Schlafzimmer unten so ausgestattet, daß nichts von den Bögen des Alkovens und des Fensters sowie von dem Rechteck des Bettes ablenkt. Der maßgeschneiderte dunkelblaue Überwurf läßt die Bettumrisse deutlich hervortreten, während die auf dem Boden aufbauschenden Enden zusätzlich den Stoff zur Geltung bringen. Die einzige Verzierung bilden die Verbindungsnähte der Stoffbahnen, die an den Seiten als dekoratives Element gestaltet wurden.

Bettgestelle aus Messing und Eisen haben oft hohe Beine. Ein maßgeschneiderter Überwurf und ein glattes oder gerüschtes Volant an den Seiten betonen diese Höhe. Besser wirkt ein großzügig bemessener Bettbezug oder ein dreiviertellanger Überwurf plus einem Volant zwischen Bettrahmen und Boden.

Ein Seitenbehang muß wegen des Rahmens an den Ecken geschlitzt sein, gleichgültig, ob das Bett schön gearbeitete Beine hat oder nicht. Eine schöne Kante betont diese Öffnung und lenkt die Aufmerksamkeit auf den Bettrahmen. Eine traditionelle lange Nackenrolle ist praktisch, um den Spalt, der sich bei diesem Bettyp oft zwischen Matratze und Bettgestell bildet, zu verdecken.

Bettrahmen mit einem massiven Fußteil erfordern gleichfalls einen unterbrochenen Volant. Bei einem modernen niedrigen Bett bildet ein Bettbezug, der in den Farben und der Struktur zu den Bettmaterialien paßt, die beste Lösung.

Empirebetten haben ebenfalls massive, oft schön gearbeitete Fußteile aus poliertem Holz. Die Form dieser Betten ist so außergewöhnlich, daß man am besten lediglich eine eingeschlagene Überwurfdecke oder eine maßgeschneiderte Tagesdecke ohne Seitenvolants wählt, die die Linien des Betts stören würden. Feste, maßgeschneiderte oder mit Rosetten verzierte Nackenrollen passen gut zum würdevollen Flair dieses Bettyps.

Himmelbetten sind eine Sonderform der Betten mit Rahmen. Die Bettdecken müssen zum Stil der Vorhänge oder Draperien passen, aber fast alle Betten dieser Art sehen am besten aus, wenn man ihre Höhe mit einer Bettdecke ausgleicht, die den Freiraum zwischen Matratze und Boden überbrückt.

**Polsterliege**

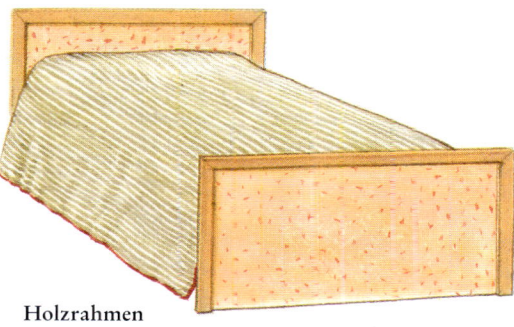

**Holzrahmen**

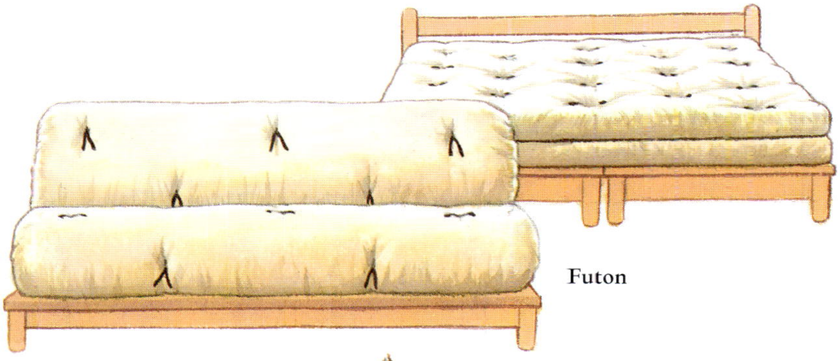

**Futon**

**Messingrahmen**

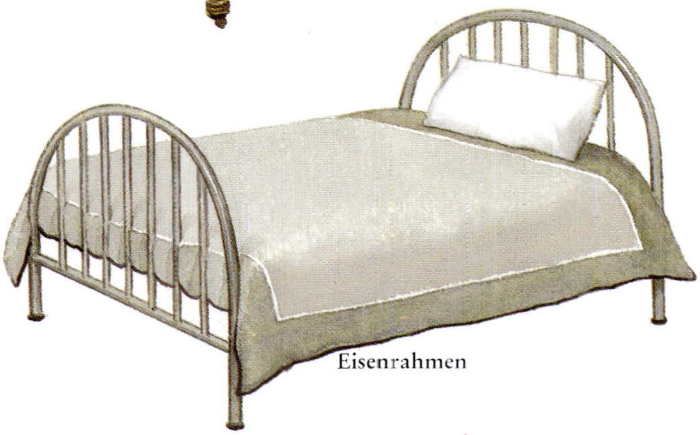

**Eisenrahmen**

**Himmelbett**

# BETTÜBERWÜRFE

Die nachfolgenden detaillierten Arbeitsanleitungen beziehen sich auf einen gefütterten Bettüberwurf mit abgerundeten Ecken. Außerdem wird eine Variante beschrieben, bei der das Futter an den Kanten des Hauptstoffes einen Rand mit Diagonalecken bildet.

Wenn man einen richtigen Dekostoff als Futter wählt, bietet sich außerdem die Möglichkeit, die Decke von beiden Seiten zu benutzen.

Bei der hier beschriebenen Methode gibt es außer den runden Ecken keine besonderen Formen zu beachten. Man kann natürlich Raffinessen wie einen Kopfkisseneinschlag oder ein T-förmiges Endstück ansetzen.

Ich ziehe in der Regel allerdings Überwürfe vor, die lediglich ein einfaches, auf das Bett gelegtes Stoffrechteck bilden, und die an den Rändern den Boden berühren oder, wenn das Bett einen schönen Rahmen hat, unter die Matratze eingeschlagen werden.

Eine derartig einfach geformte Überwurfdecke muß nicht langweilig sein. Die große Stofffläche bietet viele Gestaltungsmöglichkeiten (siehe S. 27–44). So kann man einen weichen Stoff verwenden, der sich der Form des Bettes anpaßt, oder aber einen steiferen, der klarere, eckige Umrisse ergibt.

Ein dicker oder gefütterter Stoff wiederum erzeugt rundere Konturen. Die Form ist allerdings den Farben, Mustern und der Textur des gewählten Stoffes untergeordnet.

(siehe S. 27–44)

## AUSMESSEN DES BETTES

Das Bett mit dem üblichen Bettzeug inklusive Kopfkissen messen. Die endgültige Länge reicht vom Kopfende bis zum Boden am Fußende. 25 bis 30 cm Stoff hinzurechnen, damit der Stoff bis hinter die Kopfkissen reicht. Die endgültige Breite reicht von Boden zu Boden auf beiden Seiten des Bettes (oder der gewünschten Höhe vom Boden).

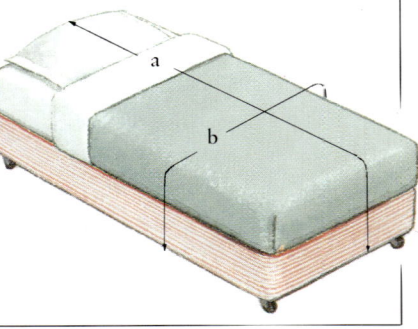

*Überwurfdecken eignen sich besonders gut für das Anbringen dekorativer Ränder. Hier sind drei Vorschläge:*
*Oben: der gestreifte Baumwollstoff ist mit einer Kante aus rotem Chintz eingefaßt.*
*Mitte: diese Überwurfdecke besteht aus einem marmorierten beigefarbenen Baumwollstoff mit einem leicht erhabenen, eingesetzten grünen Stoffstreifen.*
*Unten: diese dunkle, glänzende Baumwolle ist mit einer schmalen Kante aus rotem Stoff und einem breiteren, rot-weiß-gestreiften Stoffband verziert. Letzteres wird zuerst genäht und dann in den Hauptstoff eingesetzt.*

## STOFFMENGE ERMITTELN

Außer wenn man ein Einzelbett beziehen oder zusammengenähte Stoffstreifen verarbeiten möchte, muß man Stoffbahnen aneinandernähen (siehe S. 111). Eine ganze Stoffbahn in der Mitte anordnen und die üblichen Zugaben einrechnen. Alle Nähte flach ausbügeln.

Bei gemusterten Stoffen zusätzlich den Musterrapport einkalkulieren (siehe S. 200). Rundum zu Futter und Hauptstoff 2 cm hinzuaddieren.

## HERSTELLEN EINER ÜBERWURFDECKE MIT ABGERUNDETEN ECKEN

**1** Stoff und Futter auf die gewünschte Länge und Breite zuschneiden, wobei die Nähte bei Futter und Stoff gleich positioniert sein sollten. Stoff und Futter mit der rechten Seite aufeinanderlegen.

**2** Mit einem Teller als Schablone die abgerundeten Ecken auf die linke Stoffseite aufzeichnen (Abb. a).

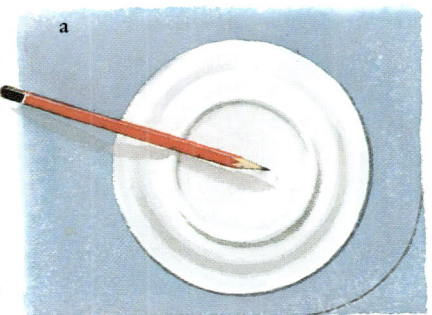

**3** Mit einer Nahtzugabe von 2 cm Stoff und Futter mit der Maschine aneinandernähen. Dabei der markierten Kurve an den Ecken folgen.

In der Mitte des Kopfendes eine 40 cm große Öffnung lassen. Überschüssigen Stoff an den Ecken abschneiden (Abb. b) und die gerundeten Ecken einschneiden, damit sie glatt liegen (siehe S. 205).

**4** Die Überwurfdecke durch die Öffnung nach außen wenden und die rechte Seite an den Nähten gut bügeln. Die Öffnung mit Staffierstich schließen.

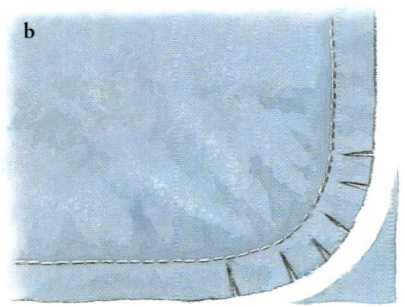

## HERSTELLEN EINER ÜBERWURFDECKE MIT FUTTERKANTE

**1** Zwei Stoffstücke zuschneiden: Das oben liegende auf die Größe der fertigen Bettdecke und das untere ebenso plus der doppelten Randbreite und zweimal 2 cm Saumzugabe in Länge und Breite.

**2** Den Hauptstoff und den Futterstoff mit den rechten Seiten mittig aufeinander legen. Die beiden Unterkanten mit der Maschine 2 cm vom Rand entfernt zusammennähen, wobei man 2 cm von den Seitenrändern des oberen Stoffes beginnt und endet (Abb. c). Den Saum vom oberen Stoff wegbügeln. Dann den oberen Stoff hochziehen, bis die unversäuberten Oberkanten aufeinanderliegen und ebenso aneinandernähen.

**3** Das obere Stoffstück mittig auf das Unterstück legen und an beiden Seiten den Stoff lose umschlagen, so daß sich jeweils ein Rand in der Breite der Kante ergibt (Abb. d). Die Faltränder bügeln und die Nähte flach ausbügeln.

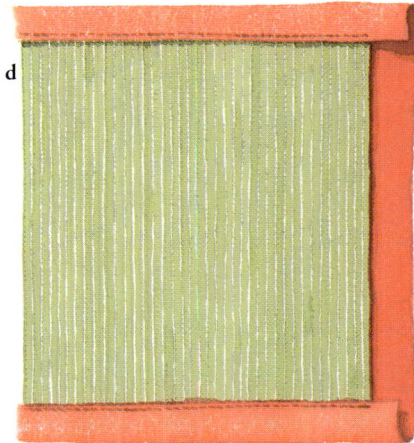

**4** Das obere Stoffstück so bewegen, daß die offene Seitenkante entlang der offenen Seite des Unterstücks liegt (Abb. e). Dabei darauf achten, daß die entstandene Stoffalte nicht im Weg ist. Mit der Maschine mit 2 cm Nahtzugabe entlang der Seite nähen. Nähte vom Oberteil wegbügeln. Die anderen Seiten ebenso nähen und in der Mitte eine 40 cm große Öffnung lassen.

**5** Die rechte Seite nach außen drehen und bügeln. Überschüssigen Stoff unterfalten und die Ecken flachbügeln. Die Diagonalecken (Abb. f) und die Öffnung mit Staffierstich zunähen.

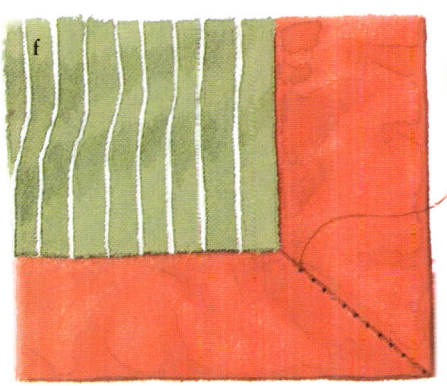

# MASSGESCHNEIDERTE TAGESDECKEN

Anders als einfache Überwurfdecken ist eine maßgeschneiderte Tagesdecke relativ kompliziert herzustellen. Aber die Mühe lohnt sich, wenn man bedenkt, welch schlichte Eleganz ein solcher Überwurf ausstrahlt, besonders wenn man dafür einfache Strukturgewebe oder solche mit dezenten Mustern verwendet.

Bei der hier beschriebenen Methode wird die ungefütterte Tagesdecke in drei Sektionen unterteilt: ein glattes Oberteil, ein Seitenstreifen in Matratzenbreite und ein glatter Behang mit eingelegten Falten an den Ecken. Der Matratzenstreifen und der Behang laufen an drei Seiten des Bettes entlang und gehen noch 20 cm um das Kopfende herum.

Die nachfolgenden Arbeitsanleitungen beziehen sich zwar auf eine Polsterliege, die mit dem Kopfende an der Wand steht; man könnte sie aber leicht für ein Bett, das längs an der Wand steht, abwandeln. Wenn man diese Tagesdecke bei einem Bett mit Gestell verwenden möchte, läßt man einfach die eingelegten Falten fort, schneidet die Ecken ein und näht die Kanten um, so daß sie entlang der beiden Seiten des Fußteils nach unten fallen.

Man kann den maßgeschneiderten Eindruck noch verstärken, indem man zwischen die obere Stofffläche und die Matratzenstreifen sowie zwischen Matratzenstreifen und Seitenbehang Paspeln einarbeitet. Ein passendes Nakkenrollenpaar (siehe S. 172) an beiden Enden eines einfachen Bettes würde darüber hinaus pfiffig aussehen. Sind weichere Linien angestrebt, müßte man hingegen beim Behang die doppelte Stoffmenge nehmen und am Seitenstreifen rüschen, so daß man einen Volant erhält (siehe S. 166).

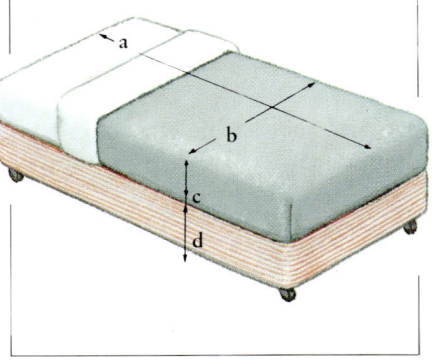

### AUSMESSEN DES BETTES
Das Bett mit dem üblichen Bettzeug, allerdings ohne Kopfkissen, ausmessen und in drei Sektionen unterteilen. Für das obere Stoffteil und den Matratzenstreifen Länge und Breite der Matratze messen (a und b). Für den Matratzenstreifen zusätzlich die Matratzenhöhe messen (c). Für den Behang zusätzlich den Abstand von der Matratzenunterkante bis zum Boden messen (d).

### STOFFMENGE ERMITTELN
Bei Streifen oder einem in einer Richtung laufenden Muster den Stoff wie unten gezeigt verarbeiten (Abb. a), wobei man Stoffbahnnähte möglichst unauffällig anbringen sollte.
Oberes Stoffteil: zu den Maßen a und b 4 cm zugeben. (Wenn man Stoffbahnen aneinandernähen muß, zentriert man die Mittelbahn und bügelt alle Nähte auseinander, siehe S. 111).

Matratzenstreifen: dieser Streifen besteht aus vier Teilen. Für die beiden Seitenteile addiert man 4 cm zum Maß a und c; für die beiden Endstücke 4 cm zum Maß b und das gleiche gilt für das Maß c.
Behang: Dieser besteht aus drei Teilen. Für jedes der beiden Seitenteile addiert man 90 cm zum Maß a und 4 cm zum Maß d. Für das Endstück addiert man 10 cm zu b und 4 cm zu d.

### OBERTEIL UND MATRATZEN-STREIFEN ZUSAMMENNÄHEN
**1** Alle Stoffe auf die gewünschten Maße zuschneiden. Auf dem oberen Stoffstück die Mitte der Ecken auf der Nahtzugabe markieren.

a

*Die rechts gezeigten Ideen eignen sich sowohl für Querbehänge als auch ganze Tagesdecken (siehe S. 166).*
*Links: Dieser Drillich ist unterhalb der Matratzeneinfassung in Kellerfalten gelegt. Zwischen Oberteil und Matratzeneinfassung verläuft rundum eine Paspel aus dem gleichen Stoff. Der nach innen liegende Teil der Falten besteht aus dunkelrotem Stoff.*
*Mitte: Dieser einfache graue Flanell ist bis auf die Eckfalten glatt gearbeitet. Die rote Paspel ist der einzige Farbakzent.*
*Rechts: An das dunkelblaue Oberteil der Decke wurde ein leicht gerüschter Stoff mit einem hübschen Muster angesetzt.*

**2** Für den Matratzenstreifen die kurzen Kanten der langen Seitenbahnen mit den kurzen Kanten der Endstreifen mit rechts aufeinander legen und mit der Maschine zusammennähen. Nähte flach ausbügeln.

**3** Die Ecknähte des Matratzenstreifens mit der rechten Seite auf die markierten Mitten der abgerundeten Ecken des Oberteils legen und die beiden Stoffe 2 cm vom Rand zusammennähen (Abb. b).

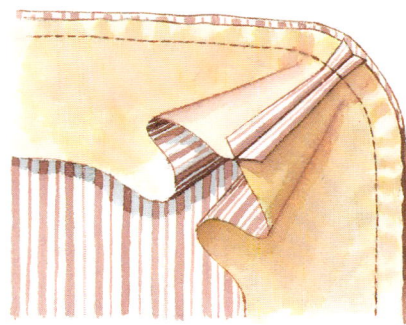

b

**4** Die Ecken durch beide Stoffe einschneiden und die Nahtzugabe in Richtung des Matratzenstreifens umbügeln.

### HERSTELLEN DES SEITENBEHANGS

**1** Mit der Maschine die kurzen Kanten der Endstücke an die kurzen Kanten der Seitenstücke, mit den rechten Seiten aufeinander, 2 cm vom Rand zusammennähen. Die Nähte flach ausbügeln und mit Staffierstich oder Maschine einen 1 cm breiten Doppelsaum an der Unterkante nähen.

**2** Die Stoffstreifen mit der rechten Seite nach oben falten (Abb. c) und eine Kellerfalte bilden, deren Mitte mit der Ecknaht des Oberteils übereinstimmt, so daß die Naht in der Falte verschwindet. Diese bügeln und mit Heftstich fixieren. Den Abstand genau messen und die zweite, dritte und vierte Falte ebenso herstellen.

c

### ANEINANDERNÄHEN VON MATRATZENSTREIFEN UND SEITENBEHANG

**1** Die Mitte der Falten mit den Ecknähten des Matratzenstreifens in Deckung bringen und feststecken. 2 cm Saumzugabe einrechnen und die beiden Teile rechts auf rechts mit der Maschine vom Kopfende an zusammennähen.

**2** Die Heftstiche von den eingelegten Falten entfernen. Mit Staffierstich die offene horizontale Kante des Matratzenstreifens und die vertikalen Kanten des Behangs am Kopfstück ansäumen (Abb. d). Alle Nahtzugaben auf der linken Seite des Stoffes zurückschneiden und versäubern.

d

# VOLANTS

Die hier beschriebene Arbeitsanleitung bezieht sich auf eine Bettdecke mit einem gerüschten Seitenvolant und einer Paspel. Kompliziert sind bei der Herstellung nur das Ausmessen und das Zuschneiden der einzelnen Teile; die Näharbeit selbst ist einfach. Damit die Decke professionell wirkt, verwende ich ein Stück billigen Futterstoff, der sich unter der Matratze befindet, und umgebe ihn mit Streifen des eigentlichen Stoffes, die an den Rändern sichtbar sind, wenn sich die Matratze verschiebt. Dieses Teil wird dann komplett gefüttert, um mehr Festigkeit zu erhalten und die unversäuberten Kanten des Volants verschwinden zu lassen. Der gefütterte Behang läuft bei einer Polsterliege, die mit dem Kopfende an der Wand steht, an drei Seiten des Bettes entlang und reicht mindestens 15 cm an beiden Seiten um die vierte Kante herum. (Bei einem Bettgestell stellt man die Volants für Seiten- und Kopfteile gesondert her, so daß der Behang jeweils rechts und links von den Bettfüßen hängt.)

Da der Volant unter einem Bettbezug oder einer Bettdecke zu sehen ist, sollte man passende Stoffe wählen. Man könnte zum Beispiel den gleichen Stoff wie bei der Bettdecke wählen, ihn aber mit einem anderen Rand versehen. Der Volant sollte, wenn der Stoff nicht sehr dick ist, am besten gefüttert werden.

Ein Volant muß keineswegs eine kitschige Angelegenheit sein. Wenn man ihn aus einem robusten Stoff wie Drillich oder Leinwand arbeitet, ohne ihn allzusehr zu rüschen, wirkt der Seitenbehang stofflich und fällt in schweren, ausgeprägten Falten. Meiner Meinung nach sieht er am besten aus, wenn er auf den Boden aufstößt und nicht kurz davor endet. Man kann einen dafür geeigneten Stoff auch in Kellerfalten legen (siehe S. 122). Das Ergebnis sind klare Linien und ein pfiffiges Aussehen. Für einen strengeren Stil kann man den Behang ganz glatt lassen und an den Ecken eingelegte Falten arbeiten – wie der Behang der Bettdecke auf Seite 165.

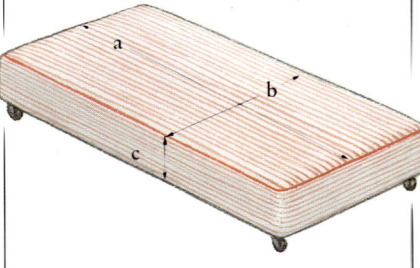

### AUSMESSEN DES BETTES
Das Bett ohne Bettzeug ausmessen. Die endgültige Länge a entspricht der Matratzenlänge. Die endgültige Breite b entspricht der Matratzenbreite. Die Höhe c entspricht der Entfernung von der Oberkante des Bettuntergestells bis zum Boden.

### MATERIALIEN
● Stoff und Futterstoff
● Paspelschnur in doppelter Bettlänge und einmal der Bettbreite zuzüglich 30 cm

### STOFFMENGE ERMITTELN
Wenn nötig, Futterstoffbahnen für die Matratzenunterlage aneinandernähen (siehe S. 111).

Unterer Teil: Aus Futterstoff ein Stoffstück mit der Länge a zuzüglich 4 cm und mit der Breite b plus 4 cm zuschneiden.

Oberer Teil: Ein zweites Stück aus dem Futterstoff schneiden, das in den Maßen a und b jeweils 30 cm kürzer ist, zuzüglich 2 cm.

Seitenstreifen: Vier 15 cm breite Streifen aus dem Hauptstoff zuschneiden; zwei Streifen mit der Länge b plus 4 cm minus 30 cm und zwei Streifen mit der Länge a zuzüglich 4 cm.

Volant: Einen Stoffstreifen in der Breite c zuzüglich 4 cm zuschneiden. Die eigentliche Länge des Volants beträgt b plus zweimal a plus 30 cm für das Kopfende: Je nach gewünschter Stofffülle multipliziert man diese Zahl mit 2, 2,5 oder 3. Diese Stoff- und Futterlängen zugrunde legen und den Musterrapport (siehe S. 200) sowie Paspelstoff einkalkulieren.

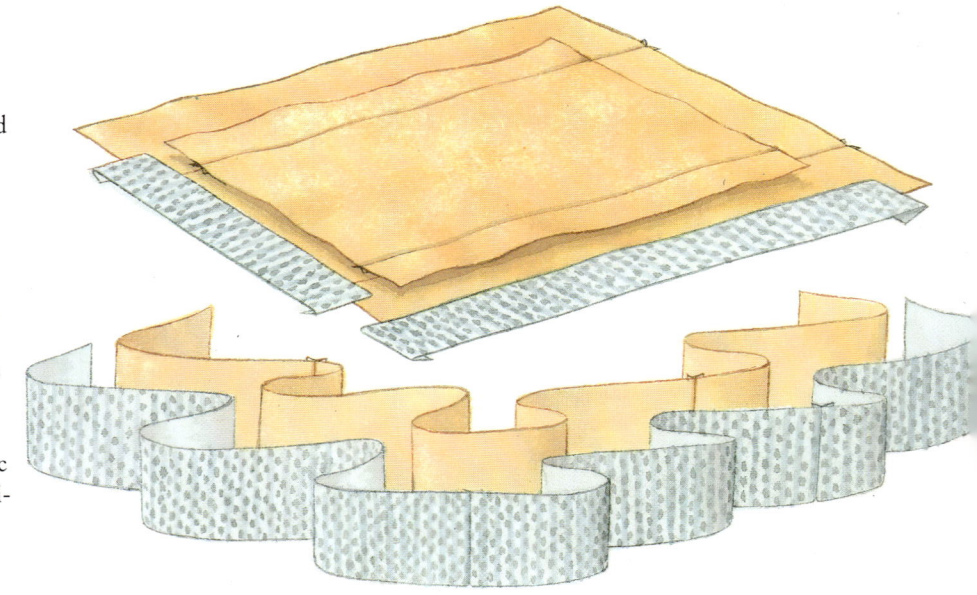

### HERSTELLEN DER MATRATZENUNTERLAGE

Mit den rechten Seiten aufeinander die kürzeren Seiten der oberen Matratzenauflage an die zwei kürzeren Streifen des Hauptstoffes annähen und die Nähte auseinanderbügeln (Abb. a). Dabei 2 cm Saum einrechnen. Die längeren Streifen des Hauptstoffes ebenso annähen und bügeln (Abb. b).

a

b

### HERSTELLEN DES VOLANTBEHANGS

**1** Soviel Paspelband herstellen (siehe S. 125), daß es für die Seiten- und das Endstück des Bettes ebenso wie für die 15 cm an jeder Seite des Kopfteils reicht.

**2** Den Volant wie eine gefütterte Rüsche (siehe S. 88) herstellen. Anschließend die unversäuberten Kanten des Stoffes und des Futters mit Nadeln zusammenstecken.

### VOLANT UND MATRATZENAUFLAGE VERNÄHEN

**1** Am Kopfteil beginnen, 15 cm von der Ecke entfernt, und die Paspel auf der rechten Seite der Matratzenauflage mit 2 cm Saumzugabe annähen (siehe S. 125). Den Stoff an den Ecken einschneiden (siehe S. 205) und die Paspel 15 cm von der Ecke entfernt auf der anderen Seite des Kopfteils enden lassen.

**2** An den vertikalen Kanten des Volants einen 2 cm breiten Saum umbügeln. Mit den rechten Seiten aufeinander den Volantstreifen, am Kopfende 15 cm vor der Ecke entfernt beginnend, entlang der Paspelkante durch alle Stofflagen hindurch annähen (Abb. c). (Mit einer derartig langen Rüsche muß

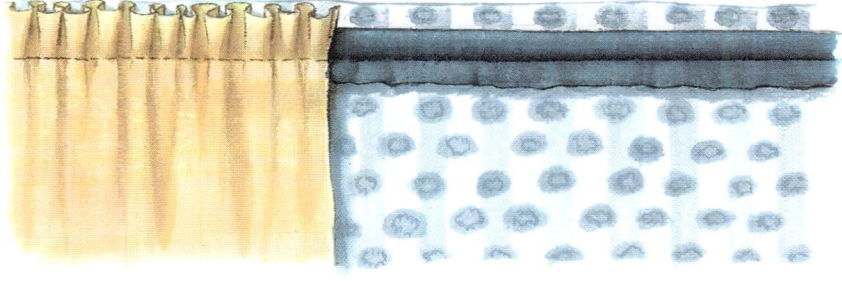

c

man nicht übermäßig genau arbeiten; die einzelnen Falten bei der Arbeit korrigieren und besonders an den Ecken stark kräuseln. Bleibt ein Stück Volant übrig, Saum einrechnen, überschüssigen Stoff abschneiden und umbügeln.)

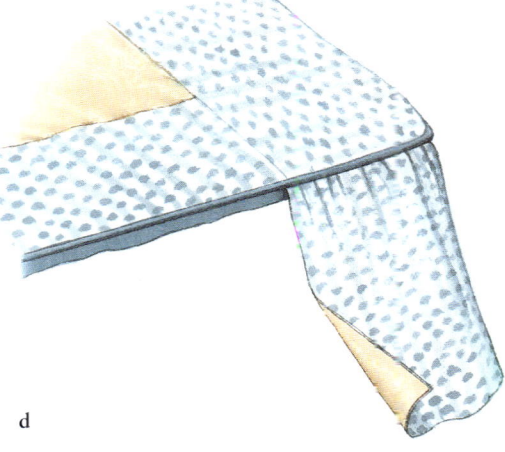

d

**3** Die vertikalen, noch offenen Volantenden umschlagen und mit Staffierstich festnähen (Abb. d).

### FÜTTERN DER MATRATZENAUFLAGE

Den Volant so zurückschlagen, daß er auf der Matratzenauflage liegt. Den unteren Matratzenauflageteil und den Teil, an dem sich der Volant befindet, mit den rechten Seiten aufeinanderlegen, so daß sich der Volant zwischen den beiden Lagen Futterstoff befindet. Die Seiten in einem Abstand von 2 cm vom Rand mit der Maschine zusammennähen, wobei man den gerüschten Stoff nach innen zur Mitte hin schiebt, damit er sich nicht in der Naht verfängt (Abb. e). Am Kopfteil einen 40 cm langen Spalt offen lassen. Den Stoff nach außen wenden und die offene Kante mit Staffierstich schließen

e

# BETTBEZÜGE

Die nachfolgenden Arbeitsanleitungen beziehen sich auf einen ungefütterten Bettbezug, der wie ein einfacher Sack aus zwei rechteckigen Stoffstücken zusammengenäht und mit Klettband oder Druckknöpfen geschlossen wird. Bei schmalen Stoffbahnen zentriert man eine Stoffbahn und näht die anderen, wie bei Vorhängen, an den Seiten an (siehe S. 111).

Die Unterseite eines Bettbezugs sollte sich angenehm anfühlen, während die Oberseite mit Kanten verziert wird oder aus zusammengenähten Stoffstreifen bzw. einem leichten, strukturierten Gewebe bestehen kann. Die einzige Einschränkung besteht darin, daß der Stoff nicht ungemütlich schwer und ebenso wie die Unterseite waschbar sein sollte.

### STOFFMENGE ERMITTELN
Die Steppdecke, die etwa 25 cm größer als das Bett sein sollte, ausmessen. Zwei Stücke Stoff für den Bettbezug zuschneiden: Steppdeckenlänge zuzüglich 6 cm und Steppdeckenbreite zuzüglich 4 cm.
(Verwendet man eine einzige Stoffbahn, auf zweifache Steppdeckenlänge zuzüglich 8 cm und auf Steppdeckenbreite zuzüglich 4 cm zuschneiden.)

### HERSTELLEN DES BETTBEZUGS
**1** Die zwei Stoffstücke mit französischer Naht (siehe S. 204) an den beiden Längsseiten und der oberen Querseite zusammennähen. Die Ecken nach der ersten Naht zurückschneiden. Auf die rechte Seite drehen.

**2** Einen 2 cm-Doppelsaum an der noch offenen Seite an beiden Stoffkanten einbügeln und nähen.

### ANNÄHEN DER DRUCKKNÖPFE
Die Säume mit der Maschine nähen. Dann Druckknöpfe in einem Abstand von 20 cm voneinander entlang der Öffnung annähen (Abb. a) und darauf achten, daß die Stiche auf der rechten Seite nicht zu sehen sind. Beide Teile eines Druckknopfs müssen sich genau gegenüber liegen. Alle Knöpfe schließen und an den Ecken der Öffnung mit der Maschine eine X-Form durch alle Stoffschichten hindurch nähen.

a

### ANNÄHEN DES KLETTBANDES
Die zwei Klettbandteile auf die Säume der Öffnung legen und mit der Maschine entlang der langen Seiten des Klettbandes annähen (Abb. b). So bringt man gleichzeitig sowohl den Saum als auch das Klettband an. Bei geschlossenem Klettband an beiden Enden der Öffnung eine X-Form nähen, damit die Ecken gesichert sind (Abb. c).

b

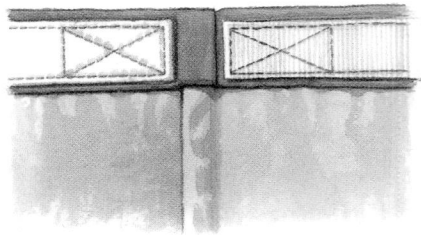

c

*Die Farbpalette dieses kühlen, modernen Raums mit seinen scharfen, klaren Linien ist auf wenige Farben beschränkt – weiß, hellgrau und anthrazit. Der Bettbezug besteht aus gestärkter weißer Baumwolle, deren große Fläche durch die zwei Streifenmuster geschickt unterbrochen wird. Die Streifen wurden zwischen die Bahnen eingesetzt, und sie bestehen aus zusammengenähten schwarzen und roten Stoffstücken.*

---

### ZIERNÄHTE
Wenn man Bettbezüge herstellt, muß man im allgemeinen Stoffbahnen aneinandernähen (siehe S. 111). Bei ungemustertem Stoff fallen die Nähte sehr auf. Warum also nicht aus der Not eine Tugend machen und einen kontrastierenden Stoffstreifen zwischen die beiden Stoffbahnen setzen?

Man könnte zum Beispiel zwei kräftige Farben, wie Blau und Schwarz, als Streifen in einen ansonsten weißen Bettbezug einsetzen. Ebensogut könnte man gestreifte oder kariert Stoffe zu diesem Zweck verwenden. Auch gemusterte Stoffe in einem ungemusterten Umfeld oder zwei oder drei verschiedene Stoffe in den gleichen Farben aber unterschiedlichen Strukturen können den Bettbezug verschönern. Man kann alte Stoffe einarbeiten (siehe S. 35) oder den Stoff zuerst bemalen (siehe S. 36), ihn dann in Streifen schneiden und zwischen die Stoffbahnen einsetzen. Kleine Raffinessen wie diese sorgen für die besondere Note.

# KISSENBEZÜGE

Die im folgenden beschriebenen Arbeitsanleitungen beziehen sich auf einfache Kissenbezüge, die aus einer Stoffbahn und mit einem Inneneinschlag gearbeitet werden (obwohl man auch aus Stoffresten Ober- und Unterseite unterschiedlich gestalten kann) und auf Kissen mit angeschnittenem Zierrand. Diese haben einen 5 cm breiten Rand rundum, der dadurch entsteht, daß man das Kissen aus zwei unterschiedlich großen Teilen arbeitet. Der Überstand wird gefaltet und bildet den Rand. Besonders schön sehen diese Kissenbezüge aus, wenn sie aus weißem oder marineblauem Baumwollstoff sind.

*Die Linien des klassischen Sofas unten werden durch eine Ansammlung von Kissen unterbrochen. Obwohl die Stoffe wie Thaiseide, Moiré, Toile de Jouy und gestreifter Drillich in Farbe und Textur verschieden sind, bilden sie dennoch einen optischen Einklang.*

### *EINFACHER KISSENBEZUG*

**1** Länge und Breite des Kissens ausmessen. Wenn der Bezug aus einer einzigen Stoffbahn gearbeitet wird, 4 cm zur Breite und 25 cm zur doppelten Kopfkissenlänge für Säume, Einschlag und Nähte hinzurechnen. Den Stoff zuschneiden.

**2** An einem Ende einen 12 mm Doppelsaum einschlagen (der später zum Einschlag im Bezug werden wird). Am anderen Ende einen Saum bilden, indem man zuerst 12 mm, dann 5 cm einschlägt. Beide Säume mit der Maschine nähen.

**3** Mit den linken Seiten aufeinander, den 17 cm breiten Einschlag und den Stoff umfalten (Abb. a). An den beiden langen Seiten den ersten Nähvorgang einer französischen Naht durchführen (siehe S. 204).

a

b

**4** Die linke Seite des Kissenbezugs nach außen wenden. Die französische Naht zu Ende nähen, wobei man sich vor dem Nähen vergewissern sollte, daß der Bezugeinschlag außen ist und der breite Saum darunter liegt (Abb. b). Anschließend wieder auf rechts wenden.

## KISSEN MIT ANGESCHNITTENEM ZIERRAND

**1** Die Seitenlänge des quadratischen Kissens messen. Drei Stücke zuschneiden: ein Oberteil in der Breite des Kissens zuzüglich 4 cm und Kissenlänge plus 5 cm; ein quadratisches Unterteil in Kissenbreite und -länge zuzüglich 24 cm; ein Einschlag von der Breite des Kissens zuzüglich 4 cm, 20 cm lang.

**2** Am Fuß des Oberteils erst 12 mm, dann 2 cm einschlagen und nähen. An einer langen Seite des Einschlagstücks einen 12 mm-Doppelsaum anbringen.

**3** Am Unterteil alle Kanten erst 2,5 cm, dann 5 cm breit umschlagen und bügeln. Den zweiten Umschlag wieder ausfalten und Diagonalecken einarbeiten. Anschließend wieder umschlagen, um den Rand zu bilden (Abb. c).

**4** Mit den linken Seiten aufeinander, die offenen Seitenkanten des Einschlagstücks unter die umgeschlagenen Ränder an der offenen Kissenbezugskante schieben. Mit Zickzackstich entlang der langen Kante fixieren; die Stiche halten gleichzeitig die innere Saumkante in Position (Abb. d).

**5** Mit den linken Seiten aufeinander das Oberteil des Bezugs auf das Unterteil legen, so daß die gesäumte Seite über dem Zickzackstich am Einschlagende liegt. Die Nahtzugabe an den drei ungesäumten Seiten gleichmäßig unter die gefalteten Ränder des Oberteils schieben. Mit Zickzack- oder Flachstich an allen drei Seiten festnähen (Abb. e).

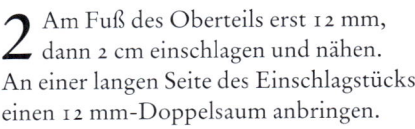

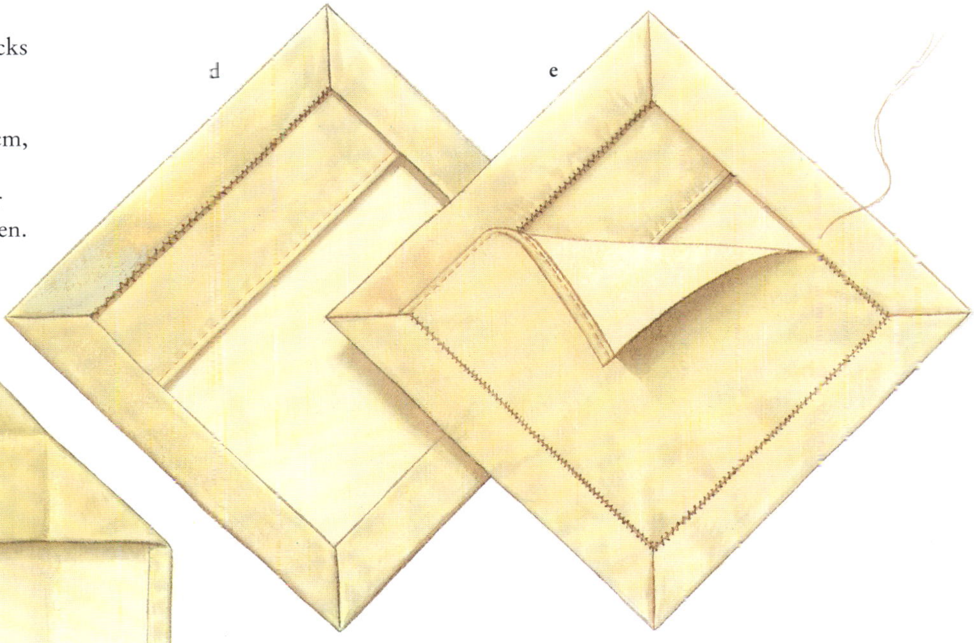

c

d

e

17 3

# NACKENROLLEN

Traditionell dienen Nackenrollen als feste Kissen auf Sofas, Tagesbetten und Liegen. Eine dicht mit Federn gestopfte Nackenrolle wird auch häufig quer über das Bett als Stütze für andere Kissen gelegt (das ist besonders praktisch bei Betten, bei denen sich zwischen Kopfende und Matratze ein Spalt befindet). Nackenrollen sind auch beliebte Kissen für Futonbetten.

Die unten beschriebene Arbeitsanleitung bezieht sich auf einen genau gearbeiteten Zylinder mit paspelierten runden Abschlußkanten. Eine Nackenrolle kann aber auch eine weichere Form mit womöglich geknoteten Enden haben – das hängt ganz davon ab, wie fest das Polstermaterial ist, welche Textur der Stoff hat und wie die Rolle verziert ist. Ihre Enden können zum Beispiel mit einer Schmuckkordel zusammengebunden werden. Wie bei allen Kissen beeinflußt die Wahl des Stoffes den Charakter des Stücks. Kräftige Streifen und leuchtende Farben lassen eine Rolle eher fröhlich als elegant wirken, während glatte, seidige Stoffe – besonders in der Kombination mit Troddeln und Bändern – stilvoll und luxuriös aussehen.

**MATERIALIEN**
- Stoff
- Polstermaterial (siehe S. 190)
- Reißverschluß in Dreiviertellänge der Nackenrolle
- Paspelschnur in der zweifachen Länge des Kreisumfangs der Nackenrolle

### STOFFMENGE ERMITTELN

Die Nackenrolle wird aus drei Stoffteilen hergestellt – dem Hauptstück und den zwei Enden. Durch Länge und Umfang der Nackenrolle zuzüglich 4 cm Saumzugabe erhält man das Maß für das rechteckige Hauptstück.

Für die Endstücke schneidet man zwei Stoffstücke in der Größe des Kreises plus 2 cm rundum zu. Hierfür zuerst ein Schnittmuster aus Papier anfertigen.

Man benötigt auch genügend schräg zugeschnittenen (kontrastierenden oder den gleichen) Stoff für die Paspeln – zweimal den Kreisumfang plus die üblichen Zugaben.

### HERSTELLEN DER NACKENROLLE

**1** Mit den rechten Seiten aufeinander, den Stoff an der langen Seite mit der Maschine zusammennähen, wobei drei Viertel der Strecke für einen Reißverschluß offenbleiben. Die Nähte auseinanderbügeln und den Reißverschluß einnähen (siehe S. 205).

**2** Auf der rechten Seite mit Schneiderkreide je eine Linie 2 cm vom Rand der Kreislinie entfernt als Nähhilfe einzeichnen. Die Paspel mit einem Paspel- oder Reißverschlußfuß an beide Kreise annähen, wobei man die Paspelrundung einschneidet, damit sie sich gut legen läßt.

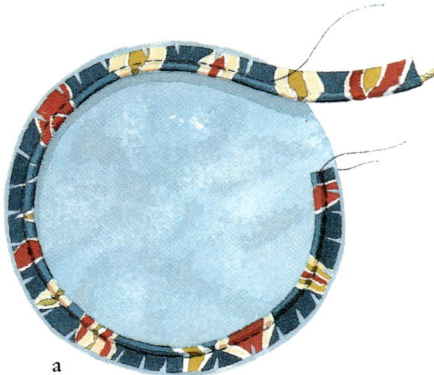

a

**3** Mit den rechten Seiten aufeinander und 2 cm Nahtzugabe die runden Enden der paspelierten Kreise mit Stecknadeln am Nackenrollenzylinder befestigen und mit der Maschine annähen. Die Ränder beim Nähen einschneiden. Die Rolle nach außen wenden und Polstermaterial einfüllen.

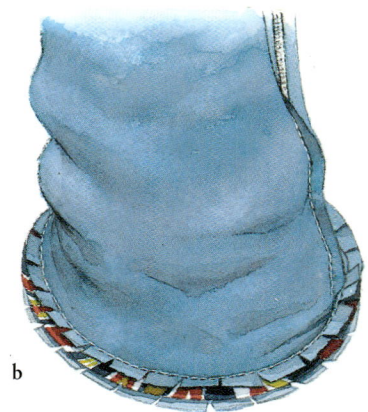

b

### VERSCHIEDENE STILE

Eine Variante in der Gestaltung von Nackenrollen besteht darin, einfach eine lange Röhre im Umfang des Polstermaterials zu nähen. Die Enden mit schmalen Säumen versäubern oder mit kontrastierenden Stoffrändern verzieren. Je nach Dicke und Flexibilität des Stoffes kann man die Rolle wie ein Knallbonbon gestalten, indem man die Enden trichterförmig aufstehen läßt oder wie zufällig verknotet. Dies kann mit Hilfe einer Kordel, aber auch durch den Stoff selbst geschehen. (Die letzte Möglichkeit verbraucht viel Stoff, was man von Anfang an einkalkulieren sollte. Möglicherweise benötigt man die doppelte Rollenstoffmenge.)

# Überwürfe

### Die Wahl des Stils
Mustermix

### Stoffflächen
Raumteiler und Paravents

### Möbelüberzüge
Überzüge · Überwurfdecken
Eßzimmerstühle · Kissen · Tischdecken

# Die Wahl des Stils

Bisher habe ich mich in diesem Buch auf Stoffbehänge an Fenstern und Betten konzentriert. In diesem Kapitel beschreibe ich, auf welche Weise man weitere Möbelstücke und Accessoires mit Stoff verändern kann. So können zum Beispiel Stoffbespannungen an Wänden architektonische Details hervorheben, während zeltähnlich drapierte Textilien Form und Atmosphäre eines Raumes verändern. Stoff kann eine gestalterische Ergänzung oder einen interessanten Kontrast zu den Formen der Möbel bilden – so mildert eine bodenlange Tischdecke möglicherweise die harte Umrißlinie eines runden Tisches oder eine farbenfrohe Überwurfdecke die strengen, geraden Linien eines modernen Sofas.

Um die völlig unterschiedlichen Effekte zu verdeutlichen, die man durch bewußte Gestaltung erzielen kann, beschreibe ich Ihnen zwei Beispiele. Bei dem einen handelt es sich um eine klar gegliederte schwarzweiß gehaltene Küche mit Keramikkacheln, weiß lackierten Möbeln, hölzernen weißen Jalousien und Marmoroberflächen – hier bekamen die weißen Küchenstühle mit Bändern gehaltene Sitzkissen aus schwarzweißem Gingham. Der Stoff bringt, obwohl er selbst ebenfalls streng wirkt, eine fühlbare Weichheit in das Ambiente ein, die die Kontraste der harten Oberflächen noch deutlicher werden läßt. Bei dem zweiten Beispiel wurde ein Schlafzimmer, das keinerlei architektonische Besonderheiten aufweist, in ein arabisches Zelt verwandelt – dazu wählte man eine bunte Mischung prächtig gemusterter Brokate und flirrender Streifenmuster mit gleich intensiven, aber jeweils anderen Untergrundfarben – Indigo, Magenta und Smaragdgrün. Wände und Decke sind ganz hinter der Zeltform verschwunden. Einfache Fensterrollos bilden einen Kontrast zu der Üppigkeit der Innendekoration. In diesem Raum befindet man sich ganz und gar in einer Welt aus Stoff, die gemütlich, dominierend und exotisch zugleich ist.

## Mustermix

Es gibt keine Regel, die besagt, daß man nur ein Muster verwenden darf. Im 19. Jahrhundert war es sogar üblich, mit zwei verschieden gezeichneten Stoffen an den Wänden senkrechte Streifenmuster zu bilden.

Das Mischen von Mustern und Stoffen funktioniert am besten in Räumen, die einigermaßen leer sind, im Idealfall unifarbige helle Wände und einen unaufdringlichen, polierten Holzfußboden haben. Wenn man verschiedene Oberflächen eines Raumes – Wände, Fenster, Möbel – mit unterschiedlich gemusterten Stoffen verkleiden will, ist es sinnvoll, eine begrenzte Farb- und

*Die Sitzmöbel dieses großen, vornehmen Raumes sind mit weißen, losen Schutzüberzügen versehen worden. Die Stoffe wurden nur grob auf die Formen hin gearbeitet. Die Bezüge verstärken den Eindruck von Helligkeit und Räumlichkeit, und sie greifen das Weiß der Stuckdecke auf. Die langen Fransen des Stoffschals über der Sofalehne wirken lebendig und von der Textur her interessant, während der helle Läufer die weißen Möbelbezüge mit dem alten Teppich verbindet. Die Bezüge könnten als ständige Einrichtung, aber auch als Sommermöblierung gedacht sein – ein vorübergehender Schutz für wertvolle Möbel, die nur zu bestimmten Anlässen unverdeckt zu sehen sind.*

Musterpalette einzusetzen, wobei sich bestimmte Farbtöne wie ein roter Faden durch das gesamte Ensemble ziehen sollten. Andernfalls geht die angestrebte Wirkung im Überfluß verloren, und die verwirrende Vielfalt von Farben und Texturen wirkt unangenehm und »erschlagend«.

Ebenso interessant, aber weniger aufdringlich wäre es, sich auf eine Farbe zu beschränken – etwa ein blasses Grau – und nur unterschiedliche Muster und Strukturen miteinander zu mischen. So könnten beispielsweise grobe Leinengewebe an den Wänden und Rohseiden über den Stühlen, kombiniert mit einem strengen Fensterarrangement aus schwerem Damast und zartem Organza, eine aufregende Texturvielfalt bieten.

## Praktische Gesichtspunkte

In diesem Kapitel habe ich die technischen Informationen auf Dinge begrenzt, die keine großen Schneiderkenntnisse verlangen. Lose Überwürfe (oder genauer gesagt, auf Maß genähte, abnehmbare Überwürfe) müssen genau ausgemessen, zugeschnitten und sehr akkurat gearbeitet werden, damit sie nicht amateurhaft und sackartig aussehen. Außer wenn Sie sich in das Abenteuer eines speziellen Polsterkurses stürzen wollen, scheint es mir sinnvoll, sich auf einfache, lose fallende Überdecken und Bezüge zu beschränken, die ohne besondere handwerkliche Raffinesse gut aussehen.

*Das rechts abgebildete Interieur zeigt eine Marmor imitierende Wandbemalung und sorgfältig ausgewählte Stoffe, die die Farbpalette erweitern. Der gestreifte Vorhang, die Paisleydecke und die bauschigen Damastdecken auf dem Tisch verstärken wechselseitig ihre Wirkung, wobei Textur und Gewicht eine ebenso große Rolle spielen wie Farbe und Muster. Es ist das Zusammenspiel von Stoffen und übriger Ausstattung, das diesen Raum so attraktiv erscheinen läßt. Der unten gezeigte Raum ist dagegen auf eine ganz andere Art raffiniert gestaltet und wirkt beinahe inszeniert. Die durch das bühnenartige Licht noch verstärkten Trompe-l'œil-Malereien an der Wand bilden einen exquisiten Hintergrund für einen Raum, der eher zum Betrachten als zum Bewohnen einlädt. Die lockeren Stuhlüberzüge verstärken diesen Eindruck. Obwohl die Überzüge an den Seiten mit Bändern gehalten werden, sind sie sicher nicht für eine Benutzung geplant worden.*

# Stoffflächen

Stoff ist ein ungewöhnliches Material zum Dekorieren von Wänden und sogar Decken. Dieser Bereich der Innenausstattung bleibt heute meistens Farben und Papiertapeten überlassen, früher aber waren Stoffe in eleganten großen Häusern die Regel. Im Mittelalter waren freihängende Wandteppiche die erste Form textiler Wandverkleidung. Man konnte sie einfach abhängen und mitnehmen, wenn man das Haus in aller Eile verlassen mußte. Als die Gesellschaft sich stabilisierte, wurden alle möglichen Stoffarten – Seide, Satin, Samt, Damast und Leinwand, ja sogar bedrucktes und bemaltes Leder – als Wandverkleidung verwendet. Der Stoff wurde entweder auf Holzpaneelen aufgezogen oder direkt mit Kleister auf den Putz geklebt. Als im 18. Jahrhundert bedruckte Stoffe aufkamen – zu ihnen gehörten die hübschen, gestreiften Empirestoffe und die berühmten Toile-de-Jouy-Stoffdrucke (die heute wieder dem Geschmack junger Leute entsprechen und ein »Comeback« feiern) – benutzte man diese ebenso gerne zur Gestaltung von Wänden, Decken und Fenstern.

Es kann großes Vergnügen bereiten, einen Raum dadurch zu verändern, daß man Wände und vielleicht sogar die Decke mit Stoff verkleidet. Es gibt unzählige Möglichkeiten, aber man sollte bei der Planung nicht vergessen, daß große Textilmengen »erschlagend« wirken können. Man muß den Stoff sorgfältig auswählen und sich nach Stil und Alter des Hauses richten. Im allgemeinen sollte man großgemusterte Stoffe vermeiden; Streifen wirken fast immer angenehm, und ebenso gut machen sich kleine Motive oder geometrische Muster. Dunkle Stoffe, mit oder ohne Muster, verleihen einem Interieur Charakter und lassen einen Raum kleiner und intimer erscheinen. Im Gegensatz dazu vermitteln transparente, locker gerüschte und lose drapierte Stoffe ein Gefühl von Leichtigkeit, Licht und Raum.

Raffinierte Zeltzimmer, bei denen sowohl die Wände als auch die Decken verkleidet sind, entstehen mit Hilfe eines Schirmdachs, bei dem der Stoff von einem Mittelpunkt aus verteilt wird. In einem Raum mit hoher Decke kann man mit einem »Dach« aus transparentem Stoff einen zweiten Raum schaffen. Eine locker gewebte indische Baumwolle könnte ebenfalls attraktiv aussehen, wenn man sie von der Decke in losen Falten bis zum Boden hängen läßt. Sie verändert die Proportionen und schafft einen Raum im Raum.

Wenn Ihnen die Idee einer solchen dauerhaften Innenausstattung zu abstrus erscheint, versuchen Sie es einmal bei einem kurzfristigeren Projekt. Man kann wunderbare Effekte für Parties und besondere Gelegenheiten kreieren, indem man zum Beispiel Baldachine für innen und außen aus Bettlakenstoff zaubert. Durch Ösen an den Kanten kann man den Stoff mit Kordeln und Bändern an Haken an den Wänden, der Decke oder im Garten an einer Pergola wie eine Markise befestigen oder aufspannen.

*Die Form dieses hellen Wintergartens regte zu dieser zeltartigen Stoffgestaltung an. Der Baumwollvoile wurde zu einem großen Stoffzylinder zusammengenäht, an einem Ende in der Mitte zusammengefaßt und am anderen Ende an den Wänden befestigt. Die kurzen Vorhänge, die mit einem Zugsaum gekräuselt werden, lassen den Eindruck entstehen, daß sich die Decke nach unten fortsetzt. Die geraden Linien der Vorhänge werden von einem Seidenbesatz gedämpft und von zarten Stoffgirlanden und Querbehängen unterbrochen. Der Raum kann diese große Stoffmenge verkraften, da die glatten Flächen ihm ein geräumiges Flair geben.*

Wenn man einfach nur die Wände mit Stoff verschönern möchte, kann man ihn an schmale, in die Wand geschraubte Holzleisten heften oder, falls vorhanden, an einer Gesimsleiste befestigen. Im kleineren Maßstab kann man den Stoff auf einzelne Paneelen im Raum aufziehen oder ihn benutzen, um einen Alkoven zu betonen. So könnte man sich eine in leuchtenden Smaragdtönen changierende Seide vorstellen, die hinter einem Regal von der Decke bis zum Boden hängt, in dem einige Glas- oder Keramikobjekte stehen, die durch den Hintergrund besonders schön zur Geltung kommen. Dieses Stoffarrangement könnte ebenso wirkungsvoll in einem klassisch einfachen, eleganten Raum sein wie in einem klaren, weiß gehaltenen, modernen Interieur.

Einige der Ideen für individuell gestaltete Gewebe (siehe S. 27–44) könnten besonders gut auf Paneelen wirken, vor allem auch bemalte oder gefärbte Kattune, Leinen oder ungebleichte Bettuchstoffe. Man könnte sie auch mit Tapetenkleister behandeln (siehe S. 44), um ein steiferes, papierähnliches Aussehen zu erzielen.

Für eine geschmackvolle Gestaltung von Wänden und Decken benötigt man vor allem einen sicheren Sinn für Farben und ein gutes Gefühl für die architektonischen Vorzüge und Nachteile eines Raumes. Wenn man im Zweifel ist, ob man der Aufgabe gewachsen ist, sollte man einen Innenarchitekten zu Rate ziehen. Auch ein kleiner, mit preiswertem Stoff bezogener Raum, kann bereits eine beträchtliche Summe Geld verschlingen.

*Man kann mit Stoff an Wänden unterschiedliche Stimmungen erzeugen. In dem Raum auf der rechten Seite hängen durchsichtige, leicht gekräuselte Seidenvoilebahnen an dünnen Leisten unter der Decke. Weil sie auch vor den Bildern und Fenstern entlangführen, lassen sie die scharfen Konturen des Raumes weicher erscheinen. Von der gleichen Farbe wie die Wand, übertragen sie die vom Bett erzeugte Stimmung auf subtile Weise auf den gesamten Raum.*

*Der Raum unten ist völlig anders. Der moderne, glänzende Baumwollstoff, der mit einem 2,5 cm breiten Kräuselband gerüscht und mit Bilderhaken an die Wand gehangen wurde, bildet einen gelungenen Hintergrund für die vielen älteren Stoffe, wie die Paisleydecke und die bestickten Kissen. So fängt der Raum genau die Atmosphäre eines viktorianischen Wohnzimmers ein. (Auf S. 63 findet sich eine überraschend andere Sommerversion des gleichen Raumes.)*

## Praktische Gesichtspunkte

Stoff hat den Vorteil, daß man ihn drapieren, schneiden und an schwer zugänglichen Stellen befestigen kann, wie zum Beispiel an gerundeten Deckenpartien oder in engen Alkoven.

Jede Falte oder Rüsche trägt zur Attraktivität bei. Ebenso kann man mit Stoff jede Unregelmäßigkeit einer Wand sofort kaschieren; die einzige Bedingung ist, daß sie stabil genug ist, um die Befestigungen zu halten, die zum Aufhängen der Stoffbahnen nötig sind.

Die benötigte Stoffmenge errechnet man ebenso wie die von Tapeten, inklusive dem Einkalkulieren von Musterrapporten und Saumzugaben sowie eventueller Falten oder Rüschen.

Die Stoffkanten müssen versäubert werden, wenn man den Stoff direkt an der Wand befestigt. Ist er an Leisten angeheftet, läßt sich eine Borte an der Oberkante aufkleben.

Ein gerollter Stoffstreifen kann als Paspel dienen, wenn man unschöne Kanten an der Decke oder der Fußleiste auf elegante und einfache Weise verschwinden lassen will.

Bei einem Zelthimmel wird der Mittelpunkt, von dem aus sich der Stoff verteilt, mit einer Rosette (siehe rechts) oder einer flachen, stoffbezogenen Form kaschiert.

*Ein häufig für Wände und Decken gebrauchtes Gestaltungsprinzip wurde hier, wie ich finde, viel passender in einem Zeltdach für ein Bett umgesetzt. Sauber gelegte Falten strahlen von einer zentralen Stoffrosette aus.*

*Die Rosette oben besteht einfach aus einem am Rand gekräuselten Stoffkreis, der dann wie eine Duschkappe zusammengelegt wurde. Man fixiert die Rüschen mit Blindstichen, bevor man die offenen Ränder an der Unterseite an einem Kreis aus Tarlatan festnäht, der dann an den Deckenstoff genäht oder geheftet wird.*

*Die Rosette unten wird ebenso an der Decke befestigt. Sie besteht aus einem rechteckigen Stoffstück mit kontrastierendem Futter, das an allen vier Ecken umgeschlagen wird, die dann unter dem Zierknopf mit unsichtbaren Stichen festgenäht werden.*

# RAUMTEILER UND PARAVENTS

Stoffe eignen sich besonders gut für bewegliche Paravents oder als Raumteiler, um verschiedene Funktionsbereiche voneinander zu trennen. Freistehende Paravents sind vielfältig zu verwenden – so können sie einen Raum unterteilen oder als Hintergrund für einen besonderen Einrichtungsgegenstand dienen, zum Beispiel eine schöne Chaiselongue. Ganz gleich, ob sie aus massivem Holz oder Leistenrahmen bestehen, bringen Paravents Stoffe immer gut zur Geltung. Sie eignen sich daher auch gut, selbst kreierte, bestickte, gefaltete, bemalte oder gefärbte Textilien zu präsentieren.

Die beiden Seiten eines Paravents können mit dem gleichen oder zwei verschiedenen Stoffen bezogen werden. Letzteres bietet größere Gestaltungsmöglichkeiten – so kann man zwei Räume mit verschiedenen Farbgebungen auf diese Art und Weise miteinander verbinden. Ein ungemusterter, weißer Leinenstoff auf der einen und auf der Rückseite ein Baumwollstoff mit kräftigen farbigen Streifen könnten eine schöne Kombination bilden, besonders bei einem Rahmenparavent, bei dem das Licht durchscheinen kann.

Für fest installierte Raumteiler eignet sich eine Reihe von Springrollos, da man sie unterschiedlich hoch und tief ziehen kann. Durch ihre praktische und unaufdringliche Art passen sie besonders gut in moderne Innenräume – wie den unten abgebildeten – aber ebenso für klassische, elegante Interieurs.

*Der Wohn- und Schlafbereich dieses großen Raums mit zwei Ebenen werden durch die klare Form der Springrollos voneinander getrennt. Die Holzleiste oberhalb der Rollos bildet ein hübsches dekoratives Element, da die Rollmechanismen verdeckt. Das aus dem Schlafbereich fallende Licht schafft durch die leicht überlappenden Rollos interessante Lichteffekte im Wohnbereich. Die Rollos bestehen aus festem Stoff, der an der Unterkante beschwert wurde, damit sie absolut senkrecht hängen, wenn sie heruntergezogen sind, und eine geschlossene Stoffwand bilden*

# BEZIEHEN EINES PARAVENTS

Die nachfolgenden Arbeitsanleitungen beziehen sich auf einen massiven Holzparavent (im Gegensatz zu einem Rahmenparavent, bei dem man den Stoff möglicherweise oben und unten mit einem Zugsaum und Stangen befestigen könnte).

Wie man den Stoff aufzieht, hängt davon ab, wie und wo die Scharniere sitzen und wie die Paneele gearbeitet sind. Bevor man den unten beschriebenen Arbeitsanleitungen folgen kann, muß man im allgemeinen erst einmal alte Stoffschichten vom Paravent entfernen oder einen neuen bauen. Aber gleichgültig wie der Paravent auch beschaffen ist, wichtig ist, daß man immer ein Paneel fertigstellt, bevor man zum nächsten übergeht und darauf achtet, daß kein Teil der Mechanik, wie Scharniere, über die Kanten hinaussteht.

Wenn der Paravent Vor- und Rückseite hat, beginnt man mit dem Beziehen der Rückseite, so daß die versäuberten Kanten der Vorderseite die unversäuberten Rückseitenkanten verdecken.

### STOFFMENGE ERMITTELN

Länge und Breite der einzelnen Paraventpaneele messen. Zwei Stoffstücke und Zwischenfutterstücke für jedes Paneel zuschneiden, jedes in der Länge und Breite des Paneels zuzüglich 2 cm Saumzugabe rundum.

b

### BEZIEHEN DES PARAVENTS

**1** Das Paraventpaneel flach auf den Boden oder einen Tisch legen und das Zwischenfutter auf die Rückseite legen. In der Mitte der oberen Kante beginnen, das Zwischenfutter am Holz zu befestigen (Abb. a).

**2** Das Zwischenfutter stramm über den ganzen Rahmen spannen, in der Mitte der unteren Kante befestigen, dann in der Mitte der beiden Seitenkanten und jeweils nach und nach zu den Ecken hin spannen. Überschüssigen Futterstoff abschneiden, so daß er nicht über die Rückseite übersteht.

a

**4** Den Stoff mit der rechten Seite nach oben auf die Rückseite des Paneels legen und ebenso wie das Zwischenfutter, aber in diesem Fall an der Schmalseite, festheften (Abb. b). Überschüssigen Stoff abschneiden.

**5** Das Paneel herumdrehen. Den Stoff wie bei der Rückseite aufspannen, wobei er nun 12 mm breit zum Verdecken der unversäuberten Rückseitenbespannung eingeschlagen wird (Abb. c). Die Prozedur bei allen Paneelen wiederholen.

**6** Von einem unauffälligen Punkt am unteren Ende des Paraventpaneels aus eine Borte mit Stoffkleber an der Schmalseite nach Herstelleranleitung ankleben. Die Borte beim Arbeiten nach und nach aufrollen. Ist man einmal ganz herum, legt man das Bortenende um und klebt es auf den Bortenanfang, damit die Ränder nicht ausfransen können.

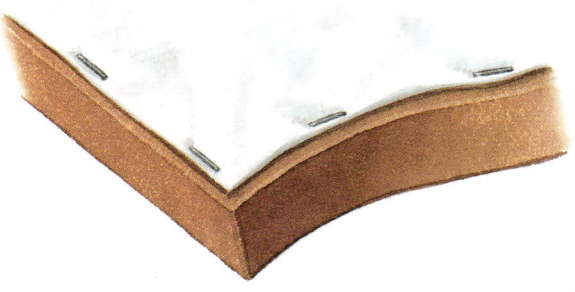

**3** Schritte 1 und 2 auf beiden Seiten bei allen Paneelen ausführen.

c

Dieser vierteilige Paravent wurde, nachdem
viele alte Stofflagen entfernt werden mußten,
mit Drillich bezogen. Die Kanten wurden mit
einer passenden Borte verziert. Der Paravent
kann als praktischer Raumteiler dienen oder,
mit einem Stück Stoff geschmückt, als eigenes
Möbelstück fungieren.

In dem streng gestalteten Raum unten bilden
die mit Leinen bespannten Metallparavents
eine interessante Alternative zu Vorhängen.
Bei jedem Segment wurde ein Stück Stoff
über die Oberkante gespannt, so daß er
doppelt liegt, und an der Unterkante mit
Ösen, die eine dekorative Kante bilden,
befestigt.

# Möbelüberzüge

Die meisten Polstermöbel werden komplett bezogen geliefert, obwohl es heute eine steigende Tendenz gibt, die Möbelstücke nur mit dem Kambrik-Unterbezug zu versehen und dem Käufer die Wahl des Stoffes für einen festen oder abnehmbaren Bezug zu überlassen. Sowohl das Herstellen von Polsterbezügen als auch auf Maß geschneiderte Überzüge würden den Rahmen dieses Buches sprengen, da sie von Experten berechnet, zugeschnitten und gefertigt werden müssen. Dieses Kapitel konzentriert sich statt dessen auf die vielen aufregenden Möglichkeiten, Möbel mit Stoffen zu verändern – und damit den ganzen umgebenden Raum –, ohne daß dazu Spezialkenntnisse erforderlich sind. Die meisten Überzüge sind für Sitzgelegenheiten bestimmt, aber auch Tischdecken werden behandelt.

### Maßgeschneiderte und lose Überzüge

Wenn man maßgeschneiderte Möbelüberzüge in Auftrag gibt, sollte man darauf achten, daß der Entwurf zum Stil des Sofas oder des Stuhles paßt, für den er bestimmt ist. Wenn es sich um ein Stilmöbel handelt, wäre es denkbar, Stoffe und Muster zu verwenden, die auch in der damaligen Zeit verarbeitet wurden, um das Stück so authentisch wie möglich wirken zu lassen. Auf Maß geschneiderte abnehmbare Überzüge sind vor allen Dingen praktische Objekte, die das darunterliegende Polster schützen sollen.

Eine einfache Kombination von Texturen wirkt immer interessant. So kann man einen hellen Holzstuhl mit einem ungemusterten, weißen, glatten Stoff beziehen und als Kontrast ein stark texturiertes Kissen aus zum Beispiel gerippter Baumwolle mit einem ähnlichen Farbton darauflegen.

Paspeln definieren Formen, und eine kontrastierende Linie tut dies um so mehr. So könnte man sich einen streng gestalteten Raum mit weißen, schwarz paspelierten Sesseln denken, die neben einem Sofa stehen, das mit schwarzem, weiß paspeliertem Stoff bezogen ist. Denkt man sich nun noch jeweils ein Ensemble aus kontrastierenden einfachen Kissen hinzu, kann man sich vorstellen, daß das Ergebnis eine dramatische Qualität hat und ins Auge springt.

### Überwurfdecken

Die einfachste Form eines Möbelüberzugs ist es, ein unbearbeitetes Stück Stoff über das Möbelstück zu drapieren und so die Formen ganz oder teilweise zu verdecken. Die Idee dabei ist einen Eindruck von Beiläufigkeit zu erzeugen. Allerdings müssen sich Stoff und Mobiliar dafür eignen. So sieht ein weißes

*In diesem Raum wurden Muster und Strukturen, formelle und zwanglose Elemente geschickt miteinander kombiniert, so daß eine »bewohnte«, aber ruhige Atmosphäre entsteht. Nichts lenkt von den klassischen Proportionen der Fenster und dem schönen Deckenstuck ab. Dennoch wird dieser kühle, graublaue Hintergrund durch warme Farbtupfer in Form von scheinbar lässig drapierten Überwürfen ausbalanciert, die die Form der Möbelstücke betonen. Die über die Lehne des zweiseitigen Sofas gelegte Paisleydecke hebt sich so deutlich von dem blassen gestreiften Bezugsstoff ab, daß sie auch als Raumteiler fungieren könnte.*

Laken als Staubdecke am besten bei Möbeln aus, deren Grundform auch noch mit dem Überwurf erkennbar ist. Diese Art von zeitweiligen Abdeckungen kann so praktisch und schön sein, daß sie zu einer ständigen Einrichtung wird.

Bei Stühlen und Sofas sieht es gut aus, wenn sie nur teilweise bedeckt sind – wenn zum Beispiel der Stoff beiläufig wie ein Schal über die Rücken- oder Seitenlehne drapiert ist. Das macht sich besonders gut bei stark gemusterten Stoffen auf einem ungemusterten Untergrund. Der praktische Aspekt dieser losen Überwürfe besteht darin, daß sie einem alten, abgetragenen Bezug noch ein paar »Lebensjahre« mehr ermöglichen.

### Eßzimmerstühle

Eine der besten Möglichkeiten, einen Stuhl vom Flohmarkt zu verschönern oder einen wertvollen Stuhl zu schützen besteht darin, lose Bezüge für die Rückenlehne und die Sitzfläche zu schneidern. Ein besonders hübscher (wenn auch nicht besonders strapazierfähiger) Stoff ist preiswerter Gingham – schwarz und weiß für das Eßzimmer eines Stadthauses und vielleicht blau und weiß für ein weniger elegantes Interieur. Der Rückenüberzug besteht einfach aus zwei an der Oberkante zusammengenähten Stoffstücken und an den Seiten angebrachten Bändern. Der Sitzüberwurf ist aus einem einzigen Stoffstück gearbeitet, wobei die Beinecken ausgeschnitten sind und das ganze ebenfalls mit Bändern befestigt wird.

*Der moderne Sessel rechts wurde durch den sorgfältig geplanten und angefertigten Überwurf völlig verändert. Das cremefarbene Leinen sieht aus, als liege es in mehreren Schichten aufeinander, besonders weil die doppelten und dreifachen Falten an den Ecken ihm Gewicht und Masse verleihen. Das Resultat wirkt lose und doch passend, einfach und komplex zugleich.*

*Im Gegensatz dazu wurden Stühle und Sofa des Salons unten lediglich mit blassen, gebleichten Schonbezügen versehen. Sie sind jeweils mehrteilig, der Form der Möbel angepaßt und mit zahlreichen Bändern gehalten, die in die Säume der Hauptstoffe eingefaßt sind. Diese Form des Schonbezugs läßt sich praktisch an jede Stuhlform anpassen.*

# KISSEN

Bezüge für Kissen sind relativ leicht herzustellen, da sie eine regelmäßige Form besitzen. Man muß sie genau ausmessen und zuschneiden (siehe S. 200–201). Zierkissen sind kleine quadratische, rechteckige oder runde Kissen, die vor allen Dingen dekorativen Zwecken dienen, aber auch auf ungepolsterten Sitzflächen mehr Komfort bieten. Sie eignen sich besonders dazu, Stoffreste in Form von Rändern und Verzierungen zu verarbeiten. Polsterkissen verwendet man als Sitzfläche bei Stühlen oder als Rückenlehnen.

Eine geniale Alternative zu dem maßgeschneiderten Look ist, das Kissen wie ein Päckchen mit Stoff zu umwickeln; das sieht besonders bei Nackenrollen hübsch aus (siehe S. 172). Dazu eignet sich, in der richtigen Umgebung, ein einfacher gebleichter Kattun ebenso wie eine handgefärbte Rohseide.

Eine weitere originelle Idee, die im 19. Jahrhundert in Frankreich populär war, besteht darin, einen Überzug, der nur die vier Ecken verdeckt, über einen darunterliegenden Bezug zu ziehen. Ähnlich gestaltete man Nackenrollen, bei denen man die runden Enden offen ließ, durch die dann der Unterbezug zu sehen war. Früher bestanden diese Kissenbezüge aus mit Quasten und Borten verziertem Brokat, heute könnte man sie aus Drillich mit einer schwarz paspelierten Kante und einem scharlachroten Unterbezug arbeiten.

Fast alle Stoffe eignen sich als Kissenbezüge, obwohl ganz feine Stoffe wie Musselin mit der Zeit an den Nähten ausreißen können. Am besten wählt man einen Stoff mit Hinblick auf die Belastungen aus, denen ein bestimmtes Kissen ausgesetzt sein wird.

## Kissenpolster

Alle Kissenpolster werden aus zwei Gründen mit einem Inlett bezogen: Es verbleibt am Kissen, wenn der äußere Bezug zum Reinigen abgenommen wird, und man kann es zu gegebener Zeit einfach mit der Füllung wegwerfen. Schaumfüllungen lösen sich mit der Zeit auf, und die Krümel werden vom Inlett aufgefangen.

Innenbezüge können aus Futterstoff – Kattun, Drillich oder Kambrik – nach den gleichen Verfahren wie äußere Bezüge gearbeitet werden (siehe S. 194–197). Man verzichtet lediglich auf Verzierungen und schließt die Öffnung nach dem Füllen mit Staffierstich.

## Kissenfüllungen

Federn sind die beste aber auch teuerste Füllung. Man kann Federpolster in verschiedenen Größen und unterschiedlichen Festigkeitsgraden kaufen. Weiche sind praktisch, da man sie immer wieder in Form bringen kann; fest gestopfte Federfüllungen eignen sich für Sitzkissen.

Latex- oder Polyurethanschaumkörner sind billig, aber man muß sie sorgfältig verarbeiten, da sie, wenn man sie nicht gleichmäßig verteilt, Klumpen bilden. Sie eignen sich besonders für draußen, weil sie wasserabstoßend sind. Hartschaumblöcke sind ideal für feste Polster. Man kann sie mit einem Tapetenmesser in die gewünschte Form schneiden.

*Dieses attraktive Arrangement wirkt besonders gemütlich durch die einladenden Kissen, die trotz aller unterschiedlicher Muster und Formen gut zueinander passen. Sie lassen die beiden Sofas wie ein Möbelstück aussehen. Es gibt drei Kissen mit angeschnit-* *tenem Rand, ein rechteckiges Zierkissen und zwei Kissen mit angeschnittenem Seitenteil. Man beachte die ungewöhnliche Art, die winzigen Nackenrollen zu verwenden, die als Teiler zwischen den großen Polstern liegen.*

# TISCHDECKEN

Im 17. Jahrhundert bedeckte man Tische häufig mit einem fransenbesetzten Tischteppich, auf den man ein kleineres weißes, waschbares, oft liebevoll besticktes Leinentuch legte. Im Gegensatz zur heutigen allgemeinen Vorstellung betont ein quadratisches Tuch die runde Form des Tisches.

Übereinandergelegte Stoffensembles wirken am besten, wenn die untere Lage aus einem schweren, dunklen und massiv wirkenden Gewebe besteht. Man kann dem Stoff durch ein Futter, ein Zwischenfutter oder sogar durch Absteppen, gefütterte Ränder, schwere Borten und üppige Fransen mehr Gewicht verleihen. Die obere Schicht kann entweder eine der Farben des Unterstoffes aufgreifen oder bewußt kontrastierend gewählt sein, obwohl ein gestärktes Leinen mit schöner Spitzenarbeit kaum zu schlagen ist.

Man kann einen runden Tisch aber auch mit einer großen Menge weißem Stoff bedecken und die vier Ecken mit Knoten so hochbinden, daß der Stoff mit großem Faltenwurf auf dem Boden aufbauscht. Wie die Tische selbst können Tischdecken sehr verschieden sein, und man kann sie je nach Situation anders anordnen und damit ihre Wirkung verändern.

*Diese Tischdekorationen aus zwei Stofflagen bilden einen hübschen Blickpunkt. Links sind die Farben für das Schlafzimmer neutral und zurückhaltend gewählt. Die untere Decke aus beigefarbenem Leinen bauscht auf dem Boden auf. Oben liegt ein quadratisches weißes Baumwolltuch, dessen Kanten mit vier maschinengestickten Linien aus Nähseide verziert sind, die sich in den Ecken überschneiden.*

*Die Stoffe auf der rechten Seite wirken viel dramatischer. Das runde Untertuch bauscht neben dem Vorhang auf dem Boden auf, und das kräftige Blau bildet einen verblüffenden Kontrast zu dem blassen Naturton des Vorhangstoffs. Die satten Farben des aufgelegten Tuchs setzen sich im Rand und den Fransen fort. Diese ungewöhnliche Kante, die fast wie eine Webkante wirkt – gibt beiden Tischtüchern eine ausgeprägte Form.*

# ZIERKISSEN MIT PASPEL UND RAND

Die nachfolgenden Arbeitsanleitungen beziehen sich auf zwei Arten von Zierkissen (das Arbeitsprinzip kann für alle anders geformten Kissen übernommen werden). Beide Bezüge eignen sich für locker gestopfte Kissenfüllungen.

Bei Kissen muß im allgemeinen eine permanente Öffnung, in die man meistens einen Reißverschluß einsetzt, eingearbeitet werden. Muß der Bezug nicht gereinigt werden, entfällt der Reißverschluß, und man kann die Öffnung mit Staffierstich schließen.

Das paspelierte Kissen ist einfach eine Tasche mit einer Paspel zwischen den beiden Teilen. Dafür eignen sich auch »selbstgemachte« Stoffe wie etwa ein aus Streifen zusammengesetzter (siehe S. 33), verziert mit einer Paspel in einer der Stoffarben. Oder man kann einen ungemusterten Hauptstoff mit einer gestreiften Paspel kombinieren.

Im Gegensatz dazu besticht ein Zierkissen mit Rand durch seine schlichte Einfachheit (wie ähnliche Kissenbezüge, siehe S. 171). Ich würde hierfür keine zusammengesetzten oder stark texturierten Stoffe verwenden. Glatte, »klassische« Stoffe – Seide, Leinen, glattgewebte Baumwolle – eignen sich für diese Form am besten. Man kann die eingeschlagene Zierkante mit den saubergearbeiteten Diagonalecken auch aus einer kontrastierenden Farbe arbeiten.

*MATERIALIEN*
- Stoff für Kissenbezug und eventuelle Paspel
- quadratische Kissenfüllung
- Paspelkordel in der Länge der vier Seiten des Kissens
- Reißverschluß, 4 cm kürzer als eine Seite des Kissenbezuges

### HERSTELLEN EINES ZIERKISSENS MIT PASPEL
Der Kissenbezug sollte ziemlich stramm sitzen. Messen Sie Länge und Breite des Kissens aus und schneiden Sie zwei quadratische Stoffstücke nach diesen Maßen plus rundum 2 cm Nahtzugabe zu.

### HERSTELLEN DES BEZUGS

**1** Die Paspel herstellen und auf der rechten Seite eines quadratischen Stoffstücks entlang der Nahtzugabe rundum annähen (siehe S. 125). Dies ergibt die Unterseite des Kissens. Den Paspelstoff an den Ecken einschneiden (siehe S. 205).

**2** Mit den rechten Stoffseiten aufeinander das zweite Stoffstück auf das erste legen (Abb. a).

**3** Die Öffnung für den Reißverschluß, rechts und links 2 cm vom Rand entfernt, einplanen. Parallel zur Paspel und so nahe wie möglich daran entlang mit der Maschine durch alle Schichten hindurch 3 cm an jedem Ende entlang nähen. Eine Hälfte des Reißverschlusses an der Paspelkante annähen (siehe S. 205) und die andere Hälfte unter die ungepaspelte Seite steppen (Abb. b).

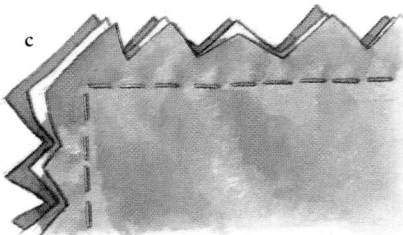

**4** Mit den rechten Stoffseiten aufeinander und den üblichen Saumzugaben die restlichen drei Seiten des Bezugs mit der Maschine zusammennähen. Den Reißverschluß nicht schließen, damit man den Bezug nach außen wenden kann. Die Ecken zurückschneiden und die Ränder mit der Zackenschere versäubern (Abb. c). Auf die rechte Seite wenden.

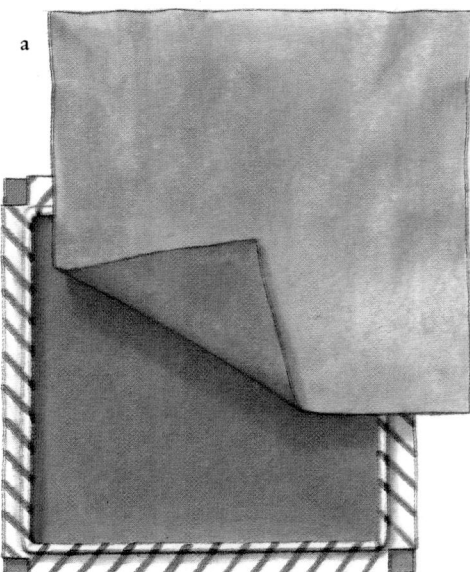

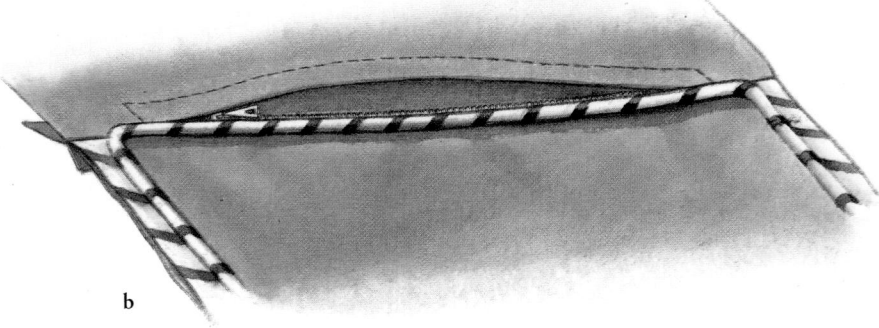

## Zierkissen mit angeschnittenem Rand

Messen Sie das Kissen aus und schneiden Sie für die Oberseite ein Stoffstück in Kissengröße zuzüglich zweimal die Randbreite und 2 cm Saumzugabe auf allen vier Seiten zu.

Für die Unterseite des Kissens benötigen Sie ein zweites Stoffstück von der gleichen Länge wie das erste, in der Breite kommen allerdings 3 cm Reißverschlußzugabe hinzu.

*EINSETZEN DES REISSVERSCHLUSSES*
Für den Reißverschluß das größere Stoffstück quer durchschneiden (Abb. d) und an jeder Seite rechts auf rechts über die Naht- und Saumzugabe und weitere 12 mm zusammensteppen. Den Reißverschluß einsetzen (siehe S. 205).

*HERSTELLEN DES BEZUGS*
**1** Die zwei Stoffstücke mit den rechten Seiten aufeinander und mit der üblichen Nahtzugabe rundum zusammennähen (Abb. d). (Unbedingt darauf achten, daß der Reißverschluß offen ist, damit man den Bezug auf rechts wenden kann.) Die Ecken zurückschneiden und die Kanten mit der Zackenschere versäubern.

**2** Rechte Seite nach außen drehen und bügeln. Auf der Unterseite ein Quadrat markieren und an dieser Linie entlang absteppen (Abb. e).

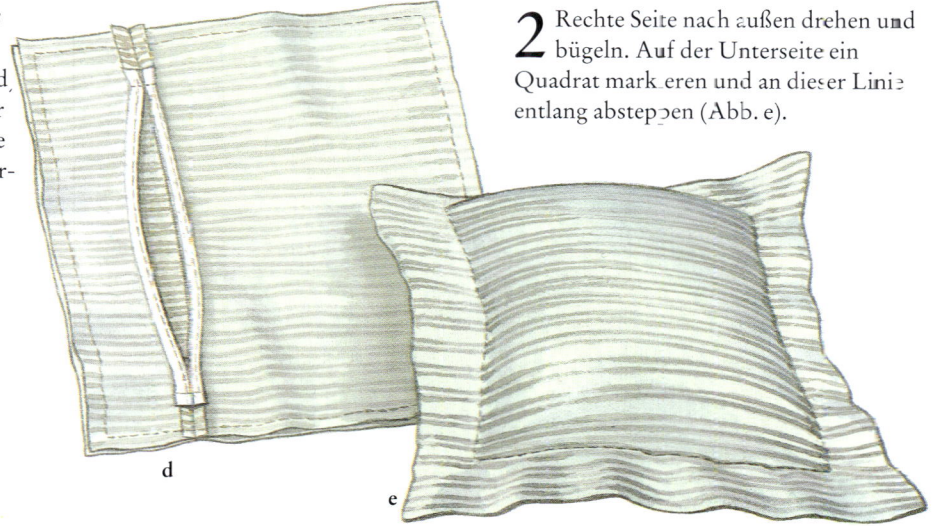

d

e

*Die locker gestopften Kissen verleihen diesem an sich schon gemütlich wirkenden Arbeitsraum den letzten Schliff. Die Stoffe sind alle unterschiedliche Tartankaros in warmen Erdfarben – Ocker, Terrakotta und Ziegelrot stehen einem tiefen Dunkelblau gegenüber. Sie lassen den Raum warm und einladend, gemütlich und bewohnt wirken. Die verschieden geformten Kissen liegen einladend auf dem Sessel und der Fensterbank*

# KISSEN MIT BODEN

Bei einem Kissen mit Boden befindet sich zwischen dem oberen und unteren Stoffstück noch ein rundum laufender Seitenstreifen. Deshalb muß man einen festeren blockförmigen Bezug als für die vorher beschriebenen Kissen herstellen.

Bei dem folgenden Bezug befindet sich in dem Seitenstreifen an der Rückseite ein Reißverschluß. Je länger dieser ist, desto einfacher ist es, das Kissen einzuziehen. Muß man den Seitenstreifen aus mehreren Stoffbahnen zusammensetzen, sollte man die Verbindungsnähte so anbringen, daß sie vorne nicht sichtbar sind.

Da ein Polsterkissen oft fester als ein gewöhnliches Kissen ist, kann man schwere Stoffe, Strukturgewebe und selbst zusammengenähte Stoffe verarbeiten. Paspeln um die Kanten von Ober- und Unterseite geben dem Kissen eine klarere Form und verstärken die Nähte. Bei Streifen oder Karos muß man darauf achten, daß sie symmetrisch liegen und vom Oberteil in den Seitenstreifen übergehen.

**MATERIALIEN**
- Stoff für Bezug und Paspel
- Viereckige, quaderförmige Polsterfüllung
- Reißverschluß, 10 cm kürzer als eine Seite des Kissens
- Paspelschnur, zweimal die Länge aller vier Seiten

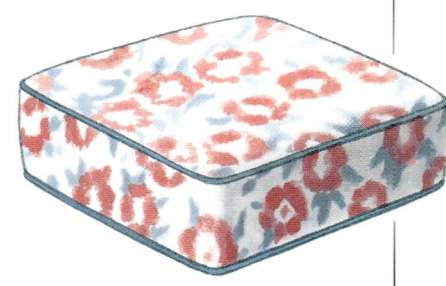

### STOFFMENGE UND ZUSCHNITT

Man muß vier Stoffstücke zuschneiden, eines für das Oberteil, eines für das Unterteil und zwei für den Seitenstreifen (Abb. a).

Ober- und Unterteil: Zwei Stoffstücke in der Größe des Kissens zuzüglich 2 cm Nahtzugabe zuschneiden.

Langer Seitenstreifen: Streifen in der Länge von drei Seiten zuzüglich 10 cm und 4 cm Nahtzugabe. Die Breite entspricht der Höhe des Kissens zuzüglich 4 cm.

Kurzer Seitenstreifen: Einen Streifen in der Länge einer Kissenseite minus 10 cm plus 4 cm Nahtzugabe zuschneiden. Die Breite entspricht der Kissenhöhe zuzüglich 4 cm Nahtzugabe und 3 cm Stoffzugabe für den Reißverschluß.

b

### HERSTELLEN DES BEZUGS

**1** Paspeln an den Rändern des Ober- und Unterteils anbringen (siehe S. 125).

**2** Den kurzen Seitenstreifen der Länge nach in der Mitte durchschneiden (siehe S. 205) und den Reißverschluß einnähen. Dessen Enden von den Nahtzugaben weghalten.

**3** Mit den rechten Seiten aufeinander den Seitenstreifen an den kurzen Kanten mit dem langen Seitenstreifen zusammennähen (Abb. b). Alle Nähte flach aufbügeln.

**4** Mit den rechten Seiten aufeinander eine lange Kante des Seitenstreifens an die Kante eines paspelierten Stoffstücks annähen, wobei man den Reißverschluß in die Mitte des hinteren Teiles plaziert (Abb. c). Die Nahtzugaben an den Rundungen einschneiden.

**5** Die andere lange Seitenstreifenkante genauso an das andere, paspelierte Stoffstück annähen (Reißverschluß muß offen sein, damit man den Bezug auf rechts wenden kann). Nahtzugaben zurückschneiden.

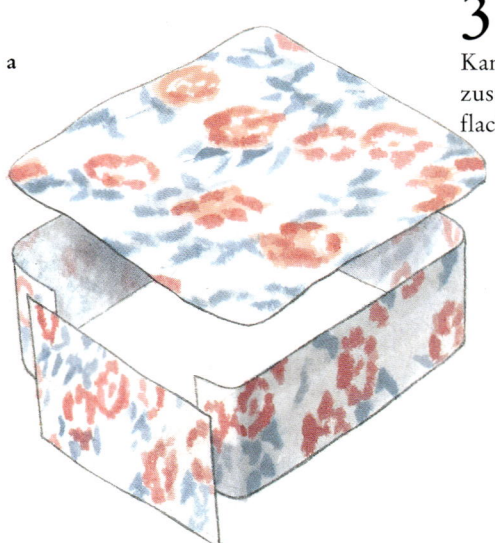

a

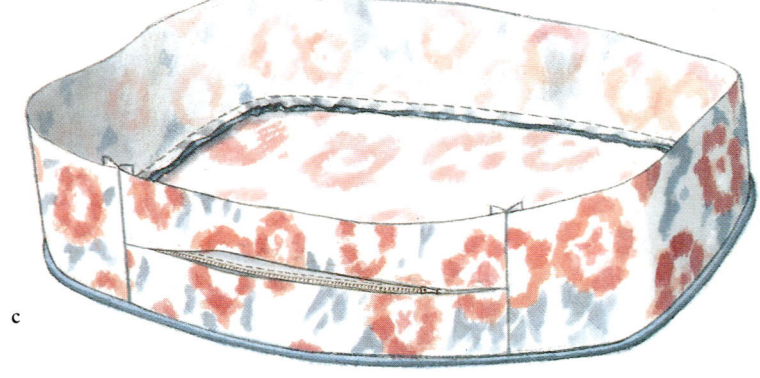

c

# KISSEN MIT ANGESCHNITTENEM SEITENTEIL

Diese Kissenart ist eine Kombination eines Kissens mit Boden und eines einfachen paspelierten Kissens. Sein Vorzug ist die klassische Eleganz, die klare Form mit abgerundeten Kanten verbindet. Letztere entstehen, indem man ein gewöhnliches Federinlett fest stopft und mit nach innen gedrückten Ecken einsetzt, oder indem man einen Kissenschaumblock mit abgeschrägten Kanten verwendet.

Bei den nachfolgenden Arbeitsanleitungen wird der Reißverschluß in der Paspelnaht eingesetzt (siehe S. 194), aber man kann ihn auch auf der Unterseite einsetzen. Letzteres ist dann vorzuziehen, wenn die Kissen paarweise gestapelt als Sitzkissen dienen sollen. Man könnte dann auf der Unterseite des einen und der Oberseite des anderen Kissens Klettband anbringen, damit sie nicht verrutschen. Durch die kompakte Form der meistens recht großen Kissen dieser Art, kann man alle auf der gegenüberliegenden Seite genannten Stoffe verwenden. Dicke Stoffe kräuseln sich oft auf hübsche Art und Weise beim Paspelieren.

MATERIALIEN
- Stoff für Bezug und Paspel
- Quaderförmige Polsterfüllung mit abgerundeten Kanten
- Reißverschluß, 4 cm kürzer als eine Kissenseite
- Paspelschnur in der Länge der vier Kissenseiten

### STOFFMENGE UND ZUSCHNITT

Die Kissenfüllung ausmessen. Das Bezugsoberteil in der Länge und Breite des Kissens zuzüglich der halben Kissenhöhe und 2 cm Nahtzugabe zuschneiden. Den unteren Bezugsteil ebenso breit wie das erste Stoffstück zuschneiden, aber in der Länge 3 cm für den Reißverschluß zugeben.

### HERSTELLEN DES BEZUGS

**1** Im unteren Stoffteil die Reißverschlußöffnung einschneiden. An beiden Enden mit der Maschine entlang der Nahtzugabe und der Kissenhöhezugabe bis 12 mm in den Hauptstoff nähen. Den Reißverschluß einsetzen (siehe S. 205).

**2** Die Kissenfüllung auf die linke Seite des oberen Stoffteils legen und die Position der Ecken mit Schneiderkreide einzeichnen. Aus jeder Ecke ein Stoffquadrat ausschneiden, dessen Seitenmaße der Hälfte der Kissenhöhe zuzüglich Stoffzugabe entsprechen (Abb. d).

**3** Mit den rechten Seiten aufeinander, das Oberteil entlang der neuen Schnittkanten der Ecken bis an die Schnittkante heran zusammennähen (Abb. e). So entsteht ein Abnäher bis zu der Kreidelinie (Abb. f).

**4** Schritte 2 und 3 mit dem unteren Stoffteil wiederholen.

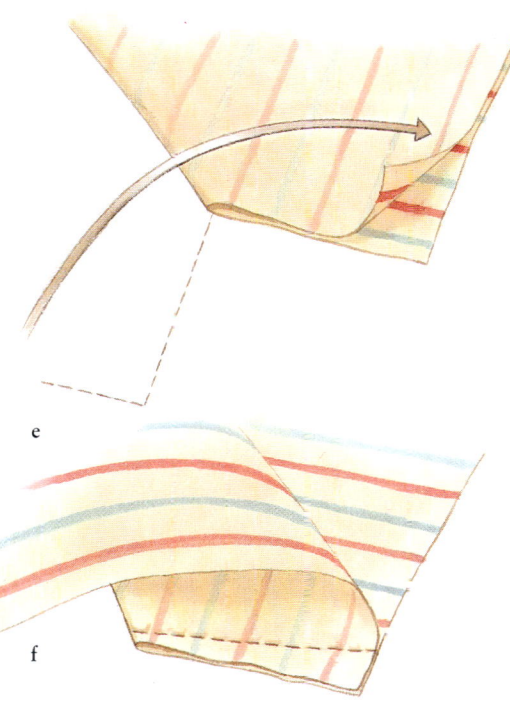

e

f

**5** Die Paspel an einem Stoffteil anbringen und die Ecken einschneiden (siehe S. 125).

**6** Mit den rechten Seiten aufeinander, den anderen Stoffteil mit der Maschine an den paspelierten Stoff nähen. Dabei darauf achten, daß die Abnäher sich gegenüber liegen, wenn der Bezug gewendet wird. (Der Reißverschluß muß offen sein, damit man den Bezug wenden kann.) Die Kante mit der Zackenschere versäubern und den Bezug auf rechts wenden.

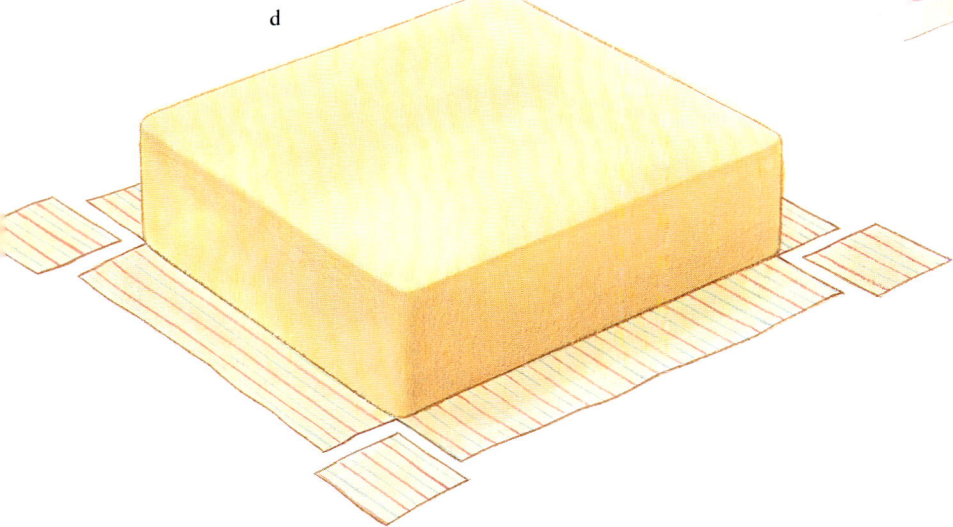

d

# TISCHTÜCHER

Ebenso wie bei einem langen Rock, muß die Kante eines Tischtuches auf dem Boden aufstoßen, aber nachgeben, sobald man auch nur mit den Zehen dagegen stößt. Die Arbeitsanleitungen auf der gegenüberliegenden Seite beziehen sich auf ein gefüttertes, rundes Tischtuch (aber auch ein quadratisches Tischtuch sieht auf einem runden Tisch sehr schön aus; allerdings sind für die Herstellung eines rechteckigen Tischtuches keine besonderen Arbeitsanleitungen notwendig). Man kann mit den Anleitungen auch ein ovales Tischtuch herstellen, indem man eine Schablone nach der Tischplattenform herstellt und rundum die nötige Länge zugibt. Je nach Stoffbreite und Tischgröße kann man die Nähte längs oder quer anbringen.

An den runden Unterkanten des Stoffes ist es nicht leicht, Säume glatt zu nähen. Meiner Meinung nach ist es am einfachsten, den Hauptstoff und das Futter an den Kanten zusammenzunähen, die Nahtzugaben einzuschneiden und die Decke auf rechts zu wenden. Diese schnelle Methode eignet sich am besten, wenn Stoff und Futter etwa gleich schwer sind. Man kann den Rand auch mit Schrägstreifen einfassen, die sich der Rundung des Tischtuches anpassen.

Manchmal führt das Nähen mit der Hand zu besseren Ergebnissen als mit der Maschine, da die Möglichkeit besteht, Borten oder Fransen anzubringen. Diese zeitaufwendigere Methode ist besonders sinnvoll bei glänzenden Stoffen oder wenn ein beachtlicher Gewichtsunterschied zwischen Haupt- und Futterstoff besteht (wenn der Hauptstoff zum Beispiel ein Zwischenfutter hat und dekorativ bestickt oder abgesteppt ist).

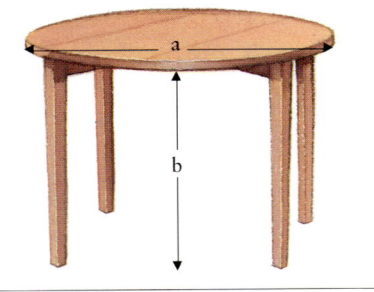

*Sanftes Licht und blaugraue Wände lassen dieses Tischtucharrangement besonders gut zur Geltung kommen. Das runde Untertuch aus feingewebtem, goldgemusterten Damast bauscht auf dem Boden auf. Das obere Tuch hat die Form eines großen rechteckigen Kaschmirschals, der so ausgelegt wurde, daß die Ecken zwar ebenfalls bis zum Boden reichen, ansonsten aber vom Unterstoff möglichst viel zu sehen ist. Die Stoffe verleihen der kühlen Raumecke Tiefe und lenken die Aufmerksamkeit auf Bücher und Objekte, die sich auf dem Tisch befinden.*

## STOFFMENGE ERMITTELN

Meist muß man mehr als eine Stoffbahnbreite verarbeiten. Wenn man zwei Bahnen verwenden muß, ist die benötigte Stofflänge zweimal der errechnete Gesamtdurchmesser.

Man schneidet eine der beiden Stoffbahnen längs in der Mitte durch und näht sie rechts und links an die andere Stoffbahn an (Abb. a). Dabei den Musterrapport einkalkulieren. Die Futterstoffmenge in derselben Weise berechnen.

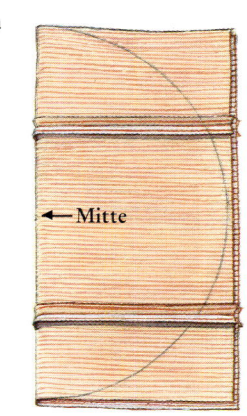

a

← Mitte

## ZUSCHNITT DES KREISES

Den Stoff in der Mitte quer falten und darauf achten, daß die Nähte aufeinander liegen. Den Mittelpunkt auf dem Stoffbruch mit einer Stecknadel markieren. Mit einer Schnur und einem Bleistift einen Halbkreis auf den Stoff aufzeichnen und entlang dieser Linie durch beide Stofflagen hindurch den Halbkreis ausschneiden (Abb. a, siehe S. 201). Als Saumhilfslinie zeichnet man eine zweite Linie, 2 cm von der Schnittkante entfernt, ein.

## MIT DER MASCHINE ANGENÄHTES FUTTER

1 Aus Haupt- und Futterstoff zwei gleich große Kreise zuschneiden (siehe Abb. a).

2 Mit den rechten Seiten und den Außenkanten aufeinander Stoff und Futter entlang der Kreisumfanglinie zusammennähen. Eine 30–40 cm große Öffnung lassen. Nahtzugabe zurückschneiden und Rundungen einschneiden. Das Tischtuch durch die Öffnung wenden und sorgfältig bügeln. Den Saum an der Öffnung einschlagen, bügeln und die Öffnung mit Staffierstich schließen.

## MIT DER HAND ANGENÄHTES FUTTER

1 Aus Haupt- und Futterstoff zwei gleich große Kreise zuschneiden (siehe Abb. a).

2 Die Saumzugabe entlang der beiden Stoffkanten sorgfältig einschneiden und umbügeln, so daß eine gleichmäßige Rundung entsteht. Soll das Futter auf keinen Fall zu sehen sein, kann man einen 2,5 cm breiten Saum einschlagen.

3 Mit den linken Seiten und den Säumen aufeinander, den Futterstoff auf den Hauptstoff legen und das Futter am Saum des Hauptstoffes anheften (siehe S. 112, Schritte 4 und 5).

4 Mit Staffierstich Futter und Hauptstoff rundum aneinandernähen (Abb. b).

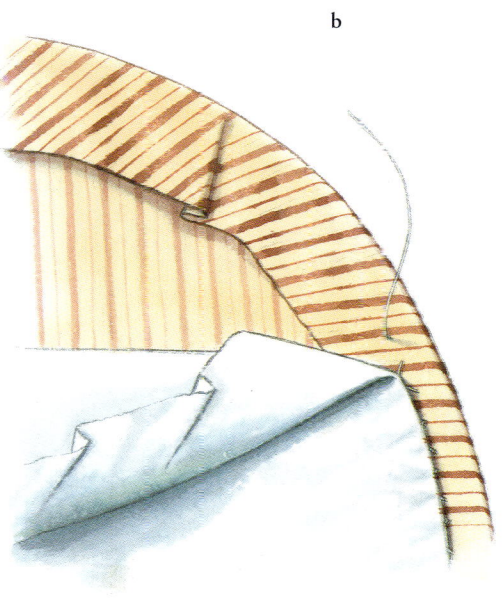

b

## TISCHDECKE MIT ZIERRAND

1 Stoffmenge, wie oben beschrieben, berechnen. Dann zieht man vom endgültigen Durchmesser zweimal die gewünschte Randbreite ab und addiert 4 cm Saumzugabe. Zwei gleich große Kreise aus Haupt- und Futterstoff zuschneiden (siehe Abb. a).

2 Für den Rand Schrägstreifen (siehe S. 201) in der gewünschten Randbreite zuzüglich 4 cm Nahtzugabe und der Länge des Kreisumfangs zuschneiden.

3 Die Schrägstreifen mit der Maschine zusammennähen, um einen einzigen, langen Streifen zu erhalten. Mit den rechten Seiten aufeinander den Schrägstreifen entlang der Kreiskante mit 2 cm Nahtzugabe an den Hauptstoff annähen. Wo die zwei Enden des Schrägstreifens aufeinandertreffen, einen 2 cm breiten Saum einschlagen und den Spalt mit Staffierstich schließen (Abb. c).

4 Das Futter entweder mit der Maschine oder von Hand am Hauptstoff entlang der Ansatznaht annähen.

c

199

# TECHNIKEN

In diesem kurzen Kapitel werden einige Techniken beschrieben, die immer wieder bei der Herstellung von Heimtextilien angewendet werden und auf die ich bei speziellen, in dem Buch geschilderten Arbeitsanleitungen verwiesen habe. Ich bin davon ausgegangen, daß jeder, der irgendwelche Heimtextilien herstellen möchte, wenigstens über die grundlegenden Nähtechniken Bescheid weiß. Einigen von Ihnen werden die Anleitungen bekannt sein, aber ich hoffe, daß die Beschreibungen der Arbeitserleichterungen und einige Tips dennoch hilfreich sind.

Für den Arbeitsplatz gelten beim Nähen von Gardinen, Bezügen, Kissen etc. die gleichen Bedingungen wie in der Bekleidungsschneiderei. Besonders wichtig ist, daß die Nähmaschine an einem gut beleuchteten Ort steht; daß ausreichend Platz für das Bügeln mit einem Dampfbügeleisen vorhanden ist; daß Ihre Maschine eine gute Auswahl an Stichmöglichkeiten und Zusatzteilen hat, wie zum Beispiel einen Reißverschluß- und einen Kräuselfuß. Ein großer Tisch, auf dem man den Stoff zum Markieren, Messen, Schneiden und Heften auslegen kann, ist ebenfalls unumgänglich. Daß man den Stoff flach auslegen und an den Kanten beschweren kann, erspart zeitraubendes Heften und Herumhantieren mit Stecknadeln und erlaubt, alle Näharbeiten mit der Hand sofort auszuführen.

## Stoffmengen

Wenn man die Stoffmenge für ein bestimmtes Projekt berechnet, sollte man sich Zeit nehmen, methodisch vorgehen und sich an die Anleitungen für das Kalkulieren von Längen und Breiten halten. Unten beschreibe ich einfach eine Art, die Anzahl der Stoffbahnen für eine Gardine oder einen Vorhang zu berechnen; wie man Stoffbahnen aneinandersetzt siehe Seite 111.

### BERECHNEN DES STOFFVERBRAUCHS

Um die Anzahl der Stoffbahnen für ein bestimmtes Projekt zu berechnen, muß man zuerst die letztendliche Gesamtbreite ermitteln. Im allgemeinen geht man davon aus, daß die gesamte Stoffbreite zweieinhalbmal so breit wie der Bereich sein sollte, den die Gardine bedeckt (das heißt die Länge der Gardinenstange oder Schiene plus der Überhänge und Rückläufe), obwohl sich Unterschiede aus der Art der Aufhängung (siehe S. 108 ff.) und dem Stoffgewicht ergeben.

Hat man die Breite des Vorhangbereichs mit 2,5 multipliziert, um die benötigte Stoffbreite zu berechnen, teilt man dieses Ergebnis durch die Breite des ausgesuchten Stoffes (für Dekostoffe üblich sind 120 cm und 140 cm). Ist die Gardinenbereichsbreite zum Beispiel 234 cm, so multipliziert man diese Zahl mit 2,5. Die sich daraus ergebenden 585 cm teilt man durch die Breite des gewählten Stoffes – in diesem Beispiel 120 cm. Das Ergebnis lautet 4,88. Da 88 mehr als die Hälfte der Stoffbreite ist, rundet man auf, so daß man letztendlich 5 Bahnen benötigt.

Um die benötigte Gesamtlänge des Stoffes zu berechnen, multipliziert man die Arbeitslänge (siehe S. 206) mit der errechneten Anzahl der Bahnen – in diesem Fall mit 5. Hat man also zum Beispiel eine Arbeitslänge von 264 cm würde die Gesamtlänge des Stoffes 13,2 m betragen.

### MUSTERRAPPORT BERÜCKSICHTIGEN

Wenn man die Stoffmenge für gemusterte Gardinen berechnen will, muß man darauf achten, daß man genügend Stoff für das korrekte Ansetzen des Musters in der Breite zur Verfügung hat (Abb. a). Um die benötigte Stoffmenge zu berechnen, teilt man die Arbeitslänge durch die Länge eines

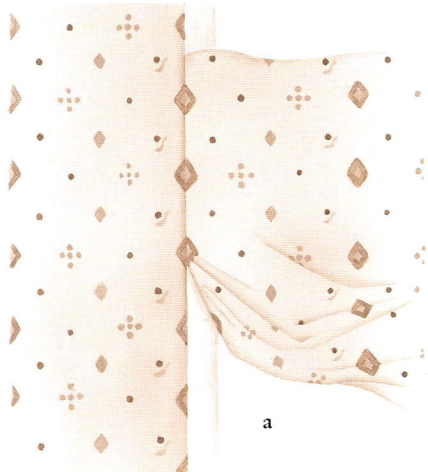

a

Musterrapport, die man leicht messen kann, wenn sie nicht schon vom Stoffhersteller angegeben ist. Ist das gemessene Ergebnis keine ganze Zahl, rundet man sie auf und multipliziert diese Zahl mit der Anzahl der Musterwiederholungen.

Nimmt man zum Beispiel einmal an, daß die Arbeitslänge 313 cm beträgt und das Muster sich nach 91 cm wiederholt, so teilt man 313 cm durch 91 cm und erhält ein Ergebnis von 3,4. Diese Zahl rundet man zu 4 auf und multipliziert sie wiederum mit 91 cm. Die gesamte Arbeitslänge beträgt dann also 364 cm.

## Zuschneiden

Das Zuschneiden des Stoffes ist fast ebenso wichtig wie das genaue und gründliche Berechnen der benötigten Stoffmenge. Das eigentliche Zuschneiden ist einfach und unkompliziert, solange man eine ruhige Hand und eine gute Schere hat. Man sollte sich aber darüber im klaren sein, daß Fehler, die man dabei macht, irreparabel sind – wenn zum Beispiel die Maße nicht genau berechnet sind oder man unachtsam schneidet, so daß der Stoff nicht ausreicht, ist eigentlich nicht mehr viel zu retten. Es ist auch ziemlich ärgerlich, wenn man feststellen muß, daß alle endgültig zugeschnittenen Stoffbahnen zu kurz für einen Saum sind. Um solche Mißgeschicke zu vermeiden, sollte man früh Zeit darauf verwenden, die Genauigkeit der Berechnungen zu überprüfen.

### KONTROLLIEREN DES STOFFES

Bevor man den Stoff zuschneidet, sollte man ihn sorgfältig auf mögliche Fehler hin betrachten, die manchmal mit einem Zeichen in der Webkante markiert sind (Abb. b). Kleine Web- oder Farbfehler, die nicht weiter auffallen, kann man leicht übersehen, aber bei gezogenen Fäden, schlecht gedruckten Mustern oder einer unregelmäßig gewebten Partie sollte der Händler die Ware umtauschen. Ist das nicht möglich, markieren Sie sich die Stelle und versuchen Sie, um sie herum zu arbeiten.

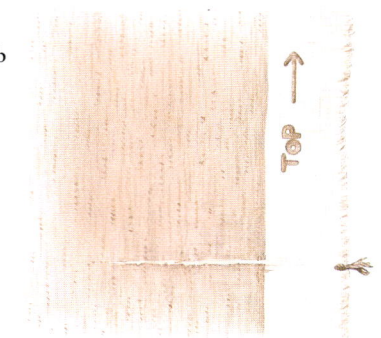

b

### WEBKANTEN

Um dem Stoff eine feste Kante zu geben, webt man in die ersten Fäden an beiden Rändern des Stoffes ein festeres Garn ein. Bei bedruckten Stoffen befinden sich zuweilen Pflegeinformationen auf den Webkanten.

Ist der Stoff zugeschnitten, sollte man die Webkante entfernen. Da sie oft fester als der Rest des Stoffes gewebt ist, könnte sie bei der Verarbeitung störend sein.

Will man den Stoff der Länge nach halbieren, legt man die Webkanten gerade aufeinander und schneidet entlang des Stoffbruchs.

### GRUNDREGELN

Es ist wichtig, daß der Stoff fadengerade und im rechten Winkel zugeschnitten wird (siehe S. 111). Bei lose gewebten Stoffen kann man einen gezogenen Webfaden als Hilfslinie benutzen (Abb. c). Bei bedrucktem Stoff muß man kontrollieren, ob das Muster im rechten Winkel zur Webkante aufgedruckt ist. Ist es leicht verschoben, muß man den Stoff so gut wie möglich ausrichten.

Die Stoffbahnen müssen von unten nach oben zusammengenäht werden, deshalb sollte man sich die unteren Kanten der einzelnen Bahnen dadurch markieren, daß man jeweils unten eine kleine Ecke abschneidet. So kann man sicher sein, daß man die Bahnen in der gleichen Webrichtung aneinandernäht.

### GEZOGENER FADEN ALS SCHNEIDEHILFE

Um einen locker gewebten Stoff ganz gerade schneiden zu können, zieht man einen Faden und schneidet entlang der entstandenen Linie (Abb. c).

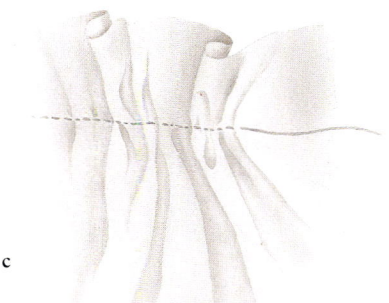

c

### SCHNEIDEN EINES »PERFEKTEN« BOGENS

Wenn man Girlanden, runde Tischdekken o. ä. nähen will, muß man vor dem Zuschneiden eine passende Rundung auf den Stoff aufzeichnen. Man rechnet sich zuerst den Radius des Kreises aus, von dessen Rundung man ausgehen will, und schneidet sich ein Stück Schnur zurecht, das ein wenig länger ist als das Radiusmaß. Befestigen Sie das eine Ende der Schnur auf dem Mittelpunkt der Rückseite des Stoffes mit einer Heftzwecke oder einem Gewicht. Am anderen Ende der Schnur befestigt man einen Bleistift. Nun zieht man mit gespannter Schnur und senkrecht stehendem Stift die gewünschte Kreisrundung auf den Stoff (Abb. d).

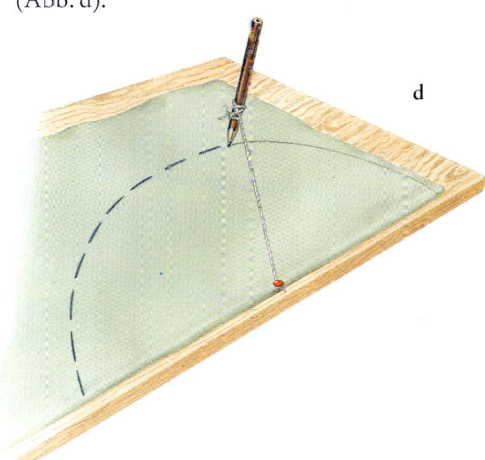

d

### SCHRÄGSTREIFEN

Wenn man Schrägstreifen aus Stoff schneidet, muß man darauf achten, daß alle fadengerade sind. Man legt eine Schnittkante so auf eine Webkante, daß der Stoffbruch diagonal verläuft, und schneidet entlang der Faltenkante, wobei man den Stoff mit der freien Hand flach hält.

## Stiche

In diesem Kapitel werden nur die bei der Herstellung von Gardinen, Kissen etc. am häufigsten vorkommenden Handstiche beschrieben. Es kommt darauf an, daß alle mit gleichbleibender Stichgröße und Garnspannung ausgeführt werden, damit der Stoff korrekt gehalten wird. Bei einem provisorischen Heftstich benutzt man am besten eine mit dem Stoff kontrastierende Garnfarbe, so daß man den Faden später leicht finden und entfernen kann.

### HEFTSTICH

Hierbei handelt es sich um einen provisorischen Stich, mit dem man den Stoff beim Anbringen der endgültigen Naht in Position hält und der anschließend entfernt wird. Er dient auch dazu, den ersten Einschlag eines Doppelsaums zu befestigen, und in diesem Fall wird er nicht entfernt.

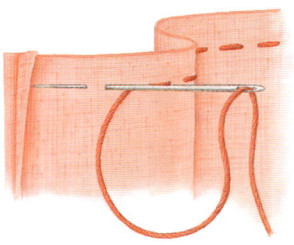

### KNOPFLOCHSTICH

Der Knopflochstich ist ein starker, haltbarer Stich, der sich gut dazu eignet, zum Beispiel Ringe und Haken am Stoff zu befestigen. Jeder Stich wird mit einem kleinen Knoten abgeschlossen, der sich dadurch ergibt, daß der Faden in einer Schlinge um die Nadel geführt wird. Eine dicht gesetzte Reihe von zehn solcher Stiche bildet eine stabile Befestigung, zum Beispiel für einen Gardinenring.

### STAFFIERSTICH

Dieser Stich wird dazu verwendet, eine umgeschlagene Stoffkante an einem flachen Stoffuntergrund zu befestigen oder um zwei Säume an einer Diagonalecke miteinander zu verbinden (siehe gegenüberliegende S.). Er wird von rechts nach links gearbeitet und sollte am Ende nicht sichtbar sein, da immer nur wenige Gewebefäden von dem Oberstoff gegriffen werden. Den Faden sollte man fest, aber nicht zu stark anziehen, da der Stoff sich sonst kräuselt.

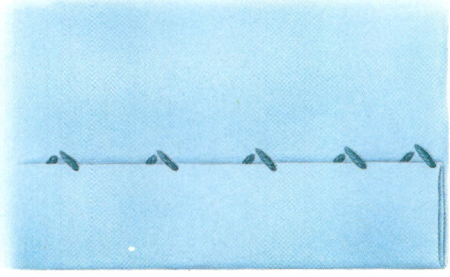

### HEXENSTICH

Dieser Kreuzstich wird zum Befestigen von einfachen Seitensäumen bei Vorhängen und Faltrollos verwendet. Er wird von links nach rechts gearbeitet, wobei die Nadel von rechts nach links zeigt. Man nimmt mit einem Stich durch die Stofflage nur einige wenige Fäden auf. Die Nadel wird nach oben und rechts geführt und ein weiterer Stich wird durch den umgeschlagenen Saum geführt.

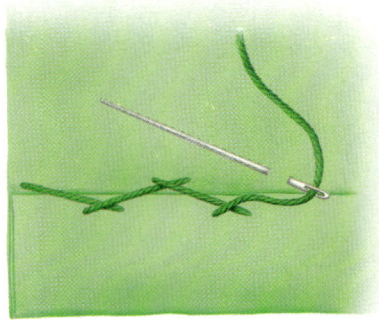

### KETTENSTICH

Mit diesem Stich bildet man eine Fadenkette, mit der man den Hauptstoff unten am Saum mit dem Futterstoff verbindet. Diese Maschenkette wird wie die erste Kette bei einer Häkelarbeit gebildet. Das eine Ende der Fadenkette wird dann am Futtersaum, das andere am Saum des Hauptstoffes befestigt, so daß die beiden Stoffe miteinander verbunden sind.

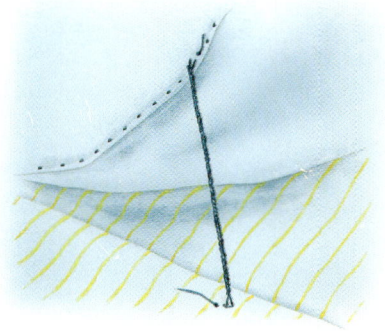

### BLINDSTICH

Mit diesem Stich heftet man verschiedene Stofflagen aneinander, wie zum Beispiel bei einer gepolsterten Vorhangkante, oder fixiert die Falten einer dekorativen Rosette (siehe unten). Die kleinen Stiche sollten zum Schluß nicht sichtbar sein.

### Säume

Für einen flachen, geraden Saum muß der Stoff gerade geschnitten sein. Bei einer sauber geschnittenen Kante kann man die vorgesehene Menge Stoff einfach umfalten und sie mit einem Dampfbügeleisen fixieren, ohne Stecknadeln oder eine Heftnaht zu benötigen. Soll der Saum auf der Vorderseite des Stoffes nicht sichtbar sein, näht man ihn am besten mit der Hand. In manchen Fällen ist es jedoch annehmbar oder gar wünschenswert, daß die Naht sichtbar ist, so daß man den Saum mit der Maschine nähen kann.

#### DOPPELSAUM

Im allgemeinen schließen alle Vorhänge an der Unterkante mit einem doppelt eingeschlagenen 10 cm breiten Saum ab, der alle losen und unregelmäßigen Kanten verdeckt und die Möglichkeit bietet, den Vorhang, wenn nötig, zu verlängern. Ungefütterte Vorhänge können jedoch manchmal nur einen 5 cm breiten Doppelsaum haben. Der Abschluß eines Vorhangfutterstoffs sollte ebenfalls ein 5 cm breiter Doppelsaum sein. Reicht der Stoff nicht aus, kann der Saum zwar schmaler ausfallen, aber er sollte doppelt liegen.

1 Schlagen Sie auf der linken Seite des Stoffes die gesamte Stoffmenge für den Saum ein – bei einem 10 cm breiten Doppelsaum sind das also 20 cm – und fixieren Sie die Bruchkante mit einem Dampfbügeleisen. Falten Sie den Stoff wieder aus (Abb. a), und legen Sie die untere Stoffkante an die Bügellinie. Die Bruchkante wiederum bügeln.

2 Nun faltet man den Saum an der ersten Bügellinie noch einmal ein und befestigt die obere Stoffbruchkante mit Staffierstich an der Rückseite des Vorhangstoffes (Abb. b), wobei man an beiden Seiten Diagonalecken einarbeitet.

#### DOPPELTER SEITENSAUM

Dieser wird bei ungefütterten Vorhängen, Wiener Rollos u. ä. benutzt, um eine feste Kante zu erhalten. Meist reicht eine Endbreite von 1–2 cm. Man sollte jedoch darauf achten, daß die Stoffkante gerade geschnitten ist, bevor man den Saum umschlägt. Man beginnt, indem man den Saum zweimal auf der linken Seite faltet, bügelt und mit einem geraden Maschinenstich oder mit Staffierstich von Hand dicht an der gefalteten Innenkante festnäht.

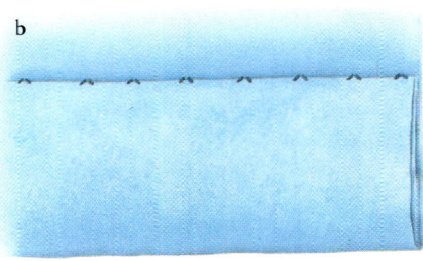

#### EINFACHER SEITENSAUM

Dieser Saum wird immer für Objekte verwendet, die man füttern bzw. füttern und zwischenfüttern will. Man sollte mindestens 5 cm Saumzugabe einkalkulieren, obwohl auch ein schmalerer Saum bei Stoffknappheit ausreichen kann. Wenn man zum Beispiel ein Faltrollo mit der endgültigen Breite von 129 cm aus einer Stoffbreite von 137 cm herstellt, könnten die Seitensäume jeweils 4 cm breit sein. Man stellt den Saum her, indem man die Stoffkante umbügelt, Diagonalecken einarbeitet (siehe rechts) und ihn mit Hexenstich (siehe gegenüberliegende S.) annäht.

#### DIAGONALECKEN

Diagonalecken bilden saubere, flache Ecken, die besonders für dicke Stoffe geeignet sind. Der Vorteil dieser Ecken besteht darin, daß der Stoff nicht zerschnitten wird und man Säume, wenn man möchte, später auslassen kann. Bei einer Diagonalecke in Verbindung mit einem 10 cm Doppelsaum bügelt man zuerst die ersten 10 cm um und fährt dann, wie unten beschrieben, fort.

1 Die nötigen Saumzugaben umbügeln, in diesem Fall 5 cm für zwei einfache Seitensäume, und den Stoff wieder flach ausstreichen. Die Ecke so umschlagen, daß die diagonale Faltlinie durch den Treffpunkt der beiden Bügellinien verläuft (Abb. a). Wenn der Stoff beschwert werden muß, legt man ein Gewicht in die gefaltete Diagonalecke (siehe Abb. b, S. 112).

2 Die Säume entlang der Bügellinien wieder einschlagen, so daß die Diagonalkante zu einer Ecke wird. Die Ecken und Doppelsäume mit Staffierstich festnähen; einfache Säume mit Hexenstich (Abb. c).

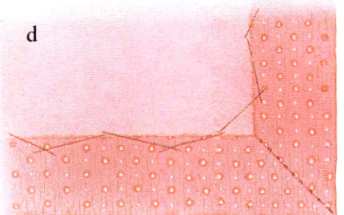

## Nähte

Es gibt viele Nahtverarbeitungen, und wenn man sich für die richtigen entscheiden will, muß man eine Reihe Faktoren bedenken, wie zum Beispiel die Dicke und das Gewicht des gewählten Stoffes und die Position der Naht an dem bearbeiteten Stück. Man sollte immer genügend Nahtzugabe einkalkulieren, besonders wenn man einen leicht ausfransenden Stoff verarbeitet, dessen Kanten versäubert werden müssen.

### EINFACHE STEPPNAHT

Diese Naht wird benutzt, um Stoffbahnen oder -stücke miteinander zu verbinden. Im allgemeinen beträgt die Nahtzugabe 2 cm, aber bei dicken Stoffen und beim Nähen von Kissenbezügen sollte man mehr Stoff einkalkulieren, den man nach dem Nähen beischneiden kann.

**1** Mit den rechten Stoffseiten aufeinander, entlang der Nahtlinie steppen (Abb. a). Jeweils am Anfang und am Ende zum Sichern der Naht einige Male vor- und zurücknähen.

**2** Die Naht mit einem Dampfbügeleisen auseinanderbügeln (Abb. b).

### ÜBERLAPPTE NAHT

Zwischenfutter bestehen oft aus dickem Stoff und man verbindet sie am besten mit einer überlappten Naht, so daß der Stoff nicht zu dick aufträgt. Da die Nähte beim fertigen Objekt nicht sichtbar sind, kann man die Kanten unversäubert lassen.

**1** Die unversäuberten Stoffkanten, mit den rechten Seite nach oben, 1–2 cm breit aufeinander legen.

**2** Die beiden Stofflagen mit Stepp- oder Zickzackstich zusammennähen (Abb. c). Überschüssigen Stoff abschneiden.

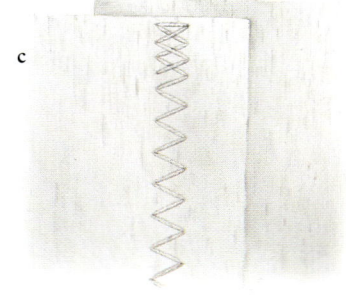

### AUSEINANDERGESTEPPTE NAHT

Durch das Auseinanderstepppen verwandelt man eine einfache Naht in ein Zierelement, indem man auf der rechten Stoffseite, dicht neben der Nahtrille eine sichtbare Stepplinie anbringt. Man kann dies, je nach gewünschtem Effekt, auf beiden oder nur auf einer Seite der Naht tun.

**1** Nach dem Nähen einer Steppnaht diese auseinanderbügeln (Abb. b).

**2** Auf der rechten Seite des Stoffes eine Stepplinie dicht neben der Nahtrille anbringen (Abb. d).

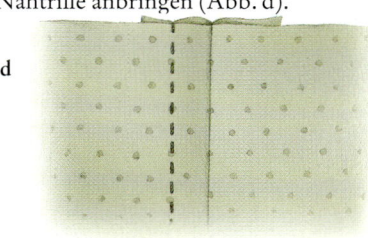

### FRANZÖSISCHE NAHT

Bei dieser engen Doppelnaht werden alle offenen Kanten eingenäht. Man verwendet sie bei ungefütterten, feinen und leicht ausfransenden Stoffen.

**1** Die Stoffkanten mit den linken Seiten aufeinanderlegen und 9 mm von der offenen Kante entfernt zusammennähen (Abb. e). Überschüssigen Stoff dicht an der Naht abschneiden.

**2** Den Stoff wenden und umfalten, so daß die rechten Seiten aufeinander liegen und 6 mm vom Bruch entfernt zusammennähen (Abb. e). Bügeln.

### WENDEN EINES STOFFSCHLAUCHS

Man kann einen Stoffschlauch nach der unten beschriebenen Methode schnell und einfach herstellen.

**1** Das eine Ende einer Paspelschnur am kurzen Ende des Stoffstreifens befestigen und beim Anbringen der Längsnaht in den Stoff einschließen (rechte Stoffseite innen). Überschüssigen Stoff abschneiden und die Naht flach aufbügeln (siehe S. 126, Abb. d).

**2** Die Kordel durch den Streifen nach außen ziehen, so daß der Stoff sich wendet (siehe S. 126, Abb. e).

### EINFASSEN VON KANTEN

Bei einem ungefütterten Wiener- oder Raffrollo mit Rüschenabschluß, wird die Ansatznaht auf der linken Seite mit einem aus dem Rollostoff geschnittenen oder fertigen Schrägstreifen sauber eingefaßt (siehe S. 201).

**1** Schrägstreifen aus Rollostoff oder fertigen Schrägstreifen in der Länge der Rüsche zuzüglich 4 cm Nahtzugabe zuschneiden. Die Breite entsprechend der Dicke des verwendeten Stoffes zwischen 5 und 8 cm wählen.

**2** Nachdem Paspel – falls verwendet – und Rüsche angenäht sind (siehe S. 125 und 88), den Stoffstreifen mit der rechten Seite nach unten auf die linke Seite der Rüsche legen, so daß die unversäuberten Kanten aufeinander liegen.

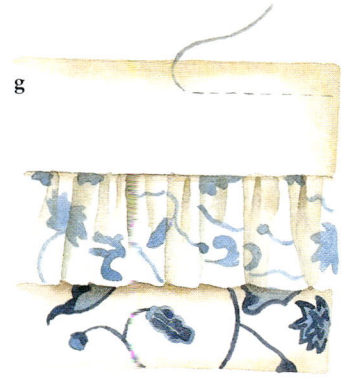

g

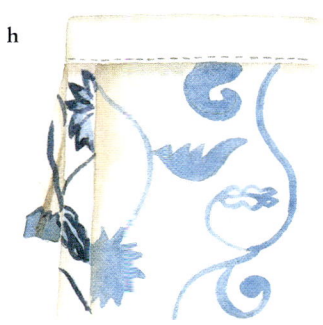

h

**3** An beiden kurzen Seiten den Schrägstreifen 2 cm einschlagen und im Abstand von 6 mm vom Rand mit Paspel- oder Reißverschlußfuß (Abb. g) entlang der Längskante aufsteppen.

**4** Das Rollo wenden und den Einfaßstreifen um die offenen Kanten falten, so daß diese darin verschwinden. Eine 2-cm-Nahtzugabe am Streifen unterfalten und entlang des Bruches eine gerade Naht anbringen (Abb. h).

### RUNDUNGEN EINARBEITEN

Dort, wo ein Saum oder eine Nahtzugabe eine Rundung bildet, sollte man den Stoff einschneiden, damit die Naht oder der Saum flach liegen und der Stoff nicht zu sehr gespannt ist.

## Einnähen von Reißverschlüssen

Man kann Reißverschlüsse entweder in verschiedenen Längen fertig oder von der Rolle kaufen. Der Vorteil des Rollenreißverschlusses besteht darin, daß man ihn auf alle Längen zuschneiden kann und nur die Enden oben und unten versäubern muß.

### VERDECKTER REISSVERSCHLUSS

Bei Heimtextilien verwendet man Reißverschlüsse meist bei Kissenbezügen, und sie sollten zu diesem Zweck, wie nachfolgend beschrieben, unsichtbar eingesetzt werden. Mit derselben Methode kann man einen Reißverschluß in die Unterseite eines Bettbezugs oder die Seite einer Nackenrolle einnähen.

**1** Zuerst näht man die Schnitteile rechts auf rechts an beiden Enden aneinander und läßt in der Mitte eine Öffnung für den Reißverschluß frei.

**2** Die Nahtzugaben auseinanderbügeln, dann von links eine Hälfte des Reißverschlußbandes rechts auf rechts auf eine Nahtzugabe stecken, so daß die Reißverschlußzähne ein Stück über die Öffnung hinausragen. Reißverschlußband und Nahtzugabe entlang des Stoffbruchs zusammensteppen.

**3** Den Reißverschluß öffnen und die Arbeit nach rechts wenden, Reißverschluß wieder schließen. Die andere

Hälfte des Reißverschlußbandes so feststecken, daß die beiden Stoffbruchkanten genau aneinanderstoßen. Von rechts mit dem Reißverschlußfuß feststeppen und am unteren Ende schräg zur ersten Reißverschlußnaht hinübernähen, um die Enden zu sichern.

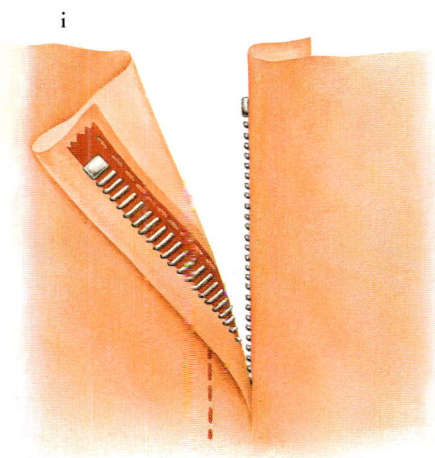

i

### ZENTRALER REISSVERSCHLUSS

Dies ist eine einfache, schnelle Methode, einen Reißverschluß einzunähen, aber sie hat den Nachteil, daß der Reißverschluß sichtbar ist. Damit der Reißverschluß gut sitzt, müssen die Nahtzugaben an beiden Seiten gleich breit sein.

**1** Eine gerade Steppnaht anbringen und eine Öffnung für den Reißverschluß lassen. Die Nahtzugaben an den zugenähten und der offenen Partie flach ausbügeln. Die Öffnung von rechts mit grobem Staffierstich zusammennähen, damit sie beim Einnähen des Reißverschlusses nicht verrutscht.

**2** Den Reißverschluß mittig unter die Öffnung legen und mit Nadeln und Heftstich fixieren. Dann auf der rechten Seite des Stoffes mit Reißverschlußfuß beide Seiten des Verschlusses fixieren. Zum Schluß über die beiden kurzen Reißverschlußenden nähen und so die beiden Absteppnähte miteinander verbinden.

# STOFFPFLEGE

Daß Heimtextilien durch den täglichen Gebrauch belastet werden, ist unvermeidlich. Aber durch regelmäßiges Reinigen und schnelles Handeln bei der Entfernung von Flecken kann man die Stoffe über viele Jahre schön erhalten.

*STOFF WASCHEN UND REINIGEN*
Auf den Webkanten der meisten Stoffe befinden sich Pflegehinweise in Form von Symbolen. Wenn ein Stoff nicht gegen Einlaufen vorbehandelt ist, sollte man die angegebene Einlaufprozentzahl beachten und dies beim Berechnen der Stoffmenge einkalkulieren. Alle gefütterten Textilien müssen chemisch gereinigt werden. Bei waschbaren Stoffen sollte man sich weitgehend an die Herstellerhinweise halten.

*FLECKEN ENTFERNEN*
Kunstfasern nehmen Feuchtigkeit nicht so schnell auf wie Naturfasern, und Flecken können im allgemeinen mit Löschpapier oder einem weichen Tuch entfernt werden, wenn man sie sofort nach dem Malheur einsetzt. Bei hartnäckigen Verschmutzungen sollte man den für einen bestimmten Stoff und eine bestimmte Fleckenart geeigneten Spezialentferner verwenden. Diese Reinigungsflüssigkeiten sind oft leicht entflammbar, und man sollte sie nur in gut durchlüfteten Räumen und nur nach der Gebrauchsanleitung des Herstellers verwenden. Wenn Sie kein passendes Fleckenmittel finden, sollten Sie in der chemischen Reinigung um Rat fragen.

Die nachfolgende kurze Liste nennt einige erfolgversprechende Arten, häufig vorkommende Flecken zu entfernen.

**Fett und Öl**
Löschpapier oder ein sauberes Tuch unter den Flecken legen und mit Waschbenzin oder einem geeigneten Fleckenentferner abtupfen. Anschließend gut auswaschen.

**Weinflecken**
Das ganze Objekt waschen, bevor der Wein eintrocknen kann.

**Filzstift- und Tuscheflecken**
Mit Terpentin, Waschbenzin oder einem leichten Verdünnungsmittel abtupfen, danach waschen und ausspülen.

**Farbe und Lack**
Mit Terpentin oder Waschbenzin abtupfen, dann waschen und ausspülen.

**Kaffee- oder Teeflecken**
Bevor der Fleck trocken wird kochendes Wasser darüber schütten, dann waschen und trocknen lassen. Weiße Stoffe kann man mit einer Mischung aus Wasserstoffsuperoxyd, Ammoniak und Essigsäure bleichen.

**Blut**
In kaltes Wasser legen oder, wenn man den Stoff nicht einweichen kann, mit kaltem Wasser abreiben. Mit Seife und kaltem Wasser waschen und gründlich ausspülen. Normal waschen. Man kann kleine Blutflecken schnell und einfach mit einem mit Speichel befeuchteten Baumwolltuch abtupfen.

# GLOSSAR GEBRÄUCHLICHER STOFFE

**Ägyptische Baumwolle**
Besonders feine, seidig schimmernde Baumwolle, die sowohl in Leinwand- als auch in Atlasbindung verarbeitet wird.

**Atlas**
Andere Bezeichnung für Satin: Ein Gewebe, bei dem der Schußfaden jeweils mehrere Kettfäden überbrückt, bevor er unter einem durchgezogen wird. Der Bindungspunkt verschiebt sich von Reihe zu Reihe (Atlasbindung). So entsteht eine besonders glatte Oberfläche.

**Baumwolle**
Allgemeine Beschreibung siehe S. 14. Einige der verschiedenen Baumwollarten sind in diesem Glossar unter der jeweiligen Bezeichnung aufgeführt.

**Baumwollsatin**
Glänzender Baumwollstoff in Atlasbindung.

**Bourretteseide**
Abfallprodukt der Seidenspinnerei. Sie wird aus den beim Kämmprozeß anfallenden Kurzfasern hergestellt, die ein eher grobes, unregelmäßiges Gewebe mit noppiger Oberfläche ergeben.

**Brokat**
Ursprünglich ein gemusterter Seidenstoff, bei dem im Schuß Metallfäden (Gold, Silber) eingewebt waren. Heute wird Brokat auch aus Baumwolle oder Kunstfasern hergestellt.

**Buckram**
Grobes mit Leim versteiftes Leinen, das dazu dient, Schabracken und Haltebänder in der gewünschten Form zu halten.

**Canvas**
Strapazierfähiges grobes Baumwollgewebe in Leinwandbindung.

**Chintz**
Ursprünglich ein gewachstes glattes Baumwollgewebe mit durch Druck aufgebrachter Musterung. Moderne Verfahren ermöglichen auch ohne Wachsen einen haltbaren, dauerhaften Glanz.

**Damast**
Ein einfarbiges Gewebe, bei dem das Muster dadurch entsteht, daß Muster und Grundgewebe entgegengesetzt binden. Durch den Wechsel von Kett- und Schußbindung erscheint das Muster erhaben auf der Oberfläche. Ursprünglich wurde dieser Stoff aus Seide hergestellt, heute werden meist Baumwoll- und Kunstfasermischungen verwendet. Der Name leitet sich von der syrischen Stadt Damaskus ab.

**Drell**
Siehe Drillich.

## Drillich

Sammelbezeichnung für schwere, dichte Gewebe aus Baumwolle oder Leinen, meist in Köperbindung. Drillich wird traditionell für Matratzenbezüge, Markisen u. ä. verwendet.

## Gingham

Feiner, aber fester Baumwollstoff in Leinenbindung, bei dem verschiedenfarbige Schuß- und Kettfäden zur Bildung von regelmäßigen Karos führen.

## Ikat

Eine in Asien aber auch in Mittel- und Südamerika verbreitete Technik, Stoffe zu mustern, indem Teile des Garns vor dem Weben abgedeckt (z. B. mit Wachs) und gefärbt werden. Da Farbe an den Rändern unter die Abdeckung dringt, ergeben sich verlaufende Konturen.

## Kambrik

Ein Stoff aus gebleichten, feinen und dicht gewebten Baumwoll- oder Viskosefäden in Leinwandbindung mit glatter, heller Oberfläche.

## Käseleinen

Ein offenes Gewebe aus gedrehten Baumwollgarnen, das wie grober Voile aussieht.

## Kaliko

Bedruckter Kattun.

## Kattun

Ein einfacher, mittelfeiner Baumwollstoff, der ursprünglich aus Indien stammt. Er hat eine rauhere Struktur als Musselin, ist in unterschiedlichen Gewichten erhältlich und hat ungefärbt einen gesprenkelten Cremeton als Farbe. Die schwereren Sorten eignen sich besonders für textile Raumgestaltungen.

## Kord, Cord

Sammelbegriff für alle Gewebe mit erhabenen Längsrippen. Diese werden gebildet, indem der Schuß mit einer Anzahl Kettfäden in Leinwandbindung verwebt wird und daneben frei liegt. Der jeweils nächste Schuß arbeitet entgegengesetzt. Wie bei Samt können die Florfäden geschert werden. Kord ist strapazierfähig, elastisch und unempfindlich gegen Verschmutzung.

## Leinen

Allgemeine Beschreibung siehe S. 14.

## Mercerisierte Garne und Stoffe

Mit Ätznatron behandelte Baumwolle und andere Naturfasern. Sie bekommen durch die M. eine leicht glänzende Oberfläche und werden gleichzeitig strapazierfähiger.

## Moiré

Siehe S. 24.

## Mull

Sehr leicht und locker gewebter Kattun.

## Musselin

Ein leichter, feinfädiger, transparenter Stoff in Leinwandbindung, der aus Seide, Kammgarn, Baumwolle, Wolle oder Kunstfaser bestehen kann. Der Name leitet sich von der Stadt Mossul im heutigen Irak her.

## Organza

Ein steifes, etwas durchscheinendes Feingewebe aus Seidenzwirn in Leinwandbindung.

## Polyvinylchlorid (PVC)

Kunstfaser aus polymerisiertem Vinylchlorid, die schwer entflammbar, gegen Chemikalien unempfindlich sowie lichtecht und wetterbeständig ist.

## Popelin

Feines Gewebe in Leinwandbindung, bei dem die Kettfäden dichter stehen als die Schußfäden, so daß eine Oberflächentextur von feinen Querrippen entsteht. Neben Baumwolle, Wolle und Seide verwendet man für Popelin auch Fasermischungen oder Kunstfasern. Der Name leitet sich her von der päpstlichen Residenz in Avignon, wo der Stoff ursprünglich hergestellt wurde.

## Rupfen

Ein grober Stoff aus Jute in Leinwandbindung, aus dem u. a. Säcke gefertigt werden. Außerdem wird er beim Polstern und auch als Wandbespannung verwendet.

## Samt

Ein dicht gewebter Stoff mit zwei Kettfäden. Der Flor entsteht, indem jeder zweite Kettfaden in lockeren Schlingen

eingewebt und anschließend geschert wird.

## Schirting

Ein kräftiger Baumwollstoff in Leinwandbindung, der von ähnlicher Qualität wie Kattun ist.

## Sea-Island-Baumwolle

Eine seltene, sehr feine, langfaserige Baumwollart, die vor den Inseln vor der Küste North Carolinas und Georgias stammt. Sie wird meist zu einem glänzenden weißen Stoff gewebt, der an Popelin erinnert.

## Segeltuch

Rauher, schwerer, dicht gewebter Stoff aus Baumwolle, Leinen oder Kunstfasern. Strapazierfähig und für Polstermöbel geeignet.

## Seide

Allgemeine Beschreibung siehe S. 16. Einige der verschiedenen Seidenarten sind in diesem Glossar aufgeführt.

## Spitze

Ein feines durchbrochenes Gewebe mit kunstvollen Motiven, die dadurch entstehen, daß Garnfäden kunstvoll miteinander verschlungen werden. Hierbei sind verschiedene Techniken möglich (Klöppeln, Häkeln etc.).

## Tartan

Schottischer Stoff aus Wolle bzw. Kammgarn, der in einer Reihe überlieferter Karomuster gewebt wird, die traditionell jeweils einem schottischen Clan zugeordnet sind.

## Thai-Seide

Ein schimmerndes Seidengewebe, das häufig vorgesponnen und in kräftigen Tönen gefärbt wird.

## Tweed

Ein ursprünglich von der Hebriden-Insel Lewis stammender, strapazierfähiger Wollstoff in Leinwandbindung und mit rauher Oberfläche. Er wird oft in zwei oder mehr Farben gewebt, so daß sich ein Karomuster ergibt. Heute werden neben Wolle auch häufig andere Garne verwendet.

## Voile

Ein schleierartiger fester Baumwollstoff in Leinwandbindung, der sich gut als Gardinen- oder Bespannstoff eignet.

# NACHWEIS DER ABGEBILDETEN STOFFE

*H:* Hersteller
*L:* Lieferfirma
*S:* Stoffname

Mit Ausnahme von Busby & Busby (Blandford Forum, Dorset) und Hallis Hudson (Preston, Lancashire) sind alle Firmen in London ansässig.

**10–11**  1 *L* Osborne & Little, *S* Topkapi; 2 *L* Osborne & Little, *S* Streamline; 3 *L* Jab International; 4 *L* Osborne & Little, *S* Kim; 5, 6 *L* H A Percheron; 7 *L* Osborne & Little, *S* Waterline; 8 *L* Marvic, *S* Misa Moiré Striped; 9 *L* Mary Fox Linton, *S* Linea; 10 *L* Marvic, *S* Avenue; 11 *L* Busby & Busby, *S* Faded Glory; 12 *L* Ian Sanderson; 13 *L* Busby & Busby, *S* Silkweave; 14 *L* Baumann; 15 *L* Ian Mankin; Stange *L* Cope & Timmins.

**14–15**  1 *L* Peter Jones; 2 *L* Baumann; 3, 15 *L* MacCulloch & Wallis; 4, 5, 6, 7, 9, 10, 11, 12, 14, 16, 17 *L* Ian Mankin; 8 *L* Warner Fabrics; 13 *L* Ian Sanderson; 18 *L* Mac Culloch & Wallis.

**17**  1, 2, 5, 6, 7 *L* Ian Mankin; 3 *L* Nice Irma's; 4 *L* MacCulloch & Wallis.

**18–19**  1, 10 *L* Mary Fox Linton, *H* Jim Thompson; 2 *L* Sahco-Hesslein, *S* Aida; 3 *L* Osborne & Little, *S* Topkapi; 4, 5 *L* Parkertex, *S* My Lady's Garden; 6, 9 *L* Marvic, *S* Misa Moiré Striped; 7 *L* H A Percheron, *S* Mitzli; 8 *L* Heal's.

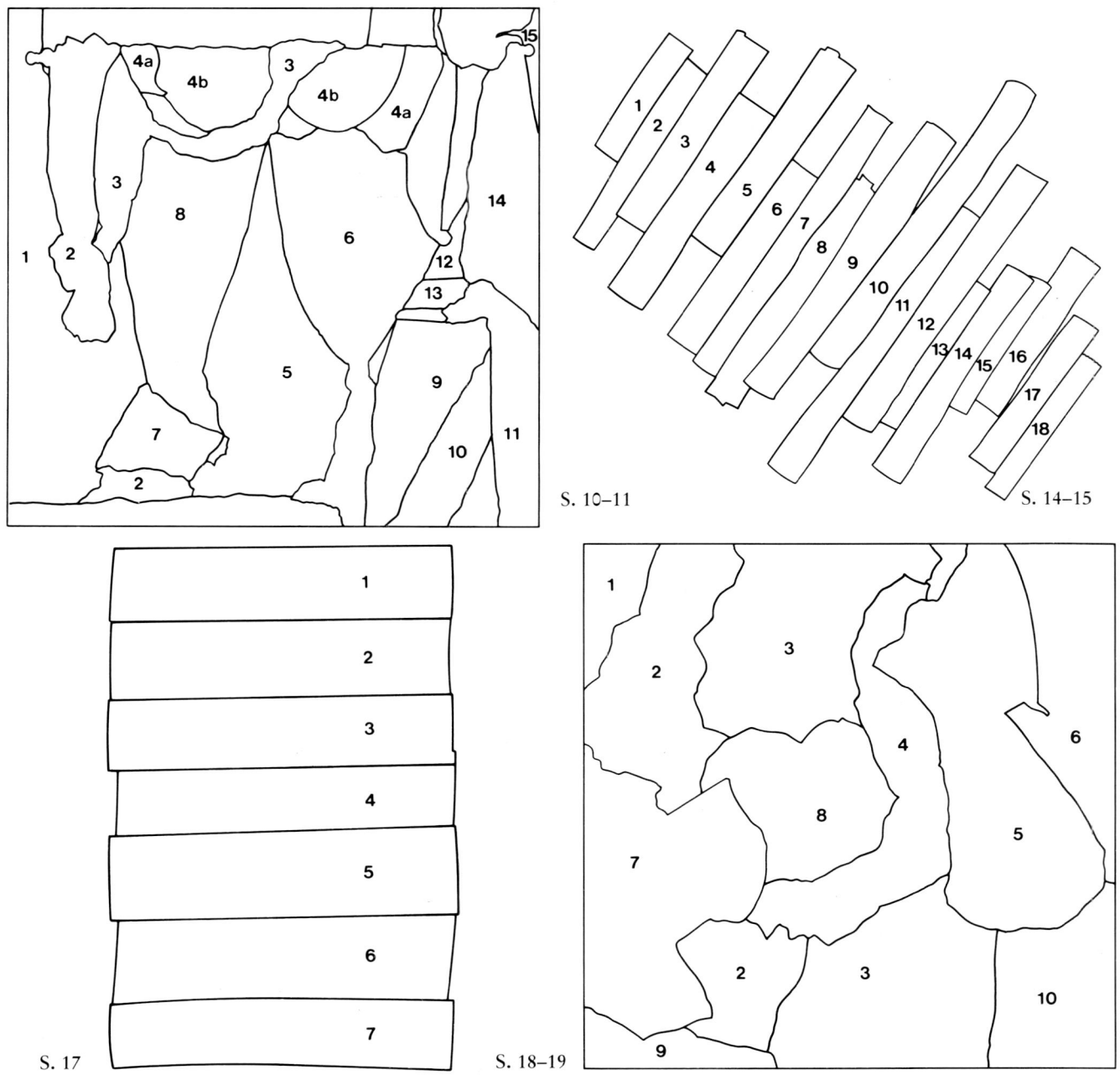

S. 10–11

S. 14–15

S. 17

S. 18–19

**20** Bettdecke *L* Antique & Ancient Textiles; Kissen und Draperien *L* Tribal Art & Antiquities.
**21** alle Stoffe *L* Ian Mankin, *S* Park range.
**22–23** 1, 2, 3, 17, 18, 19 *H* H A Percheron, *L* Bisson Bruneel, *S* Chenille; 4 *L* Mary Fox Linton; 5 *L* Timney-Fowler; 6 *L* Christian Fischbacher, *H* Collier Campbell; 7 *L* Reputation, *S* Blue Zodiac; 8 *L* Timney-Fowler, *S* Broken Pillars &

Angel TF44; 9 *L* Reputation, *S* Fruit Punch; 10 *L* Timney-Fowler, *S* Strips TF26; 11 *L* Timney-Fowler, *S* Pilars TF28; 12 *L* Osborne & Little, *S* Kovanchina; 13, 14 *L* Celia Birtwell; 15 *H* Ian Sanderson, *L* J. Wellman; 16 *L* Reputation, *S* Small Square.
**24** 1 *L* Marvic; 2, 5, 6 *L* Practical Styling, *S* PVC; 3 *L* Christian Fischbacher, *H* Collier Campbell, *S* Foxtrot; 4 *L* F R Street, *S* gewachster Kambrik; 7 *L* The Kite Store, *S* reißfester Nylonstoff.

**29** 1, 8, 10 *L* Arthur Sanderson & Sons; 2, 6, 12 *L* Osborne & Little, *S* Stippleglaze; 3 *L* H A Percheron, *H* Lauer, *S* Uni Transat (rayure negat f); 4, 9 *L* MacCulloch & Wallis; 5 *L* Heal's; 7 *L* Christian Fischbacher, *H* Collier Campbell, *S* Bedouin Stripe; 11 *L* F R Street.
**32** 1, 2, 4, 7 *L* Ian Mankin; 3, 9 *L* Arthur Sanderson & Sons; 5 *L* F R Street. 6, 8, 10 *L* Baumann, *S* Zigona.

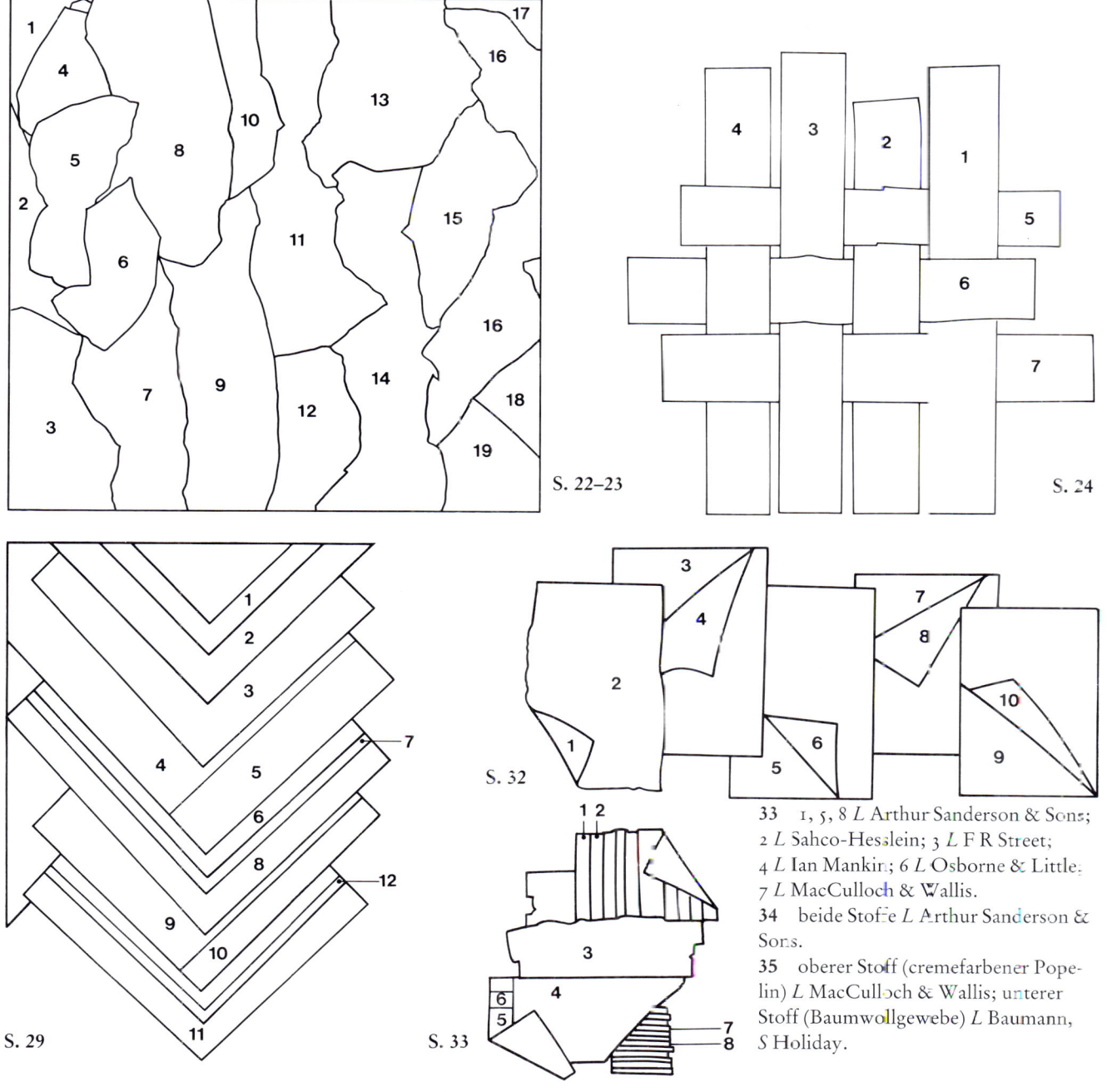

S. 22–23

S. 24

S. 29

S. 32

S. 33

**33** 1, 5, 8 *L* Arthur Sanderson & Sons; 2 *L* Sahco-Hesslein; 3 *L* F R Street; 4 *L* Ian Mankin; 6 *L* Osborne & Little; 7 *L* MacCulloch & Wallis.
**34** beide Stoffe *L* Arthur Sanderson & Sons.
**35** oberer Stoff (cremefarbener Popelin) *L* MacCulloch & Wallis; unterer Stoff (Baumwollgewebe) *L* Baumann, *S* Holiday.

**74**  1 *L* Ian Mankin; 2, 5 *L* F R Street; 3 *L* Osborne & Little, *S* Stippleglaze; 4 *L* Baumann, *S* Fuego; 6 *L* H A Percheron, *H* Lauer, *S* Uni Transat (rayure negatif).

**83 oben**  1 *L* Christian Fischbacher, *H* Collier Campbell, *S* Harmony Stripe; 2 *L* Busby & Busby, *S* Faded Glory; 3 *H* H A Percheron; *L* Bisson Bruneel; 4 *L* Christian Fischbacher, H Collier Campbell, *S* Willow Weave; 5 *L* Osborne & Little, *S* Kim; 6 *L* Mary Fox Linton.

**86**  1 *L* Osborne & Little, *S* Ouni; 2 *L* H A Percheron, *H* Burger, *S* Toile

Fête Naval; 3 *L* MacCulloch & Wallis; 4 *L* Nice Irma's; 5 *H* Johannes Wellmann, *L* Ian Sanderson

**88**  1 *L* Marvic, *S* Sirocco; 2 *L* Hallis Hudson; 3, 5 *L* Reputation; 4 *L* Osborne & Little, *S* Stippleglaze; 6 *L* Arthur Sanderson & Sons; 7 *L* Christian Fischbacher, *H* Collier Campbell, *S* Foxtrot.

**92**  1 *L* H A Percheron; 2 *L* MacCulloch & Wallis; 3 *L* Mary Fox Linton; 4 *L* Mary Fox Linton, *S* Linea; 5 *L* Timney-Fowler, *S* Strips TF26.

**100–101**  1, 2, 3, 11, 12, 13 *L* Porter

Nicholson; 4, 5, 6, 7, 8 *L* Hallis Hudson; 9, 10 *L* F R Street.

**102–103**  Holzstangen *L* Cope & Timmins; Caféhaus-Stangen und Messinghalter *L* Hallis Hudson; große Messingstange *L* Kirsch.

**146**  Bett *L* Simon Horn Furniture.

**162**  1 *L* Materialisation; 2 *S* H A Percheron, *H* Lauer, *S* Uni Transat; 3 *L* Textiles FCD, *S* nicht mehr lieferbar; 4 *L* Arthur Sanderson & Sons; 5 L Designers Guild.

**165**  1 *L* F R Street, 2 *L* Arthur Sanderson & Sons; 3 *L* Tissunique; 4 *L* Karl's.

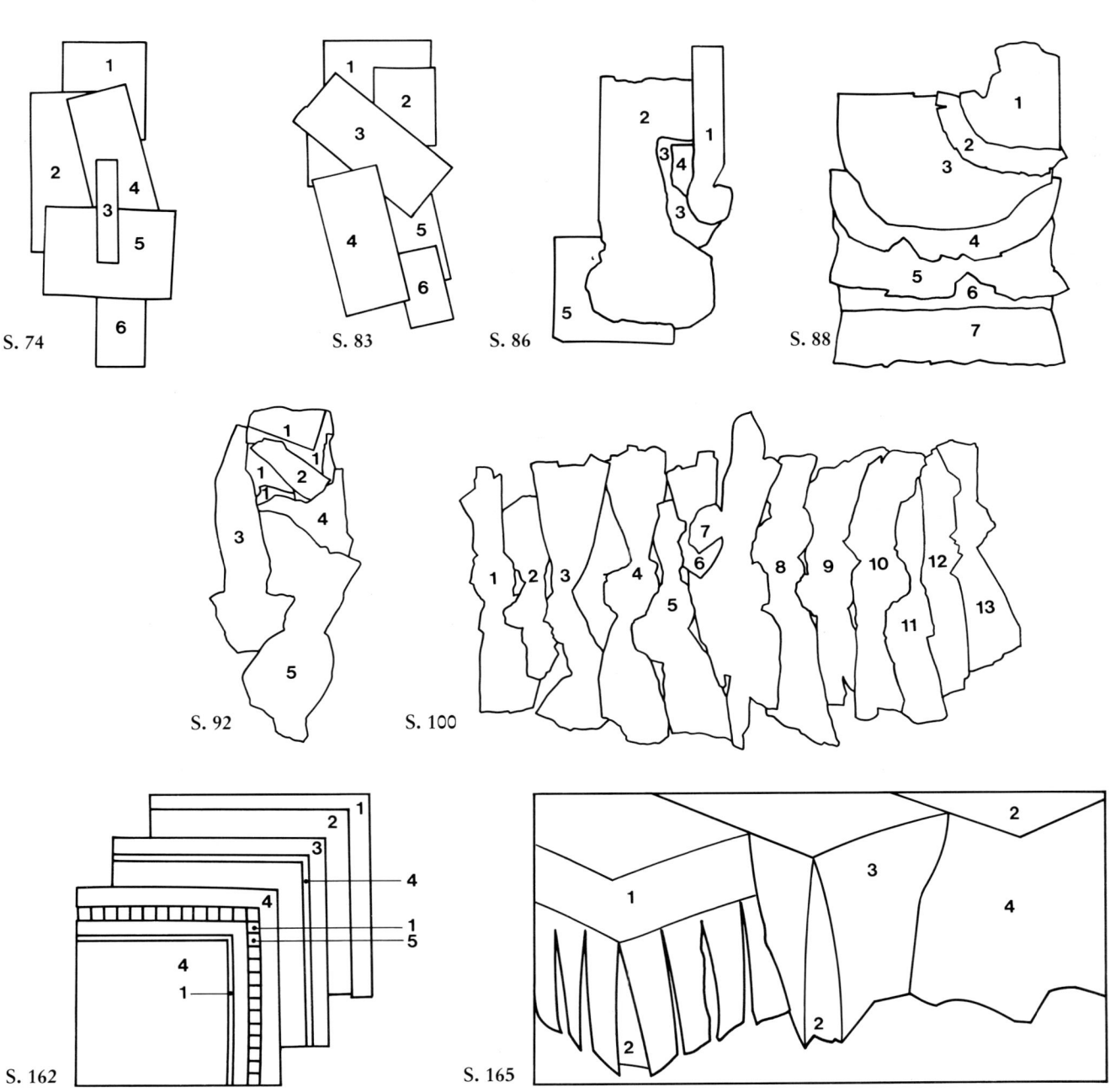

S. 74

S. 83

S. 86

S. 88

S. 92

S. 100

S. 162

S. 165

# ADRESSENVERZEICHNIS

Die hier verzeichnete Auswahl von Lieferanten und Geschäften für Gardinenstoffe, Rollos, Dekorationsstoffe und die nötigen Accessoires können nur eine kleine Hilfe bei der Jagd nach den erwünschten Materialien sein. Es ist immer sinnvoll, die Angebote in den großen Kaufhäusern zu beachten, und im Umkreis fast jeder größeren Stadt finden sich Einrichtungshäuser, die stets eine große Auswahl an Dekorationsartikeln vorrätig haben. Hilfreich sind auch die Gelben Seiten der Bundespost, und es lohnt sich, in den Rubriken Innenausstattung und Polstereibedarf etc. nachzuschlagen. Oft erhält man durch emsiges Herumtelefonieren gute Tips und die nötigen Informationen. Die unten aufgeführten Geschäfte und Großhandlungen sind alteingesessene Unternehmen. Immer wieder neu auftauchende Spezialgeschäfte existieren oft nicht lange genug, um als zuverlässige Bezugsquellen hier aufgenommen zu werden, aber gerade diese Geschäfte führen oftmals originelle und ungewöhnliche Waren. Diese Läden zu finden bleibt also Ihrem eigenen Spürsinn vorbehalten.

## Augsburg

Theaterdekoration, Stoffe in allen Breiten, Bordüren, Quasten und alles was das Herz begehrt. Alle Artikel werden auf Bestellung zugesandt:
*Fuchs*
Postfach 10 15 66
8900 Augsburg 1
(08 21) 6 20 41

Riesiges Lager von günstigen Stoffen und Fabrikresten in großen Mengen:
*NAK*
Vogeltorplatz 1
8900 Augsburg 1
(08 21) 5 58 10

## Berlin

*Laura Ashley*
Tauentzienstr. 21–24 (im KadeWe)
1000 Berlin 30
(0 30) 2 12 10

Italienische Stoffe:
*Tessuti*
Pestalozzistr. 88
1000 Berlin 12
(0 30) 3 13 80 16

Große Auswahl an Gardinen- und Dekorationsstoffen, Stangen, Gardinenbänder etc.:
*KadeWe*
Tauentzienstr. 21–24
1000 Berlin 30
(0 30) 2 12 10

Außergewöhnliche und moderne Stoffe:
*Lammfromm & Vogel*
Hohenzollerndamm 12
1000 Berlin 31
Bayreuther Str. 36
1000 Berlin 30
(0 30) 24 40 21

Preiswerte Stoffe:
*Markt am Maybachufer*
1000 Berlin-Kreuzberg
Freitagvormittag

Biedermeier-, Art Deco- und Jugendstilstoffe:
*Nowak*
Kaiser-Friedrich-Str. 27
1000 Berlin 10
(0 30) 3 41 33 88

Raumausstatterbedarf
*Passage*
Sonnenallee 29
1000 Berlin 44
(0 30) 6 24 20 17

Stoffe
*Untermann*
Nürnberger Str. 18
1000 Berlin 30
(0 30) 2 11 50 41

## Frankfurt

Einrichtungshaus:
*Accessoires*
Große Marktstr. 48
6050 Offenbach
(0 69) 88 16 31

*Laura Ashley*
Goethestr. 3
6000 Frankfurt 1
(0 69) 28 87 91

Polsterbedarf:
*Willy Jäger*
Im Prüfling 52
6000 Frankfurt 60
(0 69) 46 15 56

Theaterstoffe:
*Kottenhahn*
Zeilweg 5
6000 Frankfurt 50
(0 69) 57 50 11 und 56 27 30

Vorhangschienen, Vorhangstangen etc.:
*Mundus*
Langstr. 33
6000 Frankfurt 1
(0 69) 28 82 02 und 28 50 09

*Polsterinnungshandel Tapesa*
Schäfergasse 45
6000 Frankfurt 1
(0 69) 2 01 36

Provençalische Stoffe:
*Vieille Provence*
Am Römerberg 10
6000 Frankfurt 1
(0 69) 29 33 02

## Hamburg

Stoffe, Möbel, Accessoires:
*Das Alsterhaus*
Jungfernstieg 16
2000 Hamburg 1
(0 40) 3 59 01-0

*artesancto*
Landwehrstr 11
2000 Hamburg 76
(0 40) 25 99 01

*Laura Ashley*
Neuer Wall 39
2000 Hamburg 36
(0 40) 37 11 73

Drachenseide und Spinnackernylon:
*Flugfreude*
Kieler Str. 68;
2000 Hamburg 54
(0 40) 5 70 92 01

Seidenstoffe:
*Das hanseatische Seidenkontor*
Oderstraße 28a
2000 Hamburg 53
(0 40) 85 51 95

Perlenschnüre und Perlen:
*Everglaze*
Grindelallee 164
(0 40) 45 84 61

*Großhandel für Raumausstatterbedarf*
Warnstedt 8
2000 Hamburg 54
(0 40) 54 50 38

Exklusives Einrichtungshaus:
*MZ Meyerfeldt & Zickmann*
Alte Rabenstr. 10
2000 Hamburg 13
(0 40) 4 10 46 92

Große Auswahl an Fabrikresten,
preiswert, aber nicht nachbestellbar:
*Die Polsterei*
Schröderstiftweg 10
2000 Hamburg 13
(0 40) 45 40 88

Alte Stoffe und Bordüren:
*Prinz & Möller*
Ochsenzoller Str. 187
2000 Hamburg-Norderstedt
(0 40) 5 23 99 15

Materialien für Rollos,
Messinggardinenstangen,
Troddeln, Spitzen etc.:
*Holger Reiche*
Bartelstr. 7–11
2000 Hamburg 36
(0 40) 4 39 54 58

Folien, Plastikstoffe und Rollos:
*Rosenau GmbH*
Oberhaupt 1
2000 Hamburg 63
(0 40) 59 19 11

Posamenten:
*Souterrain*
Eppendorfer Landstr. 45
2000 Hamburg 20
(0 40) 47 61 24

Theaterstoffe (Überbreite Stoffe,
Bordüren, Meterspitze etc.):
*Wohlenberg*
Hufner Str. 20
2000 Hamburg 76
(0 40) 29 16 01

## Köln

*Laura Ashley*
Hohe Str. 160–168
5000 Köln 1
(02 21) 21 27 16

Saris:
*Barbara Bernsen*
Lindenthalgürtel 77
5000 Köln 41
(02 21) 43 50 39

Einrichtungshaus:
*Magazin*
Luxemburger Str. 48–58 und 61
5000 Köln 1
(02 21) 44 60 44

Gardinenstangen etc.:
*Messing Müller GmbH*
Filzengraben 18–24
5000 Köln 1
(02 21) 23 34 05

*Mulligan's Einrichtungshaus*
Hohenstaufenring 48–54
5000 Köln 1
(02 21) 23 72 08

Nesselstoffe in allen Breiten und
Qualitäten und viele andere
preisgünstige Stoffe und Meter-
spitzen:
*Nippeser Markt*
Wilhelmplatz
5000 Köln 60
Montag bis Samstag von 9 bis 13 Uhr

Exklusives Einrichtungshaus:
*Pesch KG*
Kaiser-Wilhelm-Ring 22
5000 Köln 1
(02 21) 1 61 30-0

## München

*Laura Ashley*
Sendlinger Str. 37
8000 München 2
(0 89) 2 60 82 24

Stoffe:
*Böhmler*
Tal 12
8000 München 2
(0 89) 21 36-2 32

Moderne Stoffe:
*design funktion*
Schleißheimer Str. 141
8000 München 40
(0 89) 30 63 07-0

Exklusives Einrichtungshaus:
*Die Einrichtung*
Brienner Str. 12
8000 München 2
(0 89) 23 09-0

Rollospezialgeschäft:
*Fänderl*
Landsberger Str. 81
8000 München 5
(0 89) 50 10 61

Exklusives Einrichtungshaus:
*Gäbler*
Maximilianplatz 12b
8000 München 2
(0 89) 22 48 31

Polstereibedarf, alte Messingbeschläge etc.:
*Haidhausener Werkstätten*
Preysinger Str. 22
8000 München 80
(0 89) 48 86 43

Einrichtungsmaterialien aller Art:
*Kustermann*
Am Rindermarkt
8000 München 22
(0 89) 23 72 50

Indonesische Stoffe und Sarongs:
*Mashalla*
Schellingsstr. 52
8000 München 40

*Posamenten Müller*
Sankt Paul Str. 10
8000 München 2
(0 89) 53 71 23

Provençalische und bayrische
Dekorationsstoffe:
*Radspieler*
Hackenstr. 7
8000 München 2
(0 89) 2 60 47 02

Vorhangschienen etc.:
*Schnell*
Bayerstr. 101
8000 München 2
(0 89) 53 32 40

Seidenstoffe:
*Seiden Reinhardt*
Löwengrube am Dom
8000 München 1
(0 89) 22 58 43

Fabrikreste:
*1001 Meter*
Barerstr. 49
8000 München 40
(0 89) 2 72 26 30

Italienische Stoffe:
*Tessuti*
Kaulbachstr. 38
8000 München 40
(0 89) 34 72 38

# REGISTER

## A

Abbindetechnik 44
abnehmbare Futter 101
Abschlußstücke 132
afrikanische Stoffe 21, 38
Alkoven 156, 180, 182
alte Spitze 50, 123, 144
alter Stoff 35, 143, 144, 180
Anbringen von Rollos 73
aneinandergenähte Stoffe 33
angeschnittener Rand, Kissen mit
    171, 190, 195
angeschnittenes Seitenteil, Kissen
    mit 190, 197
Annähhaken 106
Arbeitsplatz 200
Aufhängung von Rollos, Anbringen
    der 79
auseinandergesteppte Naht 204
Aushängen von Stoffen 67
Ausmessen eines Fensters 67

## B

Baldachin 147, 148, 151, 152, 153
Bänder 98
Batik 38
Batist 147
Baumwollbezug 154
Baumwollchintz 32, 88, 136
Baumwolldruck 128
Baumwolle 11, 14, 17, 28, 33, 34, 35,
    38, 43, 77, 80, 84, 86, 100, 101, 104,
    108, 116, 123, 136, 144, 159, 162, 168,
    180, 183, 187, 192, 194
Baumwolle, ägyptische 92
Baumwolle, indische 17, 18, 179
Baumwollgewebe 54, 59, 62, 152
Baumwollrollo 82
Baumwollsatin 100, 136
Baumwollstoff 74, 83, 148, 154, 159,
    162, 170, 180
Baumwollstreifen 76
Baumwollvoile 179
Baumwollvorhang 31, 47, 48
Bauschgardine 25
Bauschgirlande 71
Bauschrollo 70, 86, 92, 94
bedruckte Stoffe 22
Bemalen von Stoffen 36, 38, 76
Berechnen des Stoffverbrauchs 200
Beschweren von Vorhängen 107
besondere Effekte bei Faltrollos 74
besondere Oberflächen 24
Betten 164, 166
Bettgestaltung 146
Bettrahmen 161
Bettuch 180
Bezug von Kissen 194, 196, 197
Biesentechnik 34
Bleiband 110, 119, 123
Bleistift 200, 201
Bleitaschen 107
Blindstich 182, 202
Blockdruck 22
Bogen schneiden 201
Bogenkante 103, 118, 121
Bogenkante, Vorhang mit 120
Borte 31, 47, 76, 78, 97, 98, 128,
    147, 154, 156, 182, 184, 185, 190,
    192, 198
Bourretteseide 14, 28, 151
Brokat 17, 52, 75, 147, 190
Buckram 124, 125, 128, 130

## C

Caféhausgardine 120
Caféhausstange 103, 106
Changeantseide 152
chinesische Seide 92
Chintz 35, 147, 162

## D

Dacron 184
Damast 14, 17, 176, 179, 198
Dampfbügeleisen 200, 203, 204
Diagonalecken 125, 130, 132, 162,
    163, 171, 202, 203
Doppelrüsche 72, 86, 89
Doppelsaum 123, 165, 168, 202, 203
Doppelvorhangschiene 105
drapierte Vorhänge 54
Drillich 12, 15, 16, 28, 32, 38, 48, 71,
    74, 76, 86, 92, 146, 147, 159, 164,
    166, 170, 185, 190
Druckknopf 168
durchbrochene Stickerei 143

## E

Eckfalten 164
einfache Fenster 48
Einfassen von Kanten 205
Einfassung 28, 140, 148
einseitiger Vorhang 57, 66
Eisenrahmen von Betten 161
Empire 151, 154, 161, 179
Endrundung 115
Eßzimmerstühle 188
Experimentieren mit Stoffen
    12, 27, 36

## F

Fächerfalten 107, 108, 114
Fadenlauf 158
Fallschirmseide 12, 24, 25, 33, 38, 154
Faltrollo 48, 69, 70, 71, 72, 74, 80, 82,
    134
Faltrollos, Herstellen von 78
Färben von Stoffen 36
Fenstervorhänge 52
Flachstich 171
Flanell 159, 164
Florwebarten 17
Flügelfenster 66
Fransen 97, 128, 151, 175, 192, 193
Fransenborte 86, 140
französische Falten 116, 118, 122
französische Fenster 140
französische Naht 34, 61, 94, 123,
    168, 170, 204
Füllung von Kissen 194
Futon 147, 159, 161, 172
Futter 63, 130, 131, 132, 136, 138,
    139, 151, 162, 167, 184, 192, 198, 199
Futter zuschneiden 111
Futterband 106
Futterkante 163
Futterstoff 32, 54, 62, 100, 108, 166

## G

Gardinen 57, 65, 123, 124
Gardinenband 106, 107, 110, 112, 113
Gardinenhaken 110
Gardinenring 202
Gardinenschal 152
Gardinenstoff 24, 143
Garnschere 200
Gaze 50, 69
gedruckte Muster 21
geflochtenes Halteband 126
geformte Schabracke 131
gefütterte Rüsche 88
gepolstertes Halteband 125
gerades Halteband 125
geraffte Rollos 70
geschichtete Stoffe 32
geschwungenes Halteband 125
gestärkte Stoffe 83
gestreifter Stoff 11, 69
getupfte Oberflächen 40
gezogener Faden 201
Gingham 175, 188
Girlande 21, 47, 50, 52, 59, 64, 66, 70,
    71, 86, 92, 97, 131, 134, 136, 138, 140,
    144, 148, 151, 153, 156, 179
Gittertüll 15
glatte Rollos 69

# DANKSAGUNG

Der Verlag möchte den zahlreichen Organisationen und Personen seinen Dank aussprechen, die bei der Arbeit an diesem Buch wertvollen Rat oder Hilfestellung gaben. Besondere Erwähnung verdienen Richard Bird, Penny David, Carole McGlynn, Hilary More, Annabel Westman und Steven Wooster; Tig Sutton, Diana Leadbetter (Young Artists) und Sandra Pond für die Zeichnungen; Michael Dunne und Jacqui Hurst für Fotografien; Radius für den Umbruch und zentrale Diagramme und Evergreen für die Farbreproduktionen.

Der Verlag möchte sich ebenfalls bei all jenen bedanken, die uns erlaubten, in ihren Häusern Aufnahmen zu machen: John Alexander, Patricia Boulter, Barbara Douglas, Paul Dyson, Ann und John Fraser, Toby Kalitowski, Shirley Mitchard, Gill Sheppard, Andrew Speak, Debbie und Mike Staniford, Althea Wilson und besonders Christabel Brown.

# FOTONACHWEIS

**Umschlag** Designers Guild
2 Camera Press/Bo Appeltofft
4 Jacqui Hurst © FLL
**5 alle Bilder** Michael Dunne © FLL
6–7 Michael Dunne © FLL
10–11 Jacqui Hurst © FLL
13 Julie Phipps
14–15 Jacqui Hurst © FLL
17–19 Jacqui Hurst © FLL
20 The World of **Interiors**/Bill Batten
21–24 Jacqui Hurst © FLL
25 Michael Dunne © FLL
26–27 Michael Dunne © FLL
29 Jacqui Hurst © FLL
30 Peter Woloszynski
**31–35 alle Bilder** Jacqui Hurst © FLL
36–37 Michael Dunne © FLL (Design Althea Wilson)
39 Michael Dunne © FLL (Design Althea Wilson)
40–41 Jacqui Hurst © FLL
42 Syndication International Ltd
43 Jacqui Hurst © FLL
46–47 Michael Dunne © FLL
48–49 The World of **Interiors**/ John Vaughan
51 The World of **Interiors**/Roland Beaufre
52 Fritz von der Schulenburg
53 Michael Dunne © FLL
54–55 Michael Dunne © FLL
56 ARCAID/Lucinda Lambton (Design Amanda Fielding und Joey Mellens)
57 oben Camera Press/Peo Eriksson
57 unten The World of **Interiors**/Clive Frost
58–59 Michael Dunne © FLL
60–61 Michael Dunne © FLL
62–63 Syndication International Ltd

64 ARCAID/Richard Bryant (Design Charles Jencks)
68–69 Camera Press/Peo Eriksson
70 John Hall (Design Mark Hampton)
71 Michael Boys Syndication (Design Mimmi O'Connell)
72 Michael Dunne © FLL
74 Jacqui Hurst © FLL
75 Camera Press
76 Geoff Dann © FLL
77 Michael Dunne © FLL
81 Camera Press
82 Michael Dunne © FLL
83 oben Jacqui Hurst
83 unten Michael Boys/Susan Griggs Agency Ltd
85 Fritz von der Schulenburg
86 Jacqui Hurst © FLL
87 Michael Dunne © FLL
88 Jacqui Hurst © FLL
89 Michael Dunne © FLL
92 Jacqui Hurst © FLL
93 Elizabeth Whiting Assoc/Michael Dunne
96–97 Michael Dunne © FLL
98 Michael Boys Syndication (Design Gabrielle und John Sutcliffe)
99 Michael Dunne © FLL (Design Althea Wilson)
100–101 Jacqui Hurst © FLL
102–103 Jacqui Hurst © FLL
104–105 Jacqui Hurst © FLL
108 Fritz von der Schulenburg
108–109  Ianthe Ruthven
116 oben The World of **Interiors**/Tom Leighton
116 unten Jan Baldwin/Good Housekeeping/The National Magazine Co.
117 Camera Press/Peo Eriksson
123 Elizabeth Whiting Assoc/Ann Kelley
124 links Jacqui Hurst © FLL

124 Mitte Michael Dunne © FLL
124 rechts ARCAID/Lucinda Lambton
127 Fritz von der Schulenburg
129 Peter Woloszynski
133 The World of **Interiors**/Adam Inczedy-Gombos
134–135 Syndication International Ltd
137 Elizabeth Whiting Assoc/Di Lewis (Design Marion Jones)
140 Fritz von der Schulenburg
142–143 Michael Dunne © FLL (Design Althea Wilson)
144 Carla de Benedetti
145 Ianthe Ruthven
146 Trevor Richards
147 Country Homes & Interiors/World Press Network/Simon Brown
148 The World of **Interiors**/Tom Leighton
149 The World of **Interiors**/Timothy Beddow
150 Michael Dunne © FLL
152 The World of **Interiors**/Fritz von der Schulenburg
153 The World of **Interiors**/James Mortimer
154–155 Michael Dunne © FLL
156 Michael Dunne © FLL (Design Althea Wilson)
157 Michael Dunne © FLL
158–159 Michael Dunne © FLL
160 oben Fritz von der Schulenburg (Design Mimmi O'Connell)
160 unten Fritz von der Schulenburg
162 Jacqui Hurst © FLL
165 Jacqui Hurst © FLL
169 Michael Dunne © FLL
170–171 Michael Dunne © FLL
174–175 Fritz von der Schulenburg (Design Mimmi O'Connell)
176 Camera Press
177 Fritz von der Schulenburg (Design Mimmi O'Connell)
178–179 Country Homes & Interiors/ World Press Network/Fritz von der Schulenburg
180 Syndication International Ltd
181 Carla de Benedetti
182 Fritz von der Schulenburg
183 Carla de Benedetti
185 oben Michael Dunne © FLL
185 unten Carla de Benedetti
186–187 Fritz von der Schulenburg (Design Mimmi O'Connell)
188 Ingalill Snitt
189 Schöner Wohnen/Camera Press
190–191 Fritz von der Schulenburg (Design Mimmi O'Connell)
192 Elizabeth Whiting Assoc/Michael Dunne
193 Camera Press/Bo Appeltofft
195 Syndication International Ltd
198 Fritz von der Schulenburg (Design Mimmi O'Connell)